九州文库

高校心理健康教育实效性研究

彭彪 著

九州出版社
JIUZHOUPRESS

图书在版编目（CIP）数据

高校心理健康教育实效性研究／彭彪著．--北京：九州出版社，2023.1
ISBN 978-7-5225-1556-4

Ⅰ.①高… Ⅱ.①彭… Ⅲ.①高等学校—心理健康—健康教育—研究 Ⅳ.①G444

中国版本图书馆 CIP 数据核字（2022）第 230850 号

高校心理健康教育实效性研究

作　　者	彭　彪　著
责任编辑	陈春玲
出版发行	九州出版社
地　　址	北京市西城区阜外大街甲 35 号（100037）
发行电话	（010）68992190/3/5/6
网　　址	www.jiuzhoupress.com
印　　刷	唐山才智印刷有限公司
开　　本	710 毫米×1000 毫米　16 开
印　　张	15.5
字　　数	278 千字
版　　次	2023 年 1 月第 1 版
印　　次	2023 年 1 月第 1 次印刷
书　　号	ISBN 978-7-5225-1556-4
定　　价	95.00 元

★版权所有　侵权必究★

前 言

高校心理健康教育是思想政治教育的重要组成部分，是素质教育的重要内容，是"三全育人"的必然要求，是促进大学生健康成长、培养高素质合格人才的重要途径。党的十九大以来，党中央与国务院密集发文强调要加强心理健康教育工作。习近平总书记在党的十九大报告中提出培育自尊自信、理性平和、积极向上的社会心态；教育部发布的《高等学校学生心理健康教育指导纲要》强调心理健康教育的科学性和实效性；国家卫生健康委员会等十部委发布的《全国社会心理服务体系建设试点工作方案》强调高等院校要完善心理健康服务网络；教育部办公厅印发的《教育部关于加强学生心理健康管理工作的通知》要求从源头管理、过程管理、结果管理、保障管理四个方面提高学生心理健康素养。这些文件体现了党中央与国务院对于高校心理健康教育的高度重视，也为高校心理健康教育提出了更高的要求。如何在这些文件精神引领下进一步加强和改进高校心理健康教育，提升其实效性，成了高校心理健康教育实践中的重要课题。

依据思想政治教育学、心理学、教育评估学等相关理论，在辩证唯物主义和历史唯物主义方法论的指导下，综合运用文献研究法、实证研究法进行研究。本书遵循"是什么？为什么？怎么做？"的研究思路开展研究。

首先，科学阐释了心理健康教育实效性的内涵：是一个涵盖目标、过程与结果的有机整体，是大学生接受心理健康教育的实际成效，并阐述了高校心理健康教育实效性的特征：具有全面性、延时性、间接性、实践性。

其次，在总结高校心理健康教育实践经验的基础上，结合积极心理学理论，构建了高校心理健康教育的目标与内容。其根本目标是防治心理健康问题（是防治性目标，是基础），培育积极心理品质（是发展性目标，是核心）。防治性目标具体表现为：提升心理健康素养，解决心理健康问题。发展性目标的具体表现为：使大学生学会适应、完善自我、承受挫折、提升情商、发展积极人际关系、培养积极进取心、开发智力、提升主观幸福感。

再次，系统阐述了高校心理健康教育实效性评估的内涵、意义、原则与具体内容，并开发出评估工具。将心理健康教育实效性评估科学划分为过程实效性评估、结果实效性评估。根据高校心理健康教育目标与内容体系、思想政治教育过程要素论以及服务质量理论，分别研发了心理健康素养量表、积极心理品质量表、过程实效性评估量表，确定了大学生心理健康素养结构、大学生积极心理品质结构、教育过程要素结构，为实效性评估研究提供了科学有效的工具。

随后，依据实效性评估工具对高校心理健康实效性进行现状调查，总结其经验与不足，并分析影响实效性的因素。其经验体现在：大学生心理健康素养、积极心理品质整体呈中等水平；大部分存在心理健康问题的大学生能及时寻求到帮助，并得到有效帮助。其不足表现在：心理健康素养与积极心理品质的具体内容发展不均衡，心理健康素养与积极心理品质在性别、年级、院校类型上存在显著差异。其实效性彰显的原因表现在国家教育政策顶层设计、学科繁荣发展、学校落实上。其实效性不足的原因表现在：教育主体（教育者）上师资配备不足、教师胜任力不高；教育介体（教育方式方法）上教育方式方法存在不足；教育环体（教育环境）上教育设施、教育氛围不足；教育客体（受教育者）上"心理健康服务供需失衡"；高校心理健康教育投入不足。

最后，在调查研究基础上，从优化教育过程要素与保障教育投入出发提出了提升高校心理健康教育实效性的对策：加强高校心理健康教育队伍建设、完善和创新高校心理健康教育的方式方法体系、优化高校心理健康教育的环境、促进教育客体自我教育、构建和完善心理健康教育保障机制。

目 录
CONTENTS

绪 论 ··· 1
  一、研究背景与意义 ·· 1
  二、国内外研究述评 ·· 5
  三、研究思路与方法 ·· 29
  四、创新之处 ·· 30

第一章 高校心理健康教育实效性概念与相关理论概述 ······ 32
  第一节 高校心理健康教育与思想政治教育 ················ 32
    一、高校心理健康教育 ··································· 32
    二、高校心理健康教育与思想政治教育的关系 ············ 34
  第二节 高校心理健康教育实效性相关概念的辨析 ·········· 35
    一、实效、实效性、有效性 ······························ 36
    二、高校心理健康教育实效性的基本内涵 ················ 37
    三、高校心理健康教育实效性的基本特征 ················ 38
  第三节 高校心理健康教育实效性研究的理论基础 ·········· 39
    一、思想政治教育学过程论与管理论 ···················· 40
    二、心理健康素养理论与积极心理学理论 ················ 41
    三、CIPP 理论与服务质量理论 ·························· 42

第二章 高校心理健康教育的目标、内容与开展方式 ········ 44
  第一节 高校心理健康教育的目标 ························· 44
    一、高校心理健康教育目标的功能 ······················ 44

二、高校心理健康教育目标确立的依据 …………………………… 46
　　三、高校心理健康教育目标体系的构建 …………………………… 48
　第二节　高校心理健康教育的主要内容 ………………………………… 56
　　一、心理健康素养教育 ……………………………………………… 56
　　二、心理健康问题矫治 ……………………………………………… 59
　　三、适应力教育 ……………………………………………………… 60
　　四、自我与人格教育 ………………………………………………… 60
　　五、情商教育 ………………………………………………………… 62
　　六、积极的人际关系教育 …………………………………………… 63
　　七、挫折教育 ………………………………………………………… 64
　　八、积极进取心教育 ………………………………………………… 65
　　九、智力开发教育 …………………………………………………… 66
　　十、幸福感教育 ……………………………………………………… 67
　第三节　高校心理健康教育的开展方式 ………………………………… 67
　　一、心理健康教育课程 ……………………………………………… 67
　　二、心理健康教育活动 ……………………………………………… 68
　　三、心理咨询与心理辅导 …………………………………………… 69
　　四、危机预防与干预 ………………………………………………… 70

第三章　高校心理健康教育实效性的评估 ………………………………… 72
　第一节　高校心理健康教育实效性评估的内涵与意义 ………………… 72
　　一、高校心理健康教育实效性评估的内涵 ………………………… 72
　　二、高校心理健康实效性评估的意义 ……………………………… 73
　第二节　高校心理健康教育实效性评估的基本原则 …………………… 74
　　一、结果评估与过程评估相统一原则 ……………………………… 74
　　二、定性评估与定量评估相统一原则 ……………………………… 75
　　三、精准评估与整体评估相统一原则 ……………………………… 75
　　四、客体评估与主体评估相统一原则 ……………………………… 76
　第三节　高校心理健康教育实效性评估的具体内容 …………………… 76
　　一、结果实效性评估及其评估的具体内容 ………………………… 76
　　二、过程实效性评估及其评估的具体内容 ………………………… 77
　　三、整体投入评估及其评估的具体内容 …………………………… 78
　第四节　高校心理健康教育实效性评估工具的设计 …………………… 78

一、防治性目标结果实效性评估工具的编制 …………………… 78
二、发展性目标结果实效性评估工具的编制 …………………… 84
三、心理健康教育过程实效性评估工具的编制 ………………… 93

第四章 高校心理健康教育实效性的现状分析 …………………… 101
第一节 高校心理健康教育结果实效性现状 …………………… 101
一、大学生心理健康素养现状 …………………………………… 101
二、大学生心理健康问题解决现状 ……………………………… 108
三、大学生积极心理品质现状 …………………………………… 112
第二节 高校心理健康教育过程实效性现状 …………………… 129
一、教育主体要素现状 …………………………………………… 129
二、教育客体要素现状 …………………………………………… 132
三、教育介体要素现状 …………………………………………… 135
四、教育环体要素现状 …………………………………………… 144
第三节 高校心理健康教育与咨询中心现状 …………………… 148
一、高校心理健康教育与咨询中心组织机构与经费状况 ……… 149
二、高校心理健康教育与咨询中心专职教师状况 ……………… 154
三、高校心理健康教育与咨询中心工作开展状况 ……………… 158
第四节 高校心理健康教育实效性现状调查的结论 …………… 163
一、高校心理健康教育实效性的彰显 …………………………… 163
二、高校心理健康教育实效性的不足 …………………………… 165

第五章 高校心理健康教育实效性影响因素分析 ………………… 168
第一节 高校心理健康教育实效性彰显的原因探析 …………… 168
一、国家教育政策的顶层设计 …………………………………… 168
二、思想政治教育学、心理学学科的繁荣发展 ………………… 173
三、学校重视相关文件精神的落实工作 ………………………… 176
第二节 高校心理健康教育实效性不足的原因探析 …………… 176
一、教育主体上师资配备不足、教师胜任力不高 ……………… 179
二、教育介体上教育方式方法存在不足 ………………………… 180
三、教育环体上教育设施、教育氛围不足 ……………………… 182
四、教育客体上"心理健康服务供需失衡" …………………… 183
五、高校心理健康教育投入不足 ………………………………… 184

第六章　高校心理健康教育实效性提升的策略 189
第一节　加强高校心理健康教育队伍建设 189
一、配齐配优专兼职人员 189
二、提升心理健康教育队伍胜任力 191
三、保持心理健康教育队伍稳定性 192
第二节　完善和创新高校心理健康教育的方式方法体系 193
一、完善课程设置和创新课程方式方法 193
二、完善活动设计和创新活动方式 195
三、完善和创新心理咨询与辅导方式方法 196
四、完善和创新危机预防干预体系 198
五、推进高校心理健康教育平台建设 198
第三节　优化高校心理健康教育的环境 200
一、优化高校心理健康教育的物质环境 200
二、优化高校心理健康教育的精神文化环境 201
第四节　促进教育客体自我教育 202
一、以教育客体为中心 202
二、优化教育客体内环境 203
第五节　构建和完善心理健康教育的保障机制 204
一、转变认识、明确目标 204
二、完善组织机构 205
三、健全规章制度 206
四、确保心理健康教育经费投入 208

结　语 209
一、结论与创新 209
二、研究的局限性 210
三、未来展望 210

参考文献 212

附　录 231

绪 论

一、研究背景与意义

（一）研究背景

高校心理健康教育是以防治心理健康问题、提高心理健康水平、培养良好心理素质、培育积极心理品质为目的的教育。2004年8月26日，中共中央、国务院印发的《中共中央国务院关于进一步加强和改进大学生思想政治教育的意见》（中发〔2004〕16号）指出：开展深入细致的心理健康教育，"是拓展新形势下大学生思想政治教育的有效途径"[①]。2011年2月23日，教育部办公厅印发的《普通高等学校学生心理健康教育工作基本建设标准（试行）》（教思政厅〔2011〕1号）明确指出：加强和改进大学生心理健康教育，"是推动高等教育改革、加强和改进大学生思想政治教育的重要任务"[②]。习近平总书记高度重视心理健康教育工作。2016年12月9日，习近平总书记在全国高校思想政治工作会上强调，要"培育理性平和的健康心态，加强人文关怀和心理疏导"[③]。2017年10月18日，习近平总书记在党的十九大报告中明确提出要"加强社会心理服务体系建设，培育自尊自信、理性平和、积极向上的社会心态"[④]。2019年3月18日，习近平总书记在学校思想政治理论课教师座谈会上强调，"贯彻

[①] 中共中央国务院发出《关于进一步加强和改进大学生思想政治教育的意见》［N］.人民日报，2004-10-15.

[②] 中华人民共和国教育部．教育部办公厅关于印发《普通高等学校学生心理健康教育工作基本建设标准（试行）》的通知［EB/OL］.http：//www.moe.gov.cn/srcsite/A12/moe_1407/s3020/201102/t20110223_115721.html，2011-02-23.

[③] 全国高校思想政治工作．习近平：把思想政治工作贯穿教育教学全过程［EB/OL］.https：//www.sizhengwang.cn/a/zyfwpt_xjpgygxsxzzgzdzyls/171022/539053.shtml，2016-12-08.

[④] 习近平．决胜全面建成小康社会 夺取新时代中国特色社会主义伟大胜利——在中国共产党第十九次全国代表大会上的报告［M］.北京：人民出版社，2017，49.

1

党的教育方针，落实立德树人根本任务，培养德智体美劳全面发展的社会主义建设者和接班人"①。可以说，高校心理健康教育既是思想政治教育的重要组成部分，又是素质教育的重要内容，在思想政治教育中具有极其重要的地位和作用，是思想政治教育实现"立德树人""培养德智体美劳全面发展的社会主义建设者和接班人"的重要途径。

  做好高校心理健康教育工作，是一项长期工程、基础工程、科学工程、系统工程，党中央高度重视高校心理健康教育的实效性问题。2012年全国人民代表大会常务委员会通过《中华人民共和国精神卫生法》，该法第十六条强调："各级各类学校应当对学生进行精神卫生知识教育；配备或者聘请心理健康教育教师、辅导人员，设立心理健康辅导室，对学生进行心理健康教育"②。2016年12月30日，国家卫生计生委等22部委联合印发《关于加强心理健康服务的指导意见》（国卫疾控发〔2016〕77号）从各类心理健康服务、重点人群心理健康服务两个方面对加强心理健康服务给予了指导③。2018年7月4日，中共教育部党组发布《高等学校学生心理健康教育指导纲要》（教党〔2018〕41号）明确指出："科学性与实效性相结合"是心理健康教育的基本原则④。2018年11月16日，国家卫生健康委员会等10部委发布《全国社会心理服务体系建设试点工作方案》（国卫疾控发〔2018〕44号）强调高等院校要完善心理健康服务网络⑤。2021年7月7日，教育部办公厅印发《教育部关于加强学生心理健康管理工作的通知》（教思政厅函〔2021〕10号）要求从源头管理、过程管理、结果管理、保障管理四个方面着手提高学生心理健康素养⑥。上述这些文件和法

---

① 中华人民共和国中央人民政府. 习近平主持召开学校思想政治理论课教师座谈会［EB/OL］. http：//www.gov.cn/xinwen/2019-03-18/content_ 5374831. htm, 2019-03-18.

② 中华人民共和国精神卫生法［N］. 人民日报, 2013-02-06（014）.

③ 中华人民共和国中央人民政府. 22部门印发《关于加强心理健康服务的指导意见》［EB/OL］. http：//www.gov.cn/xinwen/2017-01-24/content_ 5162861. htm#1, 2017-01-24.

④ 中华人民共和国教育部. 中共教育部党组关于印发《高等学校学生心理健康教育指导纲要》的通知［EB/OL］. http：//www.moe.gov.cn/srcsite/A12/moe_ 1407/s3020/201807/t20180713_ 342992. html, 2018-07-04.

⑤ 中华人民共和国卫生健康委员会. 关于印发全国社会心理服务体系建设试点工作方案的通知［EB/OL］. http：//www.nhc.gov.cn/jkj/s5888/201812/f305fa5ec9794621882b8bebf1090ad9. shtml, 2018-11-16.

⑥ 中华人民共和国教育部. 教育部关于加强学生心理健康管理工作的通知［EB/OL］. http：//www.moe.gov.cn/srcsite/A12/moe_ 1407/s3020/202107/t20210720_ 545789. html, 2017-07-07.

律法规都为高校心理健康教育实效性提升提供了重要的制度保障和指导。

我国高校心理健康教育诞生于20世纪80年代，经过近40年的发展，取得了一系列成果，形成了较为完整的教育体系，培养了一批心理健康教育人才，基本形成了专兼职结合的心理健康教育队伍，各省、市、自治区教育系统在高校目标考核中也涵盖了心理健康教育的考核指标。但也存在一些问题，如在认识上，部分高校仅仅满足于防止学生因心理问题出现各种不良事件，忽视学生心理素质的提高、积极心理品质的培育；在机制上，部分高校心理健康教育体系流于形式，未能完全发挥自身功能；在管理上，部分高校心理健康教育中心定位不清、权责不明，与二级院系之间尚未形成有效的协同工作机制；在心理健康教育课程教学上，教学方式、方法有待提高；在心理健康教育队伍培养上，部分高校教师缺乏学习和提高的机会，或没有配齐专业教师队伍；在心理辅导服务上，从业人员专业水平有待提升；在考核上，虽纳入目标考核指标，但主要还是从制度和工作开展上考核，没有从学生角度上考评；等等。如何克服上述这些影响心理健康教育实际效果的问题，直接关乎大学生身心健康成长、成人成才。而大学生群体的重要地位和历史使命也决定了必然要提高对其心理健康教育的实效性。因此，深入研究高校心理健康教育实效性，具有极其重要的理论意义和现实意义。

（二）研究意义

1. 理论意义

（1）有利于明确高校心理健康教育的具体目标和内容

心理健康教育的目标是心理健康教育的起点和归宿，它概括了时代对受教育者的要求，规定了心理健康教育的发展方向，决定了心理健康教育想要达到的实际效果。但心理健康教育实践中存在规定了总体目标、缺乏可操作性具体目标的问题。因此，构建具有科学性、可操作性的高校心理健康教育的目标体系十分重要，其是增强教育效果的关键所在。心理健康教育的内容是为达到一定的教育目标，教育者向受教育者传授讲解的知识、理论、观点。科学界定高校心理健康教育的内容，关系到心理健康教育的实效性。本书通过对相关问题的系统梳理，无疑能有利于明确高校心理健康教育的具体目标和内容。

（2）有利于完善高校心理健康教育评估理论

高校心理健康教育的实效性涉及心理健康教育实效性评估，需要科学的心理健康教育评估理论作为指导。新的历史阶段，社会的转型、现代管理科学的发展以及国家教育政策的升级，要求高校心理健康教育评估理论随之发展。因此，从现实出发，以发展的眼光来丰富和完善心理健康教育评估理论，能有效地促进心理健康教育实践活动的开展,提高心理健康教育的实效性。

(3) 有利于促进高校心理健康教育体系的科学化发展

高校心理健康教育是建立在实践基础上的理论化、科学化、系统化的体系。对其实效性开展研究,可以对其实践活动进行检查、总结并提出改进的建议或方案。通过实效性研究,能够发现学生心理活动的规律和当下心理健康教育体系存在的不足之处;可以总结出新的经验,提出新理论;可以发现新问题并找出解决问题的方法,从而推动高校心理健康教育体系的整体发展。

(4) 有利于完善心理育人理论

中共中央、国务院《关于加强和改进新形势下高校思想政治工作的意见》提出的坚持全员全过程全方位育人(以下简称"三全育人")的要求。心理育人是"三全育人"的十大育人之一,是指通过人文关怀和心理疏导的方式来促进人的成长,进而培育人。心理健康教育是实现心理育人的重要方式,对心理健康教育实效性开展研究提升实效性,有利于丰富心理育人的方式方法体系,完善心理育人的理论。

2. 现实意义

(1) 有利于培养具有良好心理素质的高素质人才

良好的心理素质是优良的思想品德形成和发展的基础,是高素质人才必须具备的心理品质。大学生是祖国的未来,实现二〇三五年社会主义现代化远景目标,实现"两个一百年"目标,实现伟大复兴的中国梦,迫切需要大学生成长为具有良好心理素质的高素质人才。提升高校心理健康教育的实效性,无疑将有利于培养具有良好心理素质的高素质人才。

(2) 有利于促进新时代大学生的自身成长

新时代大学生更注重自身心理上的发展,想要提升自身心理素质,发展积极心理品质,实现自身的梦想和抱负。与此同时,社会转型期各种社会矛盾、社会压力、不良社会环境的影响,阻碍了大学生心理发展,使得大学生容易出现各种各样的心理问题。而高校心理健康教育为大学生解决自身心理健康问题、提升心理素质、培育积极心理品质提供了专业知识和科学方法。因此,提升心理健康教育实效性,使大学生接受科学、系统、有效的心理健康教育,培育积极心理品质,促进其全面和谐发展,对于大学生自身成长具有重要的现实意义。

(3) 有利于加强和改进高校心理健康教育

当前,高校心理健康教育在实际工作、基础研究、教育教学、师资队伍建设等层面上还存在许多问题。这些问题都影响到了高校心理健康教育的实际效果。因此,明确高校心理健康教育的目标内容,开展实效性评估,对高校心理健康教育实效性现状进行调查，进而发现问题、研究问题、解决问题，在总结经验基础上有针对性地提出对策和建议显得尤为重要。

二、国内外研究述评

（一）国内研究述评

目前，国内对心理健康教育研究比较重视，不但有党中央文件，还有众多专家学者的实践与研究，成果比较丰硕。在CNKI（知网）中以"心理健康教育"为主题词进行检索，截止到2022年2月23日，一共有76645篇文献。其中期刊论文41181篇、会议摘要2745篇、硕博学位论文1725篇。在结果中以"心理健康教育实效性"为主题二次检索，得到693篇文献结果。其中期刊论文432篇（北大核心和CSSCI期刊论文57篇）、会议摘要14篇、硕博学位论文38篇（博士论文3篇）。在57篇北大核心与CSSCI期刊论文中，只有17篇篇名中带有心理健康教育实效性，在38篇学位论文中只有4篇硕士论文篇名中带有心理健康教育实效性。此外，还对心理健康教育实效性的同义词进行了检索，检索结果统计如表0-1所示。

表0-1　心理健康教育及相关概念检索结果

相关论文		实效（性）	效果	成效	功能	作用	合计
心理健康教育	北大核心与CSSCI	14（57）	92	9	60	149	381
	学位论文	6（38）	21	1	26	61	153
心理素质教育	北大核心与CSSCI	0（1）	12	0	12	20	45
	学位论文	1（0）	1	0	1	1	4
心理教育	北大核心与CSSCI	1（14）	15	1	17	19	67
	学位论文	2（14）	7	0	4	2	29
合计		24（124）	148	11	120	252	679

对这些文献进行分析和总结研究，可以将当前国内大学生心理健康教育实效性研究特点归纳为以下：

首先，高校心理健康教育实效性已经引起的关注。研究者中既有国内知名的心理健康教育家，也包括在一线从事实践的心理健康教育工作者，很多成果具有相当高的学术价值。

其次，研究覆盖面广。近年的研究成果包含了高校心理健康教育的规律、原理、特点、内容、评价、原则、主客体、模式、面临的问题、实践创新、对策等，几乎覆盖了心理健康教育的所有方面。

据此，本书认为，心理健康教育实效性及提升研究应包含：心理健康教育的目标、内容、评估、实效性影响因素、实效性提升策略。本书将从这几个方面展开文献述评。

1. 高校心理健康教育的目标

高校心理健康教育的科学实施，首先需要明确其具体的目标体系。能否科学地构建目标是开展心理健康教育工作的首要问题，在整个心理健康教育体系中居于核心地位。心理健康教育目标是心理健康教育活动的出发点和归宿，是检验心理健康教育实效性的根本准则。对于高校心理健康教育的目标，有关文件做了概况性的总结，国内学者也对心理健康教育的目标做了相关研究，但并未形成一致意见。张大均认为，心理健康教育的基本目标是培养学生良好的心理素质[1]。石国兴认为，心理健康教育的总目标是优化学生的心理素质、增进学生心理健康，最终实现学生的全面发展；纵维目标是培育学生积极适应的良好心理品质，促进学生积极主动开发潜能、优化心理素质，培养学生幸福生活的能力；横维目标则是从知、情、意、个性等层面来具体实施纵维目标[2]。罗鸣春认为，心理健康教育的根本目标是促进受教育者全面发展，全面提高受教育者的素质以及职业能力，其具体目标体现在发展（优化心理品质、促进心理健康与良好个性形成）、预防（提高心理素质、预防心理疾病）、补救（解决心理障碍）三方面[3]。施晶晖将心理健康教育的目标归纳为四个方面：一是提升学生的心理素质，促进学生健康人格形成；二是预防学生心理问题与障碍，提升学生心理健康水平；三是挖掘学生潜能，提升学生情商；四是优化学生职业心理，提升学生职业能力[4]。宁顺颖基于积极心理学视角，认为心理健康教育目标有四：一是挖掘学生优势性格与潜能，促进学生积极人格特质形成；二是增强学

---

[1] 张大均. 加强学校心理健康教育培养学生健全心理素质[J]. 河北师范大学学报（教育科学版），2002（01）：17.
[2] 石国兴. 论积极心理健康教育目标结构[J]. 教育研究与实验，2010（02）：88.
[3] 罗鸣春，孟景，路晓宁. 关于职业学校心理健康教育的功能定位[J]. 中国职业技术教育，2008（35）：25.
[4] 施晶晖. 构建高职院校心理健康教育的目标体系[J]. 江西教育科研，2007（04）：86-87.

生心理调控能力,预防学生心理健康问题;三是解决学生心理问题、障碍或心理疾病;四是提高学生心理素质,提高学生职业素质①。肖汉仕认为,心理健康教育的直接目标是全面提高学生的心理素质(包括智慧与潜能、心理能力、优良性格、心理健康、行为的良好适应五个方面),间接目标是促进受教育者全面、主动地发展,促进受教育者个性充分发展、社会化②。

上述研究为心理健康教育目标构建做出了基础性的贡献,总结起来可将心理健康教育目标分为两个层次,即防治性目标(如维护心理健康、防治心理疾病)、发展性目标(如学会调适、培育健康人格、优化心理素质、开发潜能等)。然而受制于当时心理学研究成果,这些研究得出的结论存在操作性定义模糊、在实践中具体实施困难的情况。例如心理素质该如何定义,潜能开发如何在实践中操作化,潜能开发与心理素质、积极心理品质有何关系等。另外,心理健康教育的目标体系应从多维角度综合考虑,除了层次性之外,还应考虑不同年龄的阶段性。马克思指出:"人的本质不是单个人所固有的抽象物,在其现实性上,它是一切社会关系的总和。"③ 因此,心理健康教育目标体系除了从层次关系、阶段性视角构建外,还应从对象群体视角考虑:应包括个体目标、群体目标、社会目标。

2. 高校心理健康教育的内容

心理健康教育的内容是心理健康教育目标的直接要求,它保证了心理健康教育目标的有效性,它由教育目标所确定,以教育目标为指导,为教育目标提供具体措施。国内不同学者基于教育目标对于心理健康教育的内容作出了不同的界定,代表性的观点如下:

杨晶晶从积极心理学角度以培育积极心理为目标,把心理健康教育的基本内容分为三个层次:一是促进学生积极情绪、积极情感体验;二是塑造学生积极人格特质;三是构建积极环境(社会支持系统)④。张玉杰认为大学生心理健康教育的内容主要有两个方面:一是提高心理素质。主要体现在智力、适应力、人际关系、人格发展的教育上。二是预防心理疾病。主要体现在普及心理健康

---

① 宁顺颖. 高职院校积极心理学取向的心理健康教育目标和模式 [J]. 当代教育科学, 2011 (17): 56-57.
② 肖汉仕. 论心理素质教育的目标构建及要求 [J]. 中国教育学刊, 1997 (02): 39-41.
③ 马克思, 恩格斯. 中共中央马克思恩格斯列宁斯大林著作编译局编译. 马克思恩格斯选集 第1卷 [M]. 北京: 人民出版社, 2012: 135.
④ 杨晶晶, 杨熙. 新时期青年大学生更需加强积极心理健康教育 [J]. 中国特殊教育, 2017 (05): 90.

知识、提高承受挫折能力、对心理疾病的预防与诊疗上①。肖汉仕认为心理教育的内容应包括心理健康知识、人格塑造、智能开发、人际交往、积极适应、正当竞争、承受挫折、情感调适、自律自理、科学认识十个方面②。

上述这些代表性的观点为我们明确心理健康教育的目标提供了重要的借鉴，但是仍然存在一些不足。如杨晶晶的观点是从积极心理学视角出发的，而张玉杰的观点是将心理健康教育与思想政治教育比较后得出的，他们的观点视野广度还需扩大；肖汉仕的观点具有相对的全面性，但是其观点是20世纪90年代提出的，其研究成果需要进一步的补充使之具有时代性。同时我们通过查阅众多高质量有代表性大学生心理健康教育教材后发现，目前国内心理健康教育课程内容可以概括为：情绪管理、人格发展、学习心理、自我意识、人际交往、职业发展、压力管理、恋爱与情感、生命教育、异常心理③④⑤⑥。但心理健康教育课程目标只是心理健康教育目标的子目标，而心理健康教育课程内容不完全等于心理健康教育内容。我们不能以心理健康教育课程的内容来替代心理健康教育的内容。心理健康教育的内容应该紧紧围绕着教育目标，有什么样的教育目标，就要有什么样的教育内容。因此，我们应在前人研究基础上，根据构建的高校心理健康教育目标体系，结合当下高校心理健康教育实践以确定高校心理健康教育的具体内容。

3. 高校心理健康教育实效性的评估

心理健康教育的实效性评估是依据一定的评价标准，采用特定的评价方法，对心理健康教育活动效果进行判断的过程。它是衡量心理健康教育效果的重要方式。目前国内对于心理健康教育实效性评估按研究方式可以归纳为以下：

（1）学理研究的方式

主要是从学生、他人、教育过程中的要素进行评价。代表性观点有：焦岚认为要从课程、活动、咨询与干预、学生状态这几个方面对心理健康教育效果进行考量⑦；宋歌认为要从学生在校期间的状况、与学生交往的人员的反馈与评

---

① 张玉杰. 论大学生思想政治教育与心理健康教育的关系 [J]. 黑龙江高教研究, 2017 (10)：157.
② 肖汉仕. 关于心理素质教育体系的探讨 [J]. 教育科学, 1996 (03)：17.
③ 肖汉仕主编. 大学生心理健康教育 [M]. 长沙：中南大学出版社, 2008：1-2.
④ 陈选华编著. 大学生心理健康教育 [M]. 合肥：中国科学技术大学出版社, 2018：i.
⑤ 李国毅主编. 大学生心理健康教育 [M]. 北京：国家行政学院出版社, 2019：1-2.
⑥ 焦雨梅, 苏元元, 赵立成主编 [M]. 大学生心理健康教育. 上海：上海交通大学出版社, 2017：Ⅰ-Ⅶ.
⑦ 焦岚. 注重评价，提高心理健康教育工作效果 [J]. 中国高等教育, 2014 (Z2)：56.

价、心理调查的结果、毕业生与用人单位的评价这四个方面评估①。肖汉仕认为心理健康教育评估具体应包括性格品质、心理能力、内在动力、心理健康状态、适应行为六个方面②。

（2）实证研究的方式

一是对心理健康教育课程效果进行实证评估。代表性研究有：李惠云以SCL-90症状自评量表为工具采用元分析的方式进行评估③，阮碧辉采用SCL-90症状自评量表和社会支持量表进行评估④，王琪以情绪管理能力和主观幸福感为评估指标进行评估⑤，刘治宇采用焦虑自评量表和抑郁自评量表进行评估⑥。二是对朋辈心理辅导的效果进行评估。代表性研究有：陈嵘采用防御方式量表、社会支持评定量表和卡特尔16人格量表进行评估⑦，韩立敏采用SCL-90症状自评量表和自我和谐量表进行评估⑧。三是综合心理健康教育效果评估。代表性研究有：张燕在某医学院校心理健康教育改革（课程、师资、活动方面）后采用压力源量表和特质应对方式问卷进行效果评估⑨。四是对心理健康专兼职教师进行调查研究，考察心理健康教育工作效果。代表性研究有：俞国良等对高校专兼职教师的评估研究⑩⑪。

以上两类研究方式存在各自的优缺点。上述学理研究的方式，虽评价要素全面，但是停留在学理阶段，评估手段操作化不够，没能形成具体评估手段，

---

① 宋歌．大学生心理素质教育体系的构建及效果评估［J］．黑龙江民族丛刊，2011（05）：146.
② 肖汉仕．我国学校心理健康教育需要注意的问题研究［J］．当代教育论坛，2005（02）：61.
③ 李惠云．影响心理健康教育效果的因素分析［J］．成人教育，2011，31（10）：50-51.
④ 阮碧辉．汶川地震灾区籍大学生心理健康教育的效果研究——基于引入社会支持干预的视角［J］．黑龙江高教研究，2012，30（10）：120.
⑤ 王琪，李颖晖，张博皓，李恒超．大学生行动体验式心理健康教育课效果分析［J］．中国学校卫生，2017，38（08）：1239.
⑥ 刘治宇．卫校学生心理健康互助教育效果评价［J］．中国学校卫生，2006（08）：721.
⑦ 陈嵘，秦竹，马定松，杨玉芹．少数民族贫困大学生综合心理健康教育效果观察［J］．中国学校卫生，2008（08）：737.
⑧ 韩立敏．朋辈心理辅导对军校男生心理健康教育效果评价［J］．中国学校卫生，2011，32（09）：1112.
⑨ 张燕，梁慧敏，王焕，张华，赵岳．医学院校学生心理健康教育模式改革效果评价［J］．中国学校卫生，2014，35（11）：1663.
⑩ 俞国良，王浩，赵凤青．心理健康教育：高等学校专兼职教师的认知与评价［J］．黑龙江高教研究，2017（10）：121.
⑪ 俞国良，王浩，赵凤青．心理健康教育：高职院校专兼职教师的认知与评价［J］．黑龙江高教研究，2017（06）：87.

无法检验心理健康教育实效性；上述实证研究的方式操作化强，但是主要是采用 SCL-90 自评量表等方式考查学生病态心理，不能反映学生心理素质、积极心理品质，不能全面反映心理健康教育的目标和内容。

此外，教育评价的相关理论也为心理健康教育实效性研究提供了借鉴，代表性理论有：目标行为模式、CIPP 模式、目标游离模式、CSE 模式等，这些模式各有其优缺点。国内学者主要是采用 CIPP 模式开展相关研究，如江光荣等基于 CIPP 教育评价理论对学校心理健康教育评价指标进行了构建[1]。但是该评价的侧重点不是心理健康教育实际效果，而是心理健康教育工作的过程，其关于结果的评价并没有反映心理健康教育的目标与学生心理素质、心理品质。教育评价学认为，教育评价包括学校评价、课程评价、教师评价、学生评价等内容[2]。就教育评价的内容来说，心理健康教育实效性的评估的重点应是评估学生是否达到教育目标要求，应主要体现在对于学生的评估上。学校教育效果评估的方式主要有：学生学习结果评估、课程教学满意度评估、学校声誉评估、社会评估[3]。目前学界逐渐开始采用高等教育服务质量理论来衡量和评估教育效果[4]，如创业教育效果[5]、慕课质量[6]、研究生教育质量[7]，这为心理健康教育实效性评估提供了借鉴。综合上述，应从心理健康教育的目标、内容、过程、结果入手，构建心理健康实效性评估指标，以此对心理健康教育实效性进行考查。

4. 高校心理健康教育实效性现状的研究

高校心理健康教育实效性现状的研究，即采用一定的心理健康教育评估方式，对高校心理健康教育工作情况与实际效果进行分析，以便发现问题。按研究方法的不同可以归纳为以下两方面：

---

[1] 江光荣，任志洪. 基于 CIPP 模式的学校心理健康教育评价指标构建［J］. 教育研究与实验，2011（04）：82.

[2] 王斌华. 学生评价：夯实双基与培养能力［M］. 上海：上海教育出版社，2010：67.

[3] 张伟江，陈效民. 学校教育评估指标设计概论［M］. 北京：高等教育出版社，2011：243-281.

[4] （中国）中国教育科学研究院. 办好人民满意的教育 全国教育满意度调查报告［M］. 北京：教育科学出版社，2019：41.

[5] 郭洪芹，罗德明. 创业教育满意度及其提升策略研究——基于浙江省 10 所地方本科高校的实证分析［J］. 高等工程教育研究，2020（05）：165.

[6] 钱小龙，仇江燕. 基于用户满意度的慕课质量评价研究——以人工智能专业为例［J］. 四川轻化工大学学报（社会科学版），2020，35（01）：85.

[7] 胡成玉，陈翠荣，王艳银. 研究生教学质量满意度调查研究［J］. 黑龙江高教研究，2018，36（11）：105.

(1) 文献研究

龚燕认为高校心理健康教育面临的问题有：师资结构失衡，教师工作绩效不强，标准化与专业化水平不够[①]。安雪玲认为，高校心理健康教育工作现状及问题是：管理不够、定位模糊，课程设置不足，教育方法与教育模式单一[②]。张晓旭认为，高校心理健康教育的问题有：认识有误、开展方式单一、针对性不足、教师专业成长不足[③]。李红锋认为高校心理健康教育存在的问题有：认识存在误区，教育渠道过于单一，教育内容缺乏针对性，教师专业化水平低[④]。向凯认为高校心理健康教育存在的问题有：认识不足，缺乏重视，师资配置不够，课程建设滞后[⑤]。

(2) 调查研究

唐春生从组织机构情况、教师队伍情况、心理健康教育与咨询机构的工作条件保障情况、心理健康教育专门机构的工作实施与效果情况、心理健康教育与咨询工作效果情况对高职院校进行调查发现：高职院校心理健康教育机构从属不一致，师资学历不足且缺乏必要的师资专业建设，经费不足，机构的工作效果有待提升[⑥]。聂国东调查分析认为工科大学心理健康教育存在的问题主要体现在课程设置僵化、教学方法传统和活动开展方式单一上[⑦]。

综合上述研究，可以将高校心理健康教育的实效性现状研究总结为：从认识、管理、课程、师资等过程要素来了解工作开展情况。这些研究作出了一定的贡献，但是存在的问题也很突出。一是绝大部分研究采用的研究方法是文献研究方法，缺乏实际调查。少数的实际调查研究也存在调查问卷设计不够全面，仅仅涉及课程现状、解决心理问题方式的现状，或者仅仅只是调查心理健康教育工作情况，缺乏学生视角。二是心理健康教育的实效性涉及心理健康教育的

---

① 龚燕，张明志，陈娟. 我国现阶段高校大学生心理健康教育实践路径的选择 [J]. 教育理论与实践，2016，36 (24): 23.
② 安雪玲，常志娟. 我国高校心理健康教育模式的构建 [J]. 教育与职业，2015 (24): 76-77.
③ 张晓旭. 高校大学生心理健康教育之理性审视 [J]. 社会科学家，2014 (11): 101-102.
④ 李红锋. 高校心理健康教育存在的问题及对策 [J]. 教育探索，2014 (04): 139.
⑤ 向凯，党喜灵. 关于高职心理健康教育实效性的反思 [J]. 职教论坛，2012 (05): 60.
⑥ 唐春生，蒋伟，龙艳. 广西高职高专学生心理健康教育现状调查研究 [J]. 中国职业技术教育，2015 (25): 87-88.
⑦ 聂国东，梁媛，鞠茵妮. 积极心理学视域下的工科大学生心理健康教育体系构建研究 [J]. 黑龙江高教研究，2016 (12): 129.

目标、内容、过程和评估。因此，研究心理健康教育实效性的现状，不单是调查研究心理健康教育过程与工作现状，更重要的应该是对心理健康教育效果的评估。

5. 高校心理健康教育实效性的影响因素研究

目前国内对于心理健康教育实效性影响因素的研究较少。马祥林认为文化背景是影响心理健康教育实效的重要因素，因移植西方心理咨询的方法体系忽视其与本土文化背景的适配性导致实效性减弱[1]。郑丽将高校心理健康教育实效性缺失归因为：在认识上存在误区，在师资建设上不够，在方法上缺乏创新，在教育对象上出现窄化[2]。宋改敏认为所处的地理方位、宗教与文化、发展状况、语言习俗和就业问题和各种极端主义分裂势力都是影响高校心理健康教育效果的因素[3]。苑璞认为影响高校心理健康教育效果的因素是：停留在说服教育方式，缺乏实践环节；存在否定思维的教育方法，缺乏支持性；教育内容存在过多理性教育，缺乏感染性；教育者专业素质不高[4]。刘苍劲认为导致大学生心理健康教育实效性的因素有：对大学生心理健康教育重要性认识不够；混淆心理健康教育与德育的界限，导致心理健康教育德育化；大学生心理健康教育师资队伍建设不力；大学生心理健康教育趋于课程化，教学手段单一；大学生心理健康教育评估体系形同虚设[5]。

上述研究有一定的意义，但是他们没有从高校心理健康教育体系全面系统地考查影响因素。周文波编制了大学毕业生心理健康教育实效性影响因素问卷，将影响因素分为：教育者主体（管理者、组织机构、教学及教辅人员）、受教育者主体（内容因素、形式因素）、教育媒介（教育目的、教育内容、教育手段、教育活动）、教育环境（政治环境、经济环境、文化环境、社会评价）[6]。但是该研究用二级指标当题项（如用管理者、组织机构、教学及教辅人员当题项，

---

[1] 马祥林. 心理健康教育的实效性与文化背景 [J]. 教育与职业, 2011 (12): 72-73.
[2] 郑丽. 增强大学生心理健康教育实效性的策略研究 [J]. 中国成人教育, 2009 (14): 61.
[3] 宋改敏, 何慧星, 李智敏. 地域环境对民族地区大学生心理健康教育的效果探析 [J]. 学校党建与思想教育, 2011 (20): 77-78.
[4] 苑璞. 大学生心理健康教育特性与影响教育效果因素的分析 [J]. 黑龙江高教研究, 2005 (06): 147-148.
[5] 刘苍劲. 新时期大学生心理健康教育实效性研究 [M]. 北京：北京师范大学出版社, 2017: 1-5.
[6] 周文波, 陈伍郎, 范端阳. 影响大学毕业生心理健康教育实效性要素的实证研究 [J]. 教育学术月刊, 2010 (12): 60.

并没有阐述怎样衡量),并且用两个题项(内容因素、形式因素)当测量变量来测量一级指标(教育主体)不符合测量学要求,而且该研究只是设计影响因素量表,并没有实证考量影响因素对实效性的影响,这些因素到底对心理健康教育实效有多大影响属于未知。

　　心理健康教育是思想政治教育的重要组成部分,思想政治教育实效性影响因素研究可以为心理健康教育实效性影响因素研究提供借鉴。严春红将制约思想政治教育实效的原因归结为:教育思路,教育者,受教育者,教育环境①。李晓虹把思想政治教育过程划分为内容构建、传导与接受三个环节,并从这三个环节分析影响大学生思想政治教育实效的要素:内容构建要素包括教育主体与教育客体;传导要素主要包括思想政治教育传导主体、传导客体、传导介体与传导环体;接受要素包括接受主体、接受环体及接受客体②。另外高等教育质量研究也可以为心理健康教育实效性研究提供参考。"高等教育质量就是高等教育服务产品的质量,它取决于高等教育需求主体对教育服务质量的预期同实际感知的服务水平之间的对比,服务性是高等教育服务质量的基本特征,学生是教育服务质量的评价主体"③。Valarie(1988)提出服务质量理论,并通过实证研究提出衡量服务质量优劣的5个维度:有形性、可靠性、响应性、保证性和移情性。近年来,服务质量理论模型被广泛用于国内高等教育质量影响因素的分析④⑤⑥,这为心理健康教育实效影响因素研究提供了重要借鉴。

　　综合上述观点,本文认为,应结合思想政治教育学理论与高等教育服务质量理论,对心理健康教育实效性影响因素进行学理和实证的综合分析。

6. 高校心理健康教育实效性的提升对策研究

　　国内对于心理健康教育实效性提升的研究主要集中在心理健康教育课程实效性提升,以及心理健康教育工作总体实效性提升。以下将按先具体后总体的方式进行文献回顾。

---

① 严春红. 思想政治教育实效研究 [D]. 北京:中国矿业大学(北京),2013:31-40.
② 李晓虹. 新媒体环境下大学生思想政治教育实效性研究 [D]. 大连:大连理工大学,2016:41-43.
③ 刘俊学. 高等教育服务质量论 [M]. 长沙:湖南大学出版社,2002:65.
④ 钟贞山,孙梦遥. 专业学位研究生教育服务质量满意度及改进策略的实证研究 [J]. 教育学术月刊,2016(05):65.
⑤ 刘彩虹,安悦. MPA教育感知服务质量实证研究——以武汉地区四所高校为例 [J]. 学位与研究生教育,2014(10):62.
⑥ 曾韬. 澳门高等教育服务质量与启示——对澳门两所高校旅游专业学生感知数据的分析 [J]. 高教探索,2019(07):81.

（1）高校心理健康教育课程实效提升的对策研究

心理健康教育课程是实现心理健康教育的主要途径，国内对于心理健康教育实效性提升的研究主要集中在心理健康教育课程实效性提升上，相关学者及研究者就此进行了积极有益的探索，以下将分别阐述这些有代表性的观点并进行总结评述。

张引凤认为应从课程内容构建提升课程实效性，并提出以下对策：课程内容构建应遵守文化自信、核心性和层次性、实效性原则；课程内容应以爱为核心，具体包括为爱自己、爱家人、爱师友、爱事业四个方面[①]。何进对于提升课程实效提出的建议有：在课程目标上以学生为主体和出发点；在课程内容上坚持体验性、系统性、主动性、实践性、导向性；抓住新生这个重点阶段开展课程，增强课程实效；加强教学团队的专业性与经验性建设，普及课程教育[②]。张艳萍通过开放式问卷对296名大一学生进行随堂调查得出提升课程实效性的结论：教学内容应具有基础性、系统性、应用性；应增强教学过程中学生的主动性；教学方式应多样化、实践化，如案例讨论、课外实践等[③]。吴继红提出提高大学生心理健康教育课程实效性的对策：学校管理者应加强认识，重视课程建设，改善教学环境；教师应充分了解受教育者的需求使课程具有针对性，教师要充分把握课程的特点使教学具有科学性，教师要采用多样的教学方法以提高学生参与度[④]。赵红认为，提升心理健康教育课程实效性，就要使课程内容具有丰富性、可操作性、生活化、针对性；使课程实施途径具有多样性、灵活性、实践性；使课程评价具有发展性、创新性、多元性[⑤]。杨贵英认为要提高心理健康教育课程实效性，课程定位就要具有基础性、普及性，课程目标就要理论结合实践，课程内容就要满足受教育者的需求，教学方法就要形式多样、创新、有针对性，在教学评价的理念与方式要有创新[⑥]。吴建斌提出提升课程效果的对

---

① 张引凤. 以爱为核心的大学生心理健康教育课程内容体系构建［J］. 教育理论与实践，2020，40（09）：49-50.

② 何进，秦涛. 高校心理健康教育课程建设探析［J］. 学校党建与思想教育，2013（18）：62-63.

③ 张艳萍，朱琦. "大学生心理健康教育"课程的实效性探索［J］. 教育与职业，2013（09）：119-120.

④ 吴继红. 大学生心理健康教育课程实效性探究［J］. 江苏师范大学学报（教育科学版），2013，4（S1）：90.

⑤ 赵红，李飞. 高师院校实效性心理健康教育课程的内涵探析［J］. 现代教育科学，2010（11）：50-52.

⑥ 杨贵英. 大学生心理健康教育课程实效性分析［J］. 中国学校卫生，2009，30（04）：353-354.

策有：课程体系的建构要科学，课程建设要规范；师资配备要充足，师资发展要重视，专业水平要提高；要从教学时间、内容、模式、考评体系上推动教学改革①。邱小艳通过实证研究得出体验式教学模式比传统的讲授式模式教学效果更好，应推动体验式教学以提高教学效果②。苑璞认为应以把握基础理论，抓住课程内容重点；应引入案例教学的方法；应有针对性开展个体咨询与团体辅导③。蒋丽华认为应通过正确认识课程的目标、明确选择课程选择的依据、深入开展体验式教学法的实践与研究、创新效果评价体系、提高教师专业水平等来提升课程实效④。

这些观点总结起来，主要是要从课程目标、课程内容、课程评价、课程管理、教学方法、教学形式、师资建设、软硬件建设来提高心理健康教育课程的实效性。这些研究为大学生心理健康教育实效性研究积累了宝贵经验，夯实了研究基础。但也存在观点雷同，重复研究，操作性不够的现象。另外，心理健康教育是一项极为复杂的实践活动，心理健康教育的开展方式不仅仅是心理健康教育课程，还包括第二课堂（心理健康教育活动）、心理咨询与辅导、危机预防干预等。心理健康教育过程的众多环节和要素如心理健康教育体系、教育环境也会影响到心理健康教育的实效性。因此，大学生心理健康教育实效性提升研究不应仅仅局限于课程实效提升的研究，应包括心理健康教育工作的各种形式与要素，如第二课堂、心理咨询与辅导等。

（2）高校心理咨询与辅导实效性提升对策

目前国内对于高校心理咨询与辅导实效性提升研究十分稀少。李勇提出应加强对心理咨询功能效用的认识，应建立"思政工作、心理工作、医务工作"一体的组织结构和多级心理咨询网络，应加强高校心理咨询与辅导的理论研究和师资队伍建设⑤。付大同认为应从加强对心理咨询的基本认识、推动心理咨询的文化适配与理论创新、加强师资队伍建设、转变心理咨询的价值立场、明确

---

① 吴建斌. 高职心理健康课程改革与探索［J］. 中国职业技术教育，2013（08）：91-93.
② 邱小艳，宋宏福. 大学生心理健康教育课程体验式教学的实验研究［J］. 湖南师范大学教育科学学报，2013，12（01）：95.
③ 苑璞，张岱. 提升大学生心理健康教育教学效果的研究［J］. 教育探索，2009（09）：110-111.
④ 蒋丽华. 大学生心理素质训练课教学中存在的问题探析［J］. 教育探索，2014（01）：148.
⑤ 李勇. 加强和改进高校心理咨询的几点思考［J］. 黑龙江高教研究，1998（01）：61-62.

15

心理咨询工作的重点与方向等方面来提升心理咨询的实效性[1]。石祥从心理辅导站建设、师资队伍建设、制度建设、考评建设几个方面提出提高心理危机干预实效的对策[2]。总的来说这些研究取得了一定的成果，但也存在不够全面、操作性不强的问题。综合上述研究，结合当前高校心理咨询与辅导工作开展的实际，本书认为，心理咨询与辅导实效性提升，应该从专业心理咨询、心理辅导、朋辈心理工作三个方面提出具体可操作性的对策。

(3) 高校心理健康教育工作总体实效性的提升对策

从总体上来看，国内关于心理健康教育实效性提升对策的研究可以总结为提高认识建立机制、加强师资队伍建设、课程建设、转变教育方式、发挥学生社团作用、创新路径。以下将对其进行详细的述评。

一是提高认识，建立机制。段善君认为要转变以解决心理问题为导向的认识，重视发展性目标，树立积极的生命观[3]。赵平认为领导要加强认识，将心理健康教育工作纳入高校发展规划，要成立工作领导小组，要建立工作和防控机制[4]。安雪玲认为应对心理健康教育进行准确的定位，要加强对心理健康教育机构和组织的建设[5]。张晓旭认为要更新心理健康教育的理念，从矫治心理疾病转向发展积极心理品质[6]。李红锋认为提高认识就是要以定位于发展而不是障碍，将心理健康教育定位于人才培养的重要内容，加强对心理健康教育工作体系的认识完善心理健康教育网络[7]。季芳认为应转变教育理念，充分认识到心理健康教育的作用[8]。向凯认为要转变观念，立足发展扩大心理健康教育覆盖面，调动学生主动性，构建"三位一体双面向"的教育模式[9]。梁爱丽认为高校心理健

---

[1] 付大同. 学校心理咨询实效性问题研究 [J]. 山西财经大学学报，2009 (S1)：268-269.
[2] 石祥. 大学生心理危机及心理辅导站建设研究 [J]. 教育探索，2014 (10)：136-137.
[3] 段善君. 发挥价值导向功能，优化大学生心理健康教育 [J]. 思想教育研究，2016 (04)：104-105.
[4] 赵平. 创新高职生心理健康教育路径的实践与探索 [J]. 教育与职业，2019 (20)：110-112.
[5] 安雪玲，常志娟. 我国高校心理健康教育模式的构建 [J]. 教育与职业，2015 (24)：77-78.
[6] 张晓旭. 高校大学生心理健康教育之理性审视 [J]. 社会科学家，2014 (11)：104.
[7] 李红锋. 高校心理健康教育存在的问题及对策 [J]. 教育探索，2014 (04)：139-140.
[8] 季芳. 大学生心理健康教育探讨 [J]. 中国成人教育，2013 (19)：87.
[9] 向凯，党喜灵. 关于高职心理健康教育实效性的反思 [J]. 职教论坛，2012 (05)：60-61.

康教育要强化"全体""全程"的观念①。龚燕从横向（课程—活动—干预—服务）、纵向（学校—院系—班级—宿舍—学生）、机制（学生自助—朋辈互助—医校联合—校院协作—家校联动—校际合作）上提出构建高校大学生心理健康教育立体网络②。杨娇丽认为必须从立足于发展性、调控一般心理问题的、完善危机预防干预体系、采用多种多样的教育方式来提升心理健康教育效果③。潘柳燕从协同论出发，提出建立心理健康教育与思想政治教育协同作用机制，以提升实效④。胡永、徐杰分别提出要整合社会、家庭、高校各种教育力量与资源来提升实效⑤⑥。

二是加强师资队伍建设。张智昱认为要开展辅导员心理健康教育能力培训提升其心理健康教育能力，还要完善辅导员的考核和激励机制⑦。赵平认为加强师资建设就是要配齐配足专职教师，发挥辅导员等兼职队伍的作用，提高专业课教师在专业课中渗透心理健康教育的能力⑧。李红锋认为教师要在师德、职业认同上下功夫，还要掌握受教育者的心理规律，了解受教育者的需求，更新自身的教育理念，并不断提升自身的专业能力⑨。梁爱丽认为要加强教师培训，确保所有教师都有通过培训交流提升专业能力的机会，要建立严格而规范的准入制度，要使全体教职工掌握一定的心理健康知识⑩。

三是加强课程建设，改进教育方式方法。赵平认为要对学时、教学方式等方面进行规范，把课程纳入高校整体教学计划，扩大覆盖面，增强交流，鼓励

---

① 梁爱丽，曲晓辉．提高高职院校心理健康教育实效性的探索［J］．当代教育科学，2010（11）：59.
② 龚燕，张明志，陈娟．我国现阶段高校大学生心理健康教育实践路径的选择［J］．教育理论与实践，2016，36（24）：24.
③ 杨娇丽，陈建香．大学生心理健康教育功能透析与实施策略［J］．思想教育研究，2008（02）：68-69.
④ 潘柳燕，黄宪怀．心理健康教育与思想政治教育协同作用探析［J］．学校党建与思想教育，2016（17）：49.
⑤ 胡永．论大学生心理健康教育的多维参与［J］．教育探索，2008（09）：124.
⑥ 徐杰．高校心理健康教育有效性的思考与探索［J］．中国成人教育，2015（03）：59.
⑦ 张智昱，张华东，蔡绫．高校辅导员心理健康教育功能探析［J］．教育与职业，2009（05）：92.
⑧ 赵平．创新高职生心理健康教育路径的实践与探索［J］．教育与职业，2019（20）：110-111.
⑨ 李红锋．高校心理健康教育存在的问题及对策［J］．教育探索，2014（04）：139-140.
⑩ 梁爱丽，曲晓辉．提高高职院校心理健康教育实效性的探索［J］．当代教育科学，2010（11）：59.

科研，完善课程体系①。安雪玲认为要明确课程定位，要建立互补的选修及必修课课程体系，要将课外活动与课堂教学有机结合，要在实践中不断完善教材内容②。张晓旭认为要开设必修课或必选课，要加强心理健康教育的课程渗透，要加强心理健康教育课程与职业生涯辅导的结合，要利用多种载体开展宣传活动③。

四是充分发挥学生社团的心理健康教育作用。刘晓华认为应依托学生心理社团创新心理健康教育活动的形式，充分发挥学生心理社团在心理健康教育工作中的作用，不断完善心理社团建设，以提升心理健康教育效果④。张智昱认为应提高对学生社团作用的认识，加强对学生社团的投入，创造良好的社团活动环境，加强对学生社团的科学指导，培养学生社团骨干，以提升心理健康教育实效⑤。

五是创新心理健康教育的路径。如王佳利从网络背景出发，以积极心理学为理论基础，构建网络心理健康教育模式，以提升实效⑥。陈凯、颜丽玉分别提出在图书馆开展心理健康教育⑦⑧。钱北军、邝国富分别从体育教育教学的角度来提升心理健康教育效果⑨⑩。潘小军认为应通过开展各种类型的课外活动，促进大学生心理健康教育的发展⑪。

上述实效性提升的研究取得了一定的成果，但是也存在一些问题。一是这些对策在论述上存在相当多的雷同之处，缺乏创新，基本都是"提高认识、建

---

① 赵平. 创新高职生心理健康教育路径的实践与探索［J］. 教育与职业，2019（20）：111.
② 安雪玲，常志娟. 我国高校心理健康教育模式的构建［J］. 教育与职业，2015（24）：78.
③ 张晓旭. 高校大学生心理健康教育之理性审视［J］. 社会科学家，2014（11）：104.
④ 刘晓华. 心理社团在高职心理健康教育中的作用［J］. 职教论坛，2012（20）：82+85.
⑤ 张智昱. 高校学生社团的心理健康教育功能［J］. 社会科学家，2010（11）：66.
⑥ 王佳利. 大学生网络心理健康教育积极模式研究［J］. 学校党建与思想教育，2016（24）：58.
⑦ 陈凯. 高校图书馆开展大学生心理健康教育工作初探［J］. 教育与职业，2011（12）：77.
⑧ 颜丽玉. 论高校图书馆在大学心理素质教育中的作用［J］. 图书馆论坛，2005（04）：235.
⑨ 钱北军. 论体育教育对高职生健康心理培养的作用［J］. 职教论坛，2013（23）：70.
⑩ 邝国富. 论高校体育教学对实施大学生心理健康教育的作用［J］. 中国成人教育，2009（13）：151.
⑪ 潘小军. 课外活动在大学生心理健康课教育中的应用研究［J］. 教育与职业，2013（15）：92.

立机制、加强队伍建设、加强课程建设"。二是有些对策建议已过时，例如"将心理健康教育课设置为必修课或者选修课"，现在全国高校基本都已开设心理健康教育课程。三是对策深度不够，研究大多还停留于对心理健康教育观念、内容、途径创新的介绍和描述上。四是实践性不强，缺乏具体的可操作的步骤。综合上述研究，本书认为，提升心理健康教育实效性，关键是要在构建目标内容、科学评估、分析影响因素基础上，从投入以及教育过程上提出有针对性、可操作性的对策建议。

（二）国外研究述评

美国是学校心理学的发源地（莱特纳·魏特默1896年在宾夕法尼亚大学建立临床心理诊所标志着学校心理学的开始），是最早开展学校心理健康教育的国家，也是学校心理健康服务研究成果和经验最为丰富的国家，本部分文献综述主要对美国心理健康教育实效性研究与实践经验进行述评。

1. 美国心理健康教育实效性研究述评

在美国，学校心理健康教育一般被称之为"学校心理学"，而高校心理健康教育一般被称之为高校心理健康服务。美国学校心理学发展经历了萌芽期、形成期和成熟期三个阶段：19世纪末到20世纪30年代为萌芽期，以1896年莱特纳·魏特默在宾夕法尼亚大学建立临床心理诊所为开端；20世纪30年代到1969年为形成期，以1932年学校心理学作为正式的教育用语出现为标志；1969年之后为成熟期，这个阶段以成立独立于美国心理学会（The American Psychological Association，APA）的美国学校心理学家协会（National Association of School Psychologists，NASP）为标志[1]。经过百年的发展美国高校心理健康教育已经相当成熟，已经普遍设置了心理辅导（咨询）机构，在传统基础上结合时代特点和大学生的生活与学习实际，全面和深入地展开对大学生的心理健康教育工作[2]。美国高校心理健康服务主要内容是咨询、评价、干预、预防、教学指导及健康服务。不同于我国高校"三全育人"的心理健康教育模式，美国高校心理健康教育的主要途径不是心理健康教育课程（此类课程一般在中学阶段，但一些学校也在社会科学的选修课中开设心理学相关课程，也会在新生入学时开展新生适应课程），而是以心理咨询为主的心理健康服务。因此，美国高校心理健康教育实效性研究，主要表现为有关高校心理健康服务实效性的研究。通过对文献

---

[1] 杨玲主编.学校心理学：理论与实践［M］.北京：教育出版社，2017：19.
[2] 李燕.美国高校学生指导与咨询的专业化发展［J］.福建论坛（社科教育版），2010（06）：75-77.

梳理，我们发现美国高校心理健康服务并无"实效性"这一概念，其有关"实效性"的研究主要表现在以下几个方面：

（1）心理健康服务的有效性研究

美国学界对高校心理健康服务有效性研究可以归纳为两个方面：一是心理健康服务整体是否有效，二是干预措施是否有效。在心理健康服务的整体效用上，大量实证研究证明了美国高校心理健康服务表现出积极的效果。如 Eisenberg 等（2009）研究表明学校咨询中心为校园社区提供的一系列服务（包括临床服务、咨询、预防、外展和培训）在治疗抑郁、焦虑等大多数心理健康问题上有效，并且具有成本效益，特别是在促进学生完成学业和学业成功方面[①]；研究还表明高校的心理健康服务能有效预防心理健康问题[②]，增加了推广和维持治疗成果的可能[③]，减少了学生病耻感，与传统的门诊心理健康服务相比可以提供更好的基于学生的自然生态环境[④]。在干预有效性的研究上，主要是采用随机对照实验以及元分析对各种疗法与干预措施进行实证研究。如 Hoagwood 等（1997）采用元分析对学校心理疗法的有效性进行研究，结果证明认知行为疗法、社交技能培训和教师咨询在学校心理健康服务中具有有效性[⑤]。Lipson 等（2014）对接受过守门人培训（Gatekeeper Training）的大学生进行同辈心理健康服务工作效果的研究，研究表明基于守门人培训的预防干预体系有一定的效果，但仍需进一步改进[⑥]。Stallman 等（2019）的研究表明在线干预可以有效减少大学生压力，基于网络的心理干预在给予学生支持和改善情绪方面是有效的[⑦]。Becker 等（2019）开展了认知行为疗法（CBT）、接纳与承诺疗法（ACT）和正

---

① Eisenberg D, Golberstein E, Hunt J B. Mental health and academic success in college [J]. *The BE Journal of Economic Analysis & Policy*, 2009, 9（1）：28-29.

② Elias M J, Gager P, Leon S. Spreading a warm blanket of prevention over all children: Guidelines for selecting substance abuse and related prevention curricula for use in the schools [J]. *Journal of Primary Prevention*, 1997, 18（1）：64.

③ Evans S W. Mental health services in schools: Utilization, effectiveness, and consent [J]. *Clinical psychology review*, 1999, 19（2）：169-171.

④ Stephan S H, Weist M, Kataoka S, et al. Transformation of children's mental health services: The role of school mental health [J]. *Psychiatric Services*, 2007, 58（10）：1331.

⑤ Hoagwood K, Erwin H D. Effectiveness of school-based mental health services for children: A 10-year research review [J]. *Journal of Child and Family Studies*, 1997, 6（4）：435.

⑥ Lipson S K, Speer N, Brunwasser S, et al. Gatekeeper training and access to mental health care at universities and colleges [J]. *Journal of adolescent health*, 2014, 55（5）：612.

⑦ Stallman H M, Ohan J L, Chiera B. Reducing distress in university students: A randomised control trial of two online interventions [J]. *Australian Psychologist*, 2019, 54（2）：125.

念疗法的短期在线干预的随机对照试验，结果表明基于 CBT、ACT 和正念的在线干预可以改善学生的焦虑、抑郁和睡眠状况[1]。总的来说这些研究的共同特点就是微观化、实证化，证实了美国高校心理健康服务的积极效用，但也存在研究集中于微观上、在宏观上把握心理健康服务的研究较少的问题。

（2）大学生心理健康服务的利用研究

美国国家心理健康咨询委员会、美国国家心理健康研究所、美国卫生与公众服务部将青年的心理健康和青年对专业心理健康服务的利用不足确定为美国21世纪第一个十年的优先事项，美国学界对此展开了大量研究。Eisenberg 与 Golberstein 等（2007）调查发现，有37%~84%焦虑和抑郁筛查呈阳性的学生没有接受任何心理健康服务[2]。Rosenthal 与 Wilson（2008）的调查发现，超过四分之三的报告有临床严重痛苦水平的学生没有接受咨询[3]。Eisenberg 等（2011）通过实证调查显示，在有明显心理健康问题的学生中，只有36%的学生在过去一年中接受过治疗[4]。Lipson 等（2019）的研究则发现美国高校学生接受治疗率从2007年的19%增加到2017年的34%，美国高校心理健康服务的利用呈一定的上升趋势，但仍然利用不够[5]。Dunbar 等（2018）对需要心理健康治疗的社区大学生的研究发现，社区大学生在线心理健康服务使用率低[6]。由以上研究可知美国大学生对于心理健康服务利用不高。对此，美国学界开展了众多实证研究来分析心理健康服务使用率低的原因。Han 等（2015）的研究表明与心理健康问题相关的文化适应、文化障碍和污名化是导致亚裔美国大学生心理健康寻

---

[1] Becker T D, Torous J B. Recent developments in digital mental health interventions for college and university students [J]. *Current Treatment Options in Psychiatry*, 2019, 6（3）：227.

[2] Eisenberg D, Golberstein E, Gollust S E. Help-seeking and access to mental health care in a university student population [J]. *Medical care*, 2007, 45（7）：594.

[3] Rosenthal B, Wilson W C. Mental health services: Use and disparity among diverse college students [J]. *Journal of American College Health*, 2008, 57（1）：61.

[4] Eisenberg D, Hunt J, Speer N, et al. Mental health service utilization among college students in the United States [J]. *The Journal of nervous and mental disease*, 2011, 199（5）：301.

[5] Lipson S K, Lattie E G, Eisenberg D. Increased rates of mental health service utilization by U.S.A college students: 10-year population-level trends（2007—2017）[J]. *Psychiatric services*, 2019, 70（1）：60.

[6] Dunbar M S, Sontag-Padilla L, Kase C A, et al. Unmet mental health treatment need and attitudes toward online mental health services among community college students [J]. *Psychiatric Services*, 2018, 69（5）：597.

求行为较低的常见因素①。Rosenthal（2016）则是利用结构方程模型对高校心理健康服务利用率低的原因进行了分析，最后认为两类社会心理因素导致大学生心理健康服务使用率低：一是障碍信念（觉得服务没有效果、不理解咨询所涉及的内容、认为时间财务或努力成本高、认为使用服务会带来耻辱）；二是咨询使用意愿（个人没有认为自身的症状是需要咨询帮助的）②。Bohon 等（2016）采用计划行为理论对服务使用率低的原因进行分析得出：态度（对治疗的无知，对寻求心理健康服务的消极态度和信念等）是心理健康服务使用的最强预测因素，感知行为控制（学生自身情况）是次要预测因素③。Conley 等（2020）认为羞耻感是导致高校心理健康服务利用率低的重要原因，并开展了一项随机对照试验，得出以同辈领导的群体为基础的干预对降低羞耻感有效④。Dunbar 等（2018）则是对在线心理健康服务使用率低的原因进行分析，研究表明大学生有面询偏好、接受了外部有针对性的服务等可能是其原因⑤。总的来说美国高校心理健康服务利用率研究取得了较为丰硕的成果，为高校心理健康服务实效性提升提供了指导。特别是关于障碍信念、咨询使用意愿、羞耻等影响心理健康服务利用率因素的研究，为我国心理健康服务利用率及提升研究提供了有益的参考，但国外研究成果是否具有跨文化一致性，能否直接应用于我国文化背景，值得进一步研究。

（3）心理健康服务的问题与提升策略研究

Schwartz 与 Kay（2009）将美国心理健康服务的问题归纳为：一是临床危机，对心理健康服务的需求已经大大超过了现有心理卫生保健系统的容量和增长速度；二是政策危机，大学管理者难以在隐私/自主权和监督/安全/父母参与

---

① Han M, Pong H. Mental health help-seeking behaviors among Asian American community college students: The effect of stigma, cultural barriers, and acculturation [J]. *Journal of College Student Development*, 2015, 56（1）: 1.

② Rosenthal B S, Wilson W C. Psychosocial dynamics of college students' use of mental health services [J]. *Journal of College Counseling*, 2016, 19（3）: 196.

③ Bohon L M, Cotter K A, Kravitz R L, et al. The theory of planned behavior as it predicts potential intention to seek mental health services for depression among college students [J]. *Journal of American college health*, 2016, 64（8）: 601.

④ Conley C S, Hundert C G, Charles J L K, et al. Honest, open, proud-college: Effectiveness of a peer-led small-group intervention for reducing the stigma of mental illness [J]. *Stigma and Health*, 2020, 5（2）: 168.

⑤ Dunbar M S, Sontag-Padilla L, Kase C A, et al. Unmet mental health treatment need and attitudes toward online mental health services among community college students [J]. *Psychiatric Services*, 2018, 69（5）: 600.

这些价值观念之间取得平衡；三是精神医学危机，只有不到1%的大学咨询中心由精神病医生指导，只有63%的学校在校园内提供精神病学服务[1]。Kitzrow等（2009）认为高等教育机构心理健康服务面临在处理问题学生时的角色和责任问题[2]。Locke等（2016）认为高校心理健康服务面临应对大学生持续增长的严重情绪障碍、物质滥用、自我威胁等问题，在具有自我威胁特征的学生的治疗和管理上存在不足[3]。

对于提升心理健康服务的策略研究，可以总结为以下几点：一是应用新的心理健康服务模式。如Pace等（1996）认为应采用全球立方体模型，进一步关注校园伙伴间的互动合作，以满足学生的需要[4]；Atkins（2011）等认为应利用公共卫生模型，从咨询中心、医疗机构、社区教育三层有针对性地对高危人群进行干预[5]；Prince（2015）认为应用公共卫生模型建立威胁管理委员会和学生关注委员会，加强风险管理[6]；Cornish等（2017）提出采用分级护理2.0模式，整合一系列已建立的和新兴的在线心理健康项目，向提供者和大学生提供进展反馈，使大学生用户能够积极参与心理健康服务的选择、决策和交付[7]；Downs等（2018）认为应采用合作护理模式，发展大学心理健康项目和其他结合了精神病学、初级保健、健康促进和咨询的项目[8]。二是广泛应用被循证治疗证实的多种方式的心理健康服务。如Choi（2015）认为应有效利用远程医疗模式增强

---

[1] Schwartz V, Kay J. The crisis in college and university mental health [J]. *Psychiatric Times*, 2009, 26 (10): 32.

[2] Kitzrow M A. The mental health needs of today's college students: Challenges and recommendations [J]. *NASPA Journal*, 2009, 46 (4): 653.

[3] Locke B, Wallace D, Brunner J. Emerging issues and models in college mental health services [J]. *New Directions for Student Services*, 2016, (156): 26.

[4] Pace D, Lee Stamler V, Yarris E, et al. Rounding out the cube: Evolution to a global model for counseling centers [J]. *Journal of Counseling & Development*, 1996, 74 (4): 321.

[5] Atkins M S, Frazier S L. Expanding the toolkit or changing the paradigm: Are we ready for a public health approach to mental health? [J]. *Perspectives on Psychological Science*, 2011, 6 (5): 483-484.

[6] Prince J P. University student counseling and mental health in the United States: Trends and challenges [J]. *Mental Health & Prevention*, 2015, 3 (1-2): 7.

[7] Cornish P A, Berry G, Benton S, et al. Meeting the mental health needs of today's college student: Reinventing services through Stepped Care 2.0 [J]. *Psychological Services*, 2017, 14 (4): 428.

[8] Downs N, Galles E, Skehan B, et al. Be true to our schools-models of care in college mental health [J]. *Current Psychiatry Reports*, 2018, 20 (9): 1.

社区大学心理健康服务①；Davies 等（2014）认为应有效利用在线心理健康服务②；Lattie 等（2022）认为应通过移动应用程序提供的数字精神卫生项目，扩大对精神卫生保健和资源的获取③。Kirsch 等（2014）认为应对朋辈心理支持（如麦克莱恩医院的大学心理健康计划、伍斯特理工学院的学生支持网络）予以推广④。三是发挥咨询中心的综合作用。如 Kitzrow（2009）认为咨询中心应积极开展宣传推广活动，以教育行政人员、教师和工作人员（包括学术顾问、研究生教学助理和住宿生活助理）了解大学生群体的心理健康问题，努力开展与不同群体的外展项目，并提供多元文化咨询的培训，确保满足来自不同背景学生的需求，在与学生问题最密切相关的校园单位之间建立一个强有力的咨询和沟通网络⑤；Prince（2015）认为咨询中心应在公共信息宣传活动和其他预防工作上大规模投入，以提高人们对心理健康资源的认识，并减少学生寻求帮助的耻辱感，提高心理健康服务利用率⑥；Locke 等（2016）认为咨询中心应与校园伙伴一起，在机构的战略计划层面推进心理健康举措，支持韧性、心理健康看门人技能培训，将寻求帮助和发展的整体健康项目注入现有的校园课程、学习社区、学生组织和领导结构中⑦。四是加强与非营利性组织的交流合作。如 Prince（2015）认为应加强与 Active Minds、NASPA、Jed 基金会和教育发展中心等非营利性组织开展合作。Active Minds 致力于提高人们对心理健康的认识，减少因寻求心理健康问题的帮助而带来的耻辱，在吸引人们关注美国学生的心理健康需求方面取得了良好的效果；而 NASPA（高等教育学生事务管理组织）的 BACCHUS 项目致力于支持本科生和同伴教育，并致力于改变校园环境，以支持

---

① Choi J S. Mental health services via Skype: meeting the mental health needs of community college students through telemedicine [J]. *S. Cal. Rev. L. & Soc. Just.*, 2015, 25: 331.

② Davies E B, Morriss R, Glazebrook C. Computer-delivered and web-based interventions to improve depression, anxiety, and psychological well-being of university students: a systematic review and meta-analysis [J]. *Journal of medical Internet research*, 2014, 16 (5): e3142.

③ Lattie E G, Cohen K A, Hersch E, et al. Uptake and effectiveness of a self-guided mobile app platform for college student mental health [J]. *Internet interventions*, 2022, 27: 100493.

④ Kirsch D J, Pinder-Amaker S L, Morse C, et al. Population-based initiatives in college mental health: Students helping students to overcome obstacles [J]. *Current Psychiatry Reports*, 2014, 16 (12): 1.

⑤ Kitzrow M A. The mental health needs of today's college students: Challenges and recommendations [J]. *NASPA Journal*, 2009, 46 (4): 654-656.

⑥ Prince J P. University student counseling and mental health in the United States: Trends and challenges [J]. *Mental Health & Prevention*, 2015, 3 (1-2): 8-9.

⑦ Locke B, Wallace D, Brunner J. Emerging issues and models in college mental health services [J]. *New Directions for Student Services*, 2016, 2016 (156): 27.

学生的心理健康和校园安全；Jed基金会和教育发展中心则是一个在支持学生心理健康方面具有高度影响力的全国性组织，其主要任务是通过提高人们对精神疾病是可以治疗的、自杀是可以预防的认识，来防止大学生自杀[1]。总的来说，美国高校心理健康服务体系充分利用新的技术手段和校园力量，注重与非营利性社会组织开展合作，建立起学校、医疗机构、社会协作的心理健康服务体系，为我国高校心理健康服务体系构建提供了有益的借鉴。

2. 美国确保高校心理健康服务实效性的实践措施

（1）完善的制度保障和发展模式

美国学校心理健康服务体系受政策导向、管理制度和专业理论研究的影响，并与上层组织机构的职能高度相关。如1958年颁布的《国防教育法案》从心理咨询及评估、指导机构等方面对学校心理健康服务提出要求，并提供人才培养资金，以此推动美国学校心理健康工作的发展；1961年美国大学健康协会发布《大学健康计划推荐标准和实践第一版》，为高校心理健康服务确定了标准，以确保高校符合国家标准要求[2]；1974颁布的《联邦教育权利和隐私法》和1990年颁布的《美国残疾人法》等相关法律则为高校心理健康服务的权责，以及复杂案件的决策提供了框架。多年来，美国许多行业协会已经为其高校心理健康领域的专业人员设立了相关部门。如：1945年美国心理学会（APA）成立了学校心理学分会，1946年成立了17分会（心理咨询协会），并有一个专门针对学院和大学咨询中心专业人员的分部；1969年独立于美国心理学会（APA）的美国学校心理学家协会（NASP）成立；1991年隶属于美国心理咨询协会（The American Counseling Association，ACA）的美国大学咨询分会（American College Counseling Association，ACCA）成立[3]。这些行业组织为美国高校心理健康教育发展提供了重要的指导和帮助，特别是美国心理协会（APA）第17分会咨询心理协会、高校咨询中心主任协会（Association of College Counseling Center Directors，AUCCCD）以及国际心理咨询服务协会（International Association Counseling Service，IACS）是推动和规范高校心理健康服务机构发展的重要组织机构。IACS于20世纪70年代开始推动美国大学心理咨询中心构建与运作标准，

---

[1] Prince J P. University student counseling and mental health in the United States: Trends and challenges [J]. *Mental Health & Prevention*, 2015, 3 (1-2): 8.

[2] Kraft D P. One hundred years of college mental health [J]. *Journal of American College Health*, 2011, 59 (6): 479.

[3] American College Counseling Association [EB/OL]. http://www.collegecounseling.org/Mission-Statement, 2009-03-22.

IACS从大学心理咨询中心与大学社区的关系、大学心理咨询中心的功能和作用、心理咨询的伦理规范、大学心理咨询中心的工作人员构成以及其他五个方面对大学心理咨询中心提出了鉴定标准①。从美国心理学会（APA）、美国学校心理学家协会（NASP）、美国心理咨询协会（ACA）三家学会组织的发展过程与现状来看，美国高校心理咨询中心的发展是在其规范要求下按系统化、标准化、专业化方式进行的，其标准和规范首先在美国及加拿大地区高校推广，逐步形成统一的标准，随后推广到其他国家和地区的高校心理咨询中心。这一模式有利于聚集行业资源促进高校心理咨询中心专业化、标准化、协作化的发展，同时也有利于该模式的不断自我完善，是美国高校心理咨询中心发展的主要模式。

(2) 极其严格的从业标准

美国高校对心理咨询中心从业人员资质的要求明确而严格，涉及学位、知识、技能以及实践等各方面。心理健康教育队伍一般由精神科医师、心理学家、社会工作者组成，心理健康服务的主要提供者是学校心理学家，按"科学家—实践者"的培养方案进行培养学校心理学家，以保证基本素质②。学校心理学家须具备优良的教学技能、科研的能力、心理咨询的能力、团队协作的能力、危机干预的能力，能对学校心理健康工作实施决策与评价。例如，加利福尼亚州立大学要求从业人员必须获得临床心理学或咨询心理学博士学位以及加利福尼亚州注册心理学家的资格，并具备对来自不同文化、不同社会经济地位、不同年龄学生进行工作的能力，具备对从适应问题到严重情绪障碍评估与治疗的能力，具有团体治疗的经验，具有危机干预的技能，具有优秀的人际沟通的技巧，能在临床工作中表现出影响力、自治性、敏感性，能适应培训生、实习生的角色并能从事心理咨询督导工作③。

(3) 注重效果评估

美国高校主要从以下三个方面对高校心理健康教育工作进行评估：一是通过年度总结校内评估、第三方专业机构评估形式对高校心理健康服务的整体工

---

① 李毅，杨文圣，杰弗里·普林斯. IACS鉴定标准及应用对中国高校心理咨询中心建设的启示——以加州大学伯克利分校心理咨询中心为例［J］. 清华大学教育研究，2015，36（02）：75.

② Alexander-Mann, Stacey P. *The provision of mental health services: A survey of Head Start programs*［D］. New York: State University of New York at Albany, 2001: 26-27.

③ 马晓红. 美国高校心理健康工作的管理探析——以美国两所高校为例［J］. 徐州师范大学学报，2011，37（6）：122.

作进行评估；二是以科研、督导、案例为形式的心理咨询的考核评估；三是以美国学校心理协会制定的专业标准与准则为依据，对从业人员的个人工作进行评估①。为确保专业人员专业能力，美国高校心理咨询中心专业人员的资质或资格并非终身制，通常五年考核与更新一次，在此期间以课程与技能培训的形式来进行继续教育②。为监督从业人员专业行为确保高校心理健康与咨询服务的质量，美国高校还采用了定点监督人制度对专业人员进行监督，以此激发专业人员继续提升专业能力③。此外，学生的心理状况以及学生对于心理健康服务的满意度也是评估的一部分。

（4）循证实践

循证实践认为，最佳的心理健康教育需遵循最佳的研究证据（通过科学、严谨的研究方法而获得）。美国学校咨询协会明确提出，"在提供心理咨询服务时，心理咨询师所进行的程序、使用的疗法和技术，一定要建立在科学理论或实证研究的基础上"④。在心理健康教育实践中，美国高校心理健康教育者一般采取"提出问题—检索证据—应用证据"三个步骤确保教育过程遵循循证实践。检索证据的资源库主要有以下几个："国家循证项目及实践注册系统"（National Registry of Evidence-based Programs and Practices，NREPP）、"有效教育策略资料中心"（What Works Clearinghouse，WWC）、"考克兰图书馆"（Cochrane Library）。NREPP 由美国物质滥用与心理健康服务署主管，为心理障碍者、物质滥用者提供满足其需求的循证实践资料；WWC 则由美国教育科学研究所主管，为心理健康教育者提供有关教育产品、项目、实践及有关政策有效性的证据；考克兰图书馆则汇集了关于医疗保健治疗和干预有效性的研究，并提供最新医疗的循证实践信息。

综上，美国高校心理健康服务研究与实践给我国心理健康教育实效性研究与实践提供了重要的借鉴。一是要重视心理健康服务实证研究，创新心理健康服务模式，开发新的心理咨询方式方法，提升心理健康服务利用率。二是要完善的制度保障和行业规范。美国高校心理健康教育从政府到行业组织，从行业

---

① 马晓红. 美国高校心理健康工作的管理探析——以美国两所高校为例 [J]. 徐州师范大学学报，2011，37（6）：123
② 李立杰，吕晶红. 美国高校心理健康服务体系的研究与进展 [J]. 高等农业教育，2013，266（08）：126.
③ 同②注释
④ American School Counselor Association. Ethical standards for school counselors [EB/OL]. https://www.schoolcounselor.org/getmedia/f041cbd0-7004-47a5-ba01-3a5d657c6743/Ethical-Standards.pdf，2016-12-25.

准入标准到机构发展规范都有明确的指导。三是要加强队伍的建设，美国高校心理健康服务从业者都是在学历教育基础上经过规范化专业化培训持证上岗。我们应从专业建设等方面入手加大心理健康教育专业性人才的培养，从职后培训方面入手促进心理健康教育教师的成长。四是要采用全面客观地评估方式，既要从教育主体、教育过程方面入手评估，又要对教育客体进行评估。五是完善相关法律法规与政策，提高实践的标准化水平。美国高校心理健康教育不但制定了专门的政策文件、手册、指南、原则等，还在实践程序上形成了标准化。六是要重视与非营利性社会组织开展合作，建立起学校、医疗机构、社会协作的心理健康服务体系。

（三）综合评述

首先，通过文献回顾，我们可以看到学界关于高校心理健康教育实效性的研究还不多，高校心理健康教育实效性研究具有广阔的空间。纵观已有文献资料，目前学界对心理健康教育的实效性的概念、心理健康教育的目标和内容没有统一的界定。在高校大思政、心理健康教育融入思想政治教育背景下，对心理健康教育目标、内容展开研究，明确心理健康教育的具体目标、内容有非常重要的意义。厘清高校心理健康教育实效性的概念是科学进行实效性研究的前提，明确高校心理健康教育的目标与内容则是科学有效地开展心理健康教育、提升心理健康教育效果的前提。

其次，心理健康教育的评估体系还不够全面，缺乏从"学生—学校"视角评估实效性。目前国内对于心理健康教育效果评估主要集中在学生心理问题症状评估，以及心理健康教育工作的评估（体现在学校管理、机构设置、队伍建设、活动开展等方面）。前者主要是从学生角度评估，能反映学生心理健康状态；后者主要是从学校角度评估，能体现心理健康教育的规章制度、工作状况等投入情况。但是二者皆不能反映学生的心理健康素养、积极心理品质的发展状况，以及心理健康教育过程要素状况。因此，应在明确心理健康教育的目标和内容的基础上，从学生角度对高校心理健康教育过程与效果进行全面深入的研究，同时从学校角度对心理健康教育的投入状况以及工作开展状况进行调查研究。

再次，高校心理健康教育实效性的实证研究还很缺乏。国内主要是从学理角度对高校心理健康教育实效性进行研究，很少有量化实证研究。学理角度的研究更多采用思辨的方式从"应然"角度去分析心理健康教育实效性与影响实效性的因素。而量化研究可以从"实然"角度深入分析心理健康教育的实效性。量化实证研究可以结合国内外相关研究成果的优点，通过文献分析、专家访谈、行为访谈等方法编制符合测量学要求的信效度较高的高校心理健康实效性评估问卷，为今后研究提供优质的研究工具。同时，心理健康教育实效性影响因素的量化研究可以具体解释心理健康教育过程要素对心理健康教育实际效果的具体影响效应大小，为高校心理健康教育效果提升提供科学建议。高校心理健康教育受到诸多因素影响，从思想政治教育学过程论的视角，这些因素可以归为：教育政策、教育主体、教育客体、教育介体、教育环体。而从高等教育服务质量理论的视角，这些因素可以分为：有形性、可靠性、响应性、保证性和移情性。结合两者，从理论和实证两个方面对其进行分析，可以为实效性提升提供指导。

最后，以往高校心理健康教育实效性提升的对策都是从思辨角度进行，比较传统，内容大同小异，缺乏创新性和时代性。实效性提升对策应建立在"实然"的调查研究基础上，而不仅仅是从"应然"角度去分析。应从心理学、教育学、思想政治教育学等多学科视角采用理论研究、实证调查研究的方法对高校心理健康教育实效性现状与实效性影响因素进行研究，在此基础上提出有建设性的可操作性的具体对策。

三、研究思路与方法

（一）研究思路

遵循"是什么？为什么？怎么做？"的研究思路，本书首先要回答的是高校心理健康教育实效性是什么的问题。因为只有科学准确把握了高校心理健康教育实效性的内涵才能对其开展有效研究。随后，在把握实效性内涵基础上，采取实证研究的方法对高校心理健康教育实效性的现状和影响因素进行研究，回答"为什么"的问题。最后，根据现状和影响因素得出提升高校心理健康教育实效性的对策，回答"怎么做"的问题。具体来说，本文将从以下几个方面进行论述。

第一部分，高校心理健康教育实效性概念与相关理论，包括绪论和第一章。首先，从心理健康教育与思想政治教育的概念出发回答心理健康教育是什么。其次，分析实效性、有效性等相关概念，接着引出高校心理健康教育实效性的内涵、特征。最后，阐述高校心理健康教育实效性研究的相关理论基础。

第二部分，高校心理健康教育的目标、内容、方式、实效性评估，包括第二章、第三章。构建高校心理健康教育的目标是实效性研究的前提条件，高校心理健康教育的内容是目标的具体展现，高校心理健康教育的结果与过程体现了实效性，同时心理健康教育的过程也是影响心理健康教育实际效果的重要因素，高校心理健康教育实效性的评估是衡量实效性的手段。因此，这部分内容是在教育部文件精神、相关学科理论与心理健康教育实践基础上构建高校心理健康教育的目标、内容，阐述高校心理健康教育的过程要素，设计高校心理健康教育实效性评估的工具。

第三部分，高校心理健康教育实效性现状、影响因素，包括第四章、第五章。根据第三章设计的高校心理健康教育实效性评估工具对实效性的现状进行考查，分析高校心理健康教育实效性，发现问题。随后对影响实效性的因素进行分析，找出现有问题出现的原因。

第四部分，高校心理健康教育实效性提升对策，即第六章的内容。根据高校心理健康教育实效性现状存在的问题和影响实效性的因素，有针对性地提出提升高校心理健康教育实效性的对策。

（二）研究方法

1. 文献研究法

文献研究法就是根据研究目的，通过查阅相关著作、论文、报刊文件等资料，进行分析，形成研究的理论基础，同时把握相关基本概念的内涵与外延。本文通过大量文献资料分析，准确把握高校心理健康教育实效性的内涵，构建高校心理健康教育目标、内容，为高校心理健康教育实效性评估提供理论构想，为高校心理健康教育实效性提升策略提供借鉴等。

2. 实证研究法

本书结合专家访谈和问卷调查两种主要方法来收集资料，获取信息和数据，进行统计分析。本书中，问卷调查是实证研究的重要部分。以文献研究得出的理论构想为基础，通过实证分析得出大学生接受心理健康教育后应具备的心理健康素养结构、积极心理品质结构，设计高校心理健康教育实效性评估量表，具体包括心理健康素养量表、积极心理品质量表、高校心理健康教育过程要素量表，通过心理测量学方式检验量表信效度，以研制出科学有效的量表。通过量表和制定的访谈提纲和开放式问题收集数据，对相关数据的整理、统计分析，以考察高校心理健康教育实效性的现状和影响因素，为提出有针对性的对策提供数据支撑。

四、创新之处

（一）研究视角的创新

区别于以往研究从学校角度对心理健康教育进行评估研究，本书采用"学生—学校"结合的视角进行研究。表现在：先从学生视角评估心理健康教育实际效果，主要体现在学生的心理健康素养、积极心理品质以及学生视角考量心理健康教育的过程要素运行状况；后从学校角度分析高校心理健康教育投入以及教育过程情况。相比从学校视角对心理健康教育工作的评估，"学生-学校"结合的评估方式更能体现心理健康教育的实际状况，更能准确反映心理健康教育实效性现状，避免了单纯的学校工作评估容易陷入形式主义的问题。

（二）研究内容的创新

本书在党和国家教育方针政策、积极心理学、心理学前沿研究、高校心理健康教育的实践基础上构建了高校心理健康教育的目标与内容。根本性目标是防治心理健康问题，培育积极心理品质，为大学生塑造符合社会要求的健康人格，促进大学生的全面发展。根本目标可分为防治性目标（提高心理健康素养、解决心理健康问题）和发展性目标（培育积极心理品质）两大部分。其中提升心理健康素养既是《"健康中国2030"规划纲要》提出的内容，也是国家卫生计生委等22部委联合印发的《关于加强心理健康服务的指导意见》出现的内容，还是教育部印发的《教育部办公厅关于加强学生心理健康管理工作的通知》中出现的内容，是国内心理健康教育正在兴起的热点。"积极心理品质"与"心理素质"类似，但与"心理素质"相比，"积极心理品质"的培育更具有可操作性的特点，近年来成了研究的热点。心理健康教育过程要素的研究则揭示了高校心理健康教育过程实效性的现状，同时也可以揭示心理健康教育过程要素对高校心理健康教育结果的影响。

（三）研究方法的创新

本书运用了文献研究与实证研究方法对高校心理健康教育实效性展开研究。一方面，运用文献研究的方法分析了大量文献资料，对高校心理健康教育实效性的内涵进行了定义，构建了高校心理健康教育目标、内容，为高校心理健康教育实效性评估提供理论构想。另一方面，在文献研究基础上，采用心理测量学的方法编制了心理健康素养量表、积极心理品质量表，反映了大学生心理健康素养、积极心理品质的心理结构，为心理健康教育结果实效性评估提供了科学有效的评估工具。此外，还基于思想政治教育过程论和高等教育服务质量理论编制了高校心理健康教育过程要素量表，为心理健康教育过程实效性评估提供了研究工具。同时，还使用回归分析等统计学方法，分析了高校心理健康教育过程要素对高校心理健康教育结果的影响效应，为高校心理健康教育实效性提升提供了参考。

第一章

高校心理健康教育实效性概念与相关理论概述

厘清相关概念、阐述理论基础是进行高校心理健康教育实效性研究的前提。因此,本章主要对高校心理健康教育实效性相关概念与理论基础进行全面总结和梳理,阐述心理健康教育与思想政治教育的关系,界定高校心理健康教育实效性相关概念,概述心理健康教育实效性研究的理论基础。

第一节 高校心理健康教育与思想政治教育

心理健康教育是思想政治教育的重要组成部分,是思想政治教育的重要内容,厘清心理健康教育实效性相关概念首先应从正确认识心理健康教育与思想政治教育的概念,以及二者之间的关系开始。

一、高校心理健康教育

我国心理健康教育诞生于20世纪80年代,在其发展过程中经历了心理辅导、心理咨询、心理教育、心理素质教育等提法和称呼。1994年颁布的《中共中央关于进一步加强和改进学校德育工作的若干意见》第一次以官方文件的形式使用"心理健康教育"一词。自此以后党和国家的相关文件统一使用"心理健康教育"的名词术语。

对于心理健康教育的概念,相关文件作出了解释。如:教育部印发的《关于加强中小学心理健康教育若干意见》(教基〔1999〕13号)指出,心理健康教育是培养学生良好的心理素质,促进学生全面发展的教育活动[1]。中共教育部党组印发的《中共教育部党组关于印发〈高等学校学生心理健康教育指导纲要〉

---

[1] 中华人民共和国教育部. 关于加强中小学心理健康教育若干意见[EB/OL]. http://www.gov.cn/gongbao/content/2000/content_60601.htm,1999-08-13.

的通知》（教党〔2018〕41号）指出，心理健康教育是提高大学生心理素质、促进大学生身心健康和谐发展的教育[①]。

对于心理健康教育的概念，学界也进行了界定。中国教育百科全书将心理健康教育定义为：教育者根据学生生理、心理特征，综合运用心理学、教育学以及其他相关学科理论，以提升学生心理素质，促进学生身心健康发展为目标的教育活动[②]。肖汉仕将心理健康教育定义为：从受教育者心理需要出发，运用心理学的理论与方法，对其施以积极的影响、提供心理服务，以维护其心理健康、促进其心理素质发展的教育活动[③]。孙宏伟等将心理健康教育定义为：根据受教育者身心发展的规律与特点，运用心理学的理论和方法，培养受教育者良好的心理素质，促进其身心和谐发展，进而促进其素质全面提升的教育实践[④]。

上述解释和界定尽管在具体表述上有差异，但都涉及心理健康教育的共性问题：对象都是有生理心理差异的人，手段都是心理学和相关学科的理论与技术，目的都是培养具有良好心理素质的人，性质都是教育活动。综合上述各种解释和界定，本书认为，高校心理健康教育是根据大学生身心发展特点，运用心理学及相关学科理论，通过课程、活动、心理咨询与辅导等方式提高大学生心理健康素养，防治心理健康问题，提升心理素质，培育积极心理品质，进而促进其身心和谐全面发展的教育活动。为准确把握这一概念，我们可以从以下两个方面来把握。

高校心理健康教育的概念具有以下内容。首先，高校心理健康教育是以学生为中心的教育活动。它以大学生的身心差异和心理发展特点为出发点，是在师生相互尊重和平等的关系中实施的教育活动，充分体现了以学生为中心；高校心理健康教育以大学生心理素质优化、积极心理品质培育、大学生全面发展为目的，而不是以教师为主导、以掌握知识为最终目的，体现了以学生为中心。其次，高校心理健康教育是在思想政治教育学指导下，以心理学理论为基础多学科结合的教育活动。需要说明的是，虽然高校心理健康教育以心理学理论为基础，但不等于专业的心理学学科教育，而是更贴近生活、更具有应用性的，

[①] 中华人民共和国教育部. 中共教育部党组关于印发《高等学校学生心理健康教育指导纲要》的通知 [EB/OL] . http://www.moe.gov.cn/srcsite/A12/moe_1407/s3020/201807/t20180713_342992.html, 2018-07-04.

[②] 顾明远主编. 中国教育大百科全书 第3卷 [M]. 上海：上海教育出版社，2012：1925.

[③] 肖汉仕. 学校心理教育研究 [M]. 北京：科学出版社，2000：36.

[④] 孙宏伟，冯正直主编. 心理健康教育学（第三版）[M]. 北京：人民卫生出版社，2018：97.

能维护大学生心理健康，促进大学生心理发展的心理学。同时，还结合了精神病学、生活常识、思想政治教育学等相关知识与理论。最后，高校心理健康教育是以发展性目标为核心的教育活动。它的目标不仅是防治心理健康问题，更重要的是提升大学生心理素质，发展积极心理品质，进而促进大学生的和谐全面发展。因此，它的核心理念是发展性。

高校心理健康教育具有以下主要特征。首先，它具有全面性。它的对象全面，它面向全体大学生提供共性的心理健康教育以及个性化的心理健康服务；它的内容全面，包括教授心理健康知识、预防心理健康问题，教授应对心理健康问题的技能，或是直接提供心理咨询服务解决学生心理健康问题，优化心理素质、培育积极心理品质从而促进大学生身心主动、健康、全面发展；它的教育方式全面，有课程、各类活动、心理咨询与辅导等方式。其次，它具有时代性、发展性。我国高校心理健康教育的诞生和发展具有鲜明的时代性和发展性特征，在其诞生的20世纪80年代，它的对象仅仅是有心理问题和障碍的大学生，方式仅仅是心理咨询与辅导。到了90年代，心理健康教育课程逐渐成为心理健康教育的重要方式。自2000年开始，心理健康教育的对象开始覆盖到全体学生，心理素质的提升成为心理健康教育的重要内容。而2010年后心理健康素养、积极心理品质的培育成为新的内容。最后，它具有长期性、系统性。高校心理健康教育贯穿整个大学阶段，其成效不是即刻显现出来的，而是在未来学习工作生活中体现出来的，主要体现在心理健康水平、主观幸福感以及未来的社会适应力等积极心理品质方面。

二、高校心理健康教育与思想政治教育的关系

心理健康教育与思想政治教育的关系问题，是我国高校心理健康教育中具有中国特色的问题，也是不可回避的问题。心理健康教育起初被定位为素质教育的一部分，是思想政治教育的补充和拓展[1]。而后心理健康教育被当作思想政治教育的重要途径[2]和重要任务[3]。最后，心理健康教育被认为是思想政治教育

---

[1] 中共中央关于进一步加强和改进学校德育工作的若干意见[J].人民教育，1994(10)：4.

[2] 中共中央国务院发出《关于进一步加强和改进大学生思想政治教育的意见》[N].人民日报，2004-10-15.

[3] 教育部 卫生部 共青团中央关于进一步加强和改进大学生心理健康教育的意见[J].中华人民共和国教育部公报，2005（03）：35.

的重要内容①。正确理解二者的关系对于促进心理健康教育的发展，增强心理健康教育实效性具有重要意义。他们的关系表现在以下几点。

第一，高校心理健康教育的内容与思想政治教育的其他内容具有互补性。人的全面发展教育包括思想道德素质教育、科学文化素质教育、心理健康素质教育、审美艺术素质教育、劳动技能素质教育等。心理健康教育与思想政治教育的其他内容同属于人的全面发展教育的重要内容，心理健康教育关注的是情绪健康、自我认识、心理素质提高、积极心理品质培育等大学生心理需求方面的内容，而思想政治教育其他内容关注的是大学生的思想、政治、道德、行为规范方面的要求，可以说高校心理健康教育内容与思想政治教育的其他内容实现了互补，有利于促进大学生素质的全面提升。第二，高校心理健康教育与思想政治教育具有一致性。在教育者和受教育者的关系上，心理健康教育强调建立尊重、平等的关系，思想政治教育强调民主、平等的关系，二者皆强调平等性；在促进大学生健康成长、人格完善，进而促进人的全面发展上具有一致性；在生命教育、婚恋教育、就业教育等教育内容上具有一致性；在培养学生自我教育能力上具有一致性，心理健康教育最终目的是助人自助，促使受教育者自我教育自我发展，而调动受教育者积极性开展自我教育也是思想政治教育的重要方式。第三，高校心理健康教育为加强和改进思想政治教育提供了良好心理基础。心理健康、良好的心理品质是大学生实现思想、政治、道德健康发展的前提，高校心理健康教育可以促进大学生良好思想品德的形成。第四，高校心理健康教育为思想政治教育提供了新的方法和途径。如：心理疏导的方法为思想政治教育提供了新方法，是思想政治教育的特殊方法；心理测量法为思想政治教育测量和效果评估提供了有效的途径。

第二节　高校心理健康教育实效性相关概念的辨析

实效性是高校心理健康教育必须坚持的重要原则，是加强和改进心理健康教育的关键，是心理健康教育实效性研究必须面对的基础性问题，要开展高校心理健康教育实效性研究就必须厘清心理健康教育实效性的相关概念。

---

① 中华人民共和国教育部．中共教育部党组关于印发《高等学校学生心理健康教育指导纲要》的通知［EB/OL］．http：//www.moe.gov.cn/srcsite/A12/moe_1407/s3020/201807/t20180713_342992.html，2018-07-04．

一、实效、实效性、有效性

为准确把握"实效性"的内涵,首先要理解何谓"实效"。"实效"即实际效果,反映的是主体在一定目标下某一特殊实践活动产生的实际效果。与之相近的概念有"结果""效果""效能""效益""效率"等。为准确理解"实效",非常有必要弄清上述这几个相近的概念。通常而言,"结果"一般指事物发展的后续影响或阶段终了时的状态(好坏都有);"效果"是由某种动因或原因所产生的结果、后果(多指好的);"效能"多指事物的效用、作用(有利的);"效益"指事物的效果和利益(多指好的);"效率"多指某一工作所获得的成果与完成这一工作所花时间和人力的比值。通过比较以上概念的内涵可知,"实效"不同于"结果""效果""效能"与"效率",但有一定的联系。如:在强调有利结果或实践活动的积极性上,"实效"与"效果""效能""效益"相近。

"性"是事物的性质或性能,"实效性"是对于实践活动产生的实际效果的性质或性能的价值判断。这种价值判断的标准是实践活动的目标,实际效果与实践目标方向一致,则有实效性,实效效果与实践目标方向不一致,则无实效性。实际效果与实践目标符合程度高,则实效性高,实际效果与实践目标符合程度低,则实效性低。同时,实效性必然包含效益与效率。为追求高实效性,实践活动的过程必然要求各要素和资源合理配置,以期获得最大的效果(即效率和效益)。因此,"实效性"是目标、过程和实际效果的统一体。

"有效性"是与"实效性"相近的概念,它是指实践活动产生的结果是对于主体来说是否符合预期,是否有用、有价值。"有效性"与"实效性"既有一致性,又有差异性。一致性体现在两个方面:一是二者都以实践活动目标作为价值判断的标准,实践活动结果都要符合目标;二是二者都从整体上审视目标、实践、效果三者的内在关系,并以提高和增强实践活动对人效用的最大化为自己的目标。差异性体现在"有效性"更多关注实践活动对预期目标实现是否有促进作用,如果实践活动过程能促进预期目标的实现,那么实践活动结果就有效,反之则无效。而"实效性"更多的关注实践活动结果与目标的符合程度,只有当实践活动产生一定的效果,当该效果符合了预期目标,才能说实践活动取得了实效。因此,实践活动的有效性是实践活动取得实效性的前提,实践过程有效,实践活动的效果才能达到预期目标,产生实效。

二、高校心理健康教育实效性的基本内涵

"高校心理健康教育实效性"与"实效性"是特殊与一般的关系。理解"高校心理健康教育实效性"概念时，我们既要看到"实效性"的一般特征，又要看到"高校心理健康教育"的特殊特征。从目前学界关于心理健康教育实效性的研究来看，只有少量涉及心理健康教育实效性概念内涵的研究。刘苍劲认为，心理健康教育的实效性科学内涵体现在制度保障、队伍保障、方法保障、学科建设保障、评估体系保障这些内容上[1]。田文文认为，高校心理健康教育课程的实效性，是指能否实现教学目标，能否提高受教育者的心理素质，能否促进受教育者全面发展[2]。我们可以看到，前者仅仅说明了心理健康教育实效性的表现方式，并未界定其内涵，而后者则定义的是课程的实效性，仅强调实际效果。

心理健康教育是思想政治教育的组成部分，因此我们还可以参考思想政治教育实效性的定义。思想政治教育学关于实效性的研究成果丰硕，可以总结为三种观点。第一种观点强调目标与结果，认为思想政治教育实效性就是实际效果对目标的实现程度。如刘川生认为，思想政治教育的实效性是指其预期目标的实现程度，教育任务完成的实际状况[3]；杨洪泽认为，思想政治教育实效性是思想政治教育结果与目标是否相符合，以及符合的程度[4]；符俊认为，思想道德教育实效性是指其效果与目标之间的符合程度[5]。第二种观点强调过程和结果。如张耀灿等认为，思想政治教育的实效性主要指方法的可操作性，在实践中的可行性，产生良好结果的可靠性[6]。第三种观点强调目标、过程、效果的统一。如刘文革认为，思想政治理论课实效性是大学生思想品德发展的实际效果，考查的重点是学习的目标、过程、结果[7]；李维昌等认为，实效性就是教育活动所

---

[1] 刘苍劲. 新时期大学生心理健康教育实效性研究 [M]. 北京：北京师范大学出版社，2017：1-8.

[2] 田文文. 大学生心理健康教育课程的实效性调查研究——基于积极心理学视角 [D]. 西安：西安电子科技大学，2019：13.

[3] 刘川生. 大学生日常思想政治教育实效性研究 [M]. 北京：北京师范大学出版社，2009：7.

[4] 杨洪泽. 当代大学生思想政治教育实效性研究 [D]. 长春：东北师范大学，2013：14.

[5] 符俊. 未成年人思想道德教育实效性研究 [D]. 武汉：湖北大学，2015：26-27.

[6] 张耀灿、郑永廷、吴潜涛、骆郁廷. 现代思想政治教育学 [M]. 北京：人民出版社，2001：355.

[7] 刘文革. 思想政治理论课教学实效性研究 [D]. 北京：首都师范大学，2011：15+44.

获得的现实效果、效率、效能之总和①；李晓虹认为，大学生思想政治教育整体实效性包含：内容构建环节实效性、传导环节实效性与接受环节实效性②。

参考上述观点，本书认为，高校心理健康教育实效性应是一个涵盖目标、过程与结果的有机整体，其内涵是指大学生接受心理健康教育的实际成效。具体地说，就是在高校心理健康教育目标指引下，教育主体通过一定的教育环体和教育介体对教育客体施加影响的实际效果。这种实际效果体现了目标、过程和结果的统一，反映了心理健康教育目标的实现程度，是心理健康教育效果的质和量的外在反映，它覆盖了心理健康教育全部过程，涵盖教育主体、教育环体、教育介体和教育客体等教育过程要素。因此，正确把握心理健康教育实效性的内涵，重点是考查心理健康教育结果对于心理健康教育目标的实现程度，即学生心理健康水平是否提高、心理素质是否提升、积极心理品质是否得到培育。此外，还要把握心理健康教育的过程要素，即心理健康教育过程中各要素的资源是否配置合理，运行机制是否优化，运行方式是否可操作化。

三、高校心理健康教育实效性的基本特征

为准确把握高校心理健康教育实效性的内涵，我们还需要理解其特征。高校心理健康教育实效性的特征主要表现在以下四个方面。

（一）全面性

首先，从高校心理健康教育实效性的结果上来看，体现了防治性结果和发展性结果的统一。"防治"即预防和矫治心理健康问题，"发展"即促进大学生心理健康发展。其次，从高校心理健康教育实效性的内容上来看，体现了结果和过程的统一。根据高校心理健康教育实效性的内涵，实效性重点是考查心理健康教育结果对于教育目标的实现程度，但同时也应对心理健康教育过程要素予以考查。最后，从高校心理健康教育实效性的评估上来看，体现了主体评估与客体评估的统一。高校心理健康教育实效性体现在结果和过程上，结果必然体现在教育客体身上，而过程也可以由教育客体反映，因此需要对教育客体进行评估。同时，从教育客体角度评估教育过程不足以反映教育过程全貌，例如教育客体评估不能反映教育主体人员配备、活动开展情况等，因而还要对教育

---

① 李维昌、盛美真.增强高校思想政治教育实效性的多维透视［M］.昆明：云南人民出版社，2010：57.
② 李晓虹.新媒体环境下大学生思想政治教育实效性研究［D］.大连：大连理工大学，2016：39.

主体进行评估。

（二）延时性

高校心理健康教育是促进大学生心理发展，塑造健康人格的工作，其本质是心理育人。心理育人工作的性质决定了高校心理健康教育的实效不可能即刻得以体现出来，而是需要经过一个长期的教育过程才能彰显。如自信、乐观、韧性等积极心理品质的培育不是一蹴而就的，而是需要通过长期的教育，使受教育者对自信、乐观、韧性等积极心理品质的认知内化为自身人格的组成部分，再引导受教育者在特定情境下展现出来（外化）。

（三）间接性

高校心理健康教育工作的实效大部分是以间接的形式展现出来的。高校心理健康教育工作是促进人心理发展的工作，通过教育者努力，使受教育者心理健康问题得以解决，心理素质得以提高，积极心理品质得以形成后，可以说心理健康教育工作的实际效果是好的，但不能将这个效果等同于最终效果。个体心理的发展，心理素质的提高，积极心理品质的形成，只有最终转化为实际行动，在实践中表现出来，促进人的全面发展，最终促成自尊自信、理性平和、积极向上的社会心态形成时，心理健康教育的最终效果才得以完全展现。

（四）实践性

高校心理健康教育的实效性怎样，关键看受教育者在社会生活实践中表现怎样，看现实生活中受教育者心理健康水平怎样，看现实生活中受教育者能不能有效调整自己的心理状态，看现实生活中受教育者积极心理品质是否形成。只有在社会生活实践中受教育者能够展现出上述这些表现，高校心理健康教育的使命才算完成。

第三节　高校心理健康教育实效性研究的理论基础

心理健康教育是心理学、教育学、社会学、生理学等多学科融合，并应用于教育实践的学科[①]，心理健康教育实效性研究必然受到这些学科的影响。与此同时，心理健康教育也是思想政治教育的重要内容，思想政治教育学理论为心理健康教育实效性研究提供了理论基础。具体来说：思想政治教育学过程论与

---

① 孙宏伟，冯正直主编. 心理健康教育学（第三版）[M]. 北京：人民卫生出版社，2018：97.

管理论、心理健康素养理论、积极心理学理论、CIPP 理论与高等教育服务质量理论为心理健康教育实效性评估提供了理论基础。

一、思想政治教育学过程论与管理论

(一) 思想政治教育学过程论

思想政治教育学过程论中的过程要素论、过程环节论、过程矛盾与规律论为心理健康教育实效性研究提供了重要的理论借鉴。首先，思想政治教育学过程要素论为分析心理健康教育过程要素提供了理论基础。思想政治教育学过程要素论认为，教育过程就是教育者和受教育者在一定的教育目标指导下，在一定的教育环境中，借助一定的方法和形式相互作用的过程。这一教育过程的要素包括：教育主体、教育客体、教育介体、教育环体[①]。心理健康教育是思想政治教育的重要任务和内容，思想政治教育过程要素论同样适用于高校心理健康教育过程，可以用于分析高校心理健康教育的过程要素。其次，思想政治教育过程环节论为把握心理健康教育过程环节提升实效性提供重要指导。思想政治教育过程环节论认为，教育过程从总体上可以分为制定方案、实施、评估三个阶段。这揭示了教育过程的基本环节，准确把握这三个环节，是提高心理健康教育过程实效性的有效途径。最后，思想政治教育过程论还揭示了教育过程中的矛盾与规律，为心理健康教育过程中正确把握主要矛盾和教育规律提供了借鉴。教育过程中的主要矛盾有：教育者与社会要求的矛盾、教育者与受教育者之间的矛盾、受教育者思想行为与社会要求之间的矛盾、社会环境与教育客观要求之间的矛盾、受教育者精神世界发展需要与满足需要的方式之间的矛盾。教育过程的基本规律包括教育者与受教育者思想发展之间保持适度张力的规律、教育与自我教育相统一的规律、协调与控制各种影响因素使之同向发挥作用的规律。科学把握教育过程中的这些基本矛盾和规律是提升心理健康教育实效性的前提。

(二) 思想政治教育学管理论

思想政治教育管理论认为，管理是推动教育有效运行的重要途径。首先，思想政治教育学管理论对于管理内容进行了详细分析。思想政治教育学管理论认为，管理内容包括主体管理、活动管理和过程管理。主体管理是既包括对教育者的管理也包括对教育对象的管理，活动管理是对教育具体活动形式进行调

[①] 陈万柏，张耀灿主编. 思想政治教育学原理（第三版）[M]. 北京：高等教育出版社，2015：137-138.

整和规范,过程管理则是对教育认识过程、实施过程、反馈过程及参与运行诸要素的协调和指导。以上述管理内容为手段,可以有效提升高校心理健康教育的过程实效性。其次,思想政治教育学管理理论对于教育管理体系进行了系统阐述,这为心理健康教育构建管理体系提升实效性提供了重要借鉴。具体地说,基层管理与集成管理有机结合的管理体制为高校心理健康教育提供了管理体制借鉴;集体学习、文化建设、自我教育与自我管理的管理制度为高校心理健康教育提供管理制度借鉴;组织协调机制、竞争机制、激励机制等管理机制为高校心理健康教育提供了管理机制借鉴。

二、心理健康素养理论与积极心理学理论

(一) 心理健康素养理论

心理健康素养是指综合运用心理健康知识、技能和态度,保持和促进心理健康的能力[1]。多项研究表明:提高心理健康素养有利于对精神障碍进行早期预防和干预,有利于促进个体心理健康水平[2][3][4]。为此,《"健康中国2030"规划纲要》更是明确提出了提升心理健康素养、促进心理健康的目标[5]。《教育部办公厅关于加强学生心理健康管理工作的通知》(教思政厅函〔2021〕10号)明确指出,要着力全方位提升学生心理健康素养。因此,构建高校心理健康教育的防治性目标应充分参考心理健康素养理论,以心理健康素养为基础构建其防治性目标。同时,心理健康教育结果与目标的符合程度是衡量心理健康教育实效性的重要标准。因此,大学生心理健康素养实际状况也就成为衡量高校心理健康教育实效性的重要指标之一。

(二) 积极心理学理论

积极心理学由宾夕法尼亚大学心理学教授马丁塞利格曼等人于1998年创

---

[1] 明志君,陈祉妍. 心理健康素养:概念、评估、干预与作用[J]. 心理科学进展,2020,28 (01):1.

[2] Brijnath B, Protheroe J, Mahtani K R, et al. Do web-based mental health literacy interventions improve the mental health literacy of adult consumers? Results from a systematic review [J]. *Journal of Medical Internet Research*, 2016, 18 (6): e5463.

[3] Jorm A F. Mental health literacy: Public knowledge and beliefs about mental disorders [J]. *The British Journal of Psychiatry*, 2000, 177 (5): 396.

[4] Kutcher S, Wei Y, Costa S, et al. Enhancing mental health literacy in young people [J]. *European child & adolescent psychiatry*, 2016, 25 (6): 567.

[5] 国家卫生健康委员会.《"健康中国2030"规划纲要》[EB/OL]. http://www.otcmoh.org.cn/info/183.html, 2020-01-06.

立,它是一门关于幸福、性格优势等积极心理品质的科学。与传统的临床心理学关注心理缺陷和能力丧失不同,积极心理学研究人的所有积极心理品质,如积极情绪、积极认知、积极自我、积极特质、积极关系、主观幸福感等①。它并非是对传统心理学的替代,而是对传统心理学的补充;它挖掘人的性格优势和潜能,教人做一个善良、道德、理性的人,教人幸福地生活;它不但有利于个体心理健康、适应、创造、发展,还利于社会稳定和谐;它对高校心理健康教育实效性产生了积极影响。一方面积极心理学理论有助于丰富高校心理健康教育目标、内容。受积极心理学的影响,主观幸福感、积极人际关系等内容,已开始进入部分高校心理健康教育目标内容中。另一方面,积极心理学还能通过创新教育主体教育理念,优化教育主体与客体之间的关系,构建积极心理健康教育环境来提升心理健康教育的实际效果。

三、CIPP 理论与服务质量理论

(一) CIPP 理论

1966 年斯塔弗宾在批判继承泰勒的目标导向模式基础上提出了 CIPP 模式(又称决策导向评价模式),该模式认为教育评价由四个层面组成,分别是背景、输入、过程、结果(Context、Input、Process、Product)②。在 CIPP 理论基础上,江光荣等提出学校心理健康教育工作评价的指标。在他看来,评价指标中背景评价包括目标、计划、机构设置、制度保障,输入评价包括人员编制、场地设施、经费预算,过程评价包括心理辅导、心理活动课、学科渗透、家校合作,结果评价包括师生心理健康、教师专业成长③。虽然心理健康教育实效性评估不等于心理健康教育工作评估,心理健康教育工作评估强调的是对整体工作状况评估,实效性评估更为看重的是心理健康教育对学生的实效性(结果对于目标的符合程度),但 CIPP 理论关于背景、输入、过程的评估仍然给心理健康教育实效性评估提供了理论指导。依据 CIPP 理论,心理健康的背景、输入会对心理健康教育过程产生影响,而过程则直接影响到心理健康教育效果,这为高校心理健康教育实效性影响因素研究提供了理论基础。

---

① (爱尔兰) Alan Carr. 积极心理学:有关幸福和人类优势的科学(第2版)[M]. 丁丹等译. 北京:中国轻工业出版社,2013:v-vi.
② 肖远军. CIPP 教育评价模式探析 [J]. 教育科学,2003 (03):42.
③ 江光荣,任志洪. 基于 CIPP 模式的学校心理健康教育评价指标构建 [J]. 教育研究与实验,2011 (04):84.

（二）服务质量理论

服务质量（Service Quality，SERVAQUAL）由美国市场营销学家 Parasuraman、Zeithaml 和 Berry 1988 年提出[①]。它是依据全面质量管理提出的一种质量评价体系，其中最具代表性的是 Parasuraman 等的服务质量差距模型。该模型认为服务质量取决于用户所感知的服务水平与用户所期望的服务水平之间的差异，并将服务质量分为五个层面：有形性、可靠性、保障性、响应性、同理性[②]。有形性是指服务中提供的实体物品；可靠性是指可靠地、准确地履行服务承诺的能力；保障性是指员工具有的知识、礼节、表达出自信与可信的能力；同理性是指关心顾客，并能为其提供个性化服务；响应性是指帮助顾客并迅速地提高服务水平的意愿。实际上，在教育领域，服务质量理论的这五个层面因素反映的都是教育过程要素，这与教育过程要素论四要素是一致的，有形性实际反映的是心理健康教育的环境因素，保障性实际上反映的是教育主体因素，可靠性反映的是教育介体因素，而同理性、响应性反映了教育客体的需求是否得到满足。目前，服务质量理论模型已被广泛应用于国内高等教育质量评价，并以此理论为基础发展出博士生教育服务质量[③]、幼教服务质量[④]、高等教育服务质量等[⑤][⑥]等不同的评价模型。余天佐在总结大量以服务质量理论为基础的高等教育评价研究后得出结论：只要按照高等教育特点对服务质量理论模型进行适当的修改，服务质量理论模型就能有效应用于高等教育服务质量的评估[⑦]。因此，根据高校心理健康教育过程实际，对服务质量理论模型进行适当修改后，该理论模型同样可以应用于高校心理健康教育过程实效性的评估。

[①] Parasuraman A, Zeithaml V A, Berry L. SERVQUAL: A multiple-item scale for measuring consumer perceptions of service quality [J]. *Journal of Retailing*, 1988, 64 (1): 12.

[②] 同上注释

[③] 邵宏润. 基于学生感知的博士生教育服务质量研究 [D]. 大连：大连理工大学，2018：48-50.

[④] 甄启枝. 新北市幼教业服务质量影响家长选择的实证研究 [D]. 武汉：华中科技大学，2015：101-102.

[⑤] 胡子祥. 高等教育顾客感知服务质量的实证研究 [J]. 西南大学学报（人文社会科学版），2006 (01)：135.

[⑥] 欧阳河，贺璐，袁东敏，邓少鸿，卢谢峰. 学生评价高等教育服务质量实证研究——以湖南高校 2008 届毕业生满意度调查为例 [J]. 现代大学教育，2008 (06)：30.

[⑦] 余天佐，韩映雄. SERVQUAL 在高等教育服务质量评价中的应用研究述评 [J]. 现代大学教育，2010 (06)：59.

第二章

高校心理健康教育的目标、内容与开展方式

高校心理健康教育的科学实施,首先需要明确其目标体系。高校心理健康教育的目标是确定心理健康教育的内容、方式方法和评估教育实际效果的主要依据,能否科学地构建目标体系,是高校心理健康教育工作的首要问题,是提升高校心理健康教育实效性的先决条件。本章主要阐述高校心理健康教育的目标、内容与开展方式,为下一章高校心理健康教育实效性评估提供依据。

第一节 高校心理健康教育的目标

一、高校心理健康教育目标的功能

教育学原理认为,教育目标即教育目的,是教育者进行教育活动之前,在头脑里预先存在着的教育活动所要取得的结果,是教育活动所要培养的人的质量规格①。据此,本书认为,心理健康教育目标是指心理健康教育所要达到的结果,心理健康教育所要培养的人的心理品质。高校心理健康教育的目标指引着心理健康教育工作的方向,决定了心理健康教育内容、工作形式和效果评估。具体而言,高校心理健康教育目标主要有以下功能。

(一)对心理健康教育整体的导向功能

任何一种教育活动的开展都需要教育目标的指导,以此将受教育者培养成符合一定的社会和时代要求的人。心理健康教育活动同样如此,心理健康教育活动是在教育目标引导下进行的,教育过程是在教育目标的指导下运行的,教育目标是在教育活动及其过程中实现的。如果高校心理健康教育目标不正确,

---

① 杨兆山. 教育学——培养人的科学与艺术 [M]. 长春:东北师范大学出版社,2006:143.

抑或心理健康教育目标正确但不用它来指导心理健康教育实践,那么心理健康教育活动就会偏离正确方向,达不到应有效果。在以往相当长一段时间内,高校心理健康教育目标定位主要集中在防治心理疾病、维护校园安全稳定上,忽视了学生心理健康素质提升、积极心理品质培育,偏离了促进学生心理健康素质与思想道德素质、科学文化素质协调发展的要求。而今,虽然越来越多的高校将心理健康教育目标定位在提升学生心理素质、培育积极心理品质上,但在实践中一部分高校依然满足于"不出事即可"的要求,将重心放在防治心理疾病以此维护校园安全稳定上。这两种心理健康教育目标偏差现象直接影响到了心理健康教育的实际效果。

(二)对心理健康教育过程的调控功能

心理健康教育目标对心理健康教育活动的调控作用主要表现在整体组织和具体实施上。从整体上来看,心理健康教育目标对教育组织、教育管理、教育规划起到指导和协调作用。在心理健康教育目标调控下,各种教育要素合理匹配、教育环境大力优化、教育阶段顺利衔接,整体上确保了心理健康教育成效最大化。从具体实施上来看,心理健康教育目标规范了课程和活动设置,明确了具体教育任务,合理安排教育内容,为具体教育方法和手段选择提供了指导,并使得教育者的言行更具有自觉性和目的性。

(三)对心理健康教育受教育者的发展与教育功能

心理健康教育目标为受教育者的心理发展指明了方向,使受教育者心理品质朝着教育者所期望的方向发展,对受教育者具有发展和教育功能。随着自我意识的发展,人生观、世界观和价值观的逐渐成熟,大学生对于自己塑造怎样的人格、想要成为什么样的人有了积极的思考和追求。而心理健康教育目标所要求的心理品质则为大学生健康人格塑造提供了发展方向。同时,心理健康教育目标还能激发大学生接受心理健康教育的动力,促使大学生为实现目标不断努力,对大学生心理发展起到教育作用。

(四)对心理健康教育实效性的评估功能

心理健康教育目标是评价心理健康教育实际效果的根本依据。心理健康教育过程是实现心理健康教育目标的过程,教育过程的每一步都是走向最终目标的一步。当心理健康教育逐步走向教育目标时,我们需要根据心理健康教育目标来评价心理健康教育实际效果。因而心理健康教育目标也就成为检查、评估工作效果的根本依据和重要标准,教育者及有关部门就可以根据其目标的实现度来科学评估心理健康教育实际效果,从而更好地满足学生的心理需要,提升心理健康教育的实效性。

二、高校心理健康教育目标确立的依据

高校心理健康教育目标的制定受到多种因素的影响，是多种因素共同作用的结果。具体来说，马克思主义人的全面发展理论、党和国家教育方针政策的要求，教育学、心理学、思想政治教育学等相关学科理论都是确定高校心理健康教育目标的基本依据。

（一）马克思主义关于人的全面发展理论

马克思、恩格斯在批判地继承古希腊哲学家亚里士多德、法国教育家拉伯雷、捷克教育学家夸美纽斯以及空想社会主义者教育思想的基础上，建立起了人的全面发展理论。马克思认为，人的全面发展是"人以一种全面的方式，就是说，作为一个完整的人，占有自己的全面的本质"①。这里的全面发展，一般认为主要包括三个方面的含义：一是从劳动能力上来看，指人的智力和体力的全面自由发展；二是从人是一切社会关系的总和来看，指人的思想政治素质、审美情趣等的全面发展；三是人的个性全面发展，指人各种心理素质发展、能力提升、潜能开发、良好心理品质养成、健康人格塑造等②。由此可见，马克思主义人的全面发展理论为高校心理健康教育目标构建提供了理论依据。依据马克思主义人的全面发展理论，高校心理健康教育目标构建要建立在提高心理素质、培育积极心理品质、塑造健康人格、促进大学生身心全面发展上。同时，马克思主义人的全面发展理论也为构建高校心理健康教育目标提供了原则指引。首先，必须坚持促进大学生全面发展的总体原则。心理健康教育目标的构建要置于人的全面发展总体目标当中，应与德、智、体、美、劳等各项发展目标相互衔接，在提高心理素质、培育积极心理品质的同时，促进大学生全面主动地发展。其次，必须坚持劳动促进人的自由而全面发展的原则。心理健康教育目标的内容要重视劳动实践，大学生心理素质提升、积极心理品质培育、健康人格塑造必定要在劳动实践中完成。最后，要坚持个性发展与社会规范相统一的原则。人是一切社会关系的总和，个体心理发展有其社会性，心理健康教育目标要符合社会规范要求。同时，个体心理发展又有其个体特殊性，又要满足其个性化需求。因此，在建构心理健康教育目标时，应把个性化需求与社会规范科学统一起来。

---

① 马克思，恩格斯. 马克思恩格斯文集（第1卷）[M]. 北京：人民出版社，2009：189.
② 胡凯. 马克思主义的人学思想对大学生心理健康教育的启示[J]. 思想理论教育导刊，2010（03）：98.

（二）党和国家教育方针政策的要求

国家教育方针明确了教育事业发展的指导思想和总方向，是对教育性质、教育目标、教育任务、教育途径的总规定。党和国家的方针政策为高校心理教育目标构建提供了重要依据。习近平总书记在全国高校思想政治工作会上强调，要"培育理性平和的健康心态，加强人文关怀和心理疏导"。习近平总书记在党的十九大报告中指出：要"加强社会心理服务体系建设，培育自尊自信、理性平和、积极向上的社会心态"[①]。《高等学校学生心理健康教育指导纲要》（教党〔2018〕41号）则明确了高校心理健康教育工作的四个总体目标：一是形成教育教学、实践活动、咨询服务、预防干预"四位一体"的格局；二是扩大覆盖面和受益面，增强大学生心理健康意识，提升大学生心理健康素质；三是要提高预防、识别、干预水平；四是有效降低心理疾病发生率[②]。

（三）教育学、心理学、思想政治教育学等相关学科理论

高校心理健康教育以教育学、心理学、医学、思想政治教育学等学科理论为基础，其学科理论依据包含：教育学原理、普通心理学、教育心理学、发展心理学、社会心理学、健康心理学、变态心理学、精神医学、思想政治教育学等。因此，必须依据这些理论基础构建心理健康教育目标。

首先，心理健康教育目标构建必须遵循教育学基本规律。一是要遵循教育与社会发展辩证关系的规律。心理健康教育受到一定的社会经济、政治、文化制约，其目标要能够反映社会经济、政治、文化的要求，并对社会经济、政治、文化发展起到积极作用。二是要遵循人的发展与教育的辩证关系。心理健康教育目标的构建要考虑教育要求与受教育者个性发展的关系，要考虑到各教育要素在教育过程中的相互作用。

其次，高校心理健康教育目标构建应建立在当前高校心理健康教育实践基础上。当前，高校心理健康教育总体目标一致被认为是防治心理健康问题、提高心理素质、培育积极心理品质，但在具体目标上尚未形成共识。课程是心理健康教育的主渠道，经过近四十年的发展，高校心理健康教育课程建设取得了巨大成就，课程目标与内容逐渐形成了统一意见，这为我们具体目标构建提供了参考。目前，心理健康教育课程的目标可以总结为：掌握心理健康知识与技

[①] 习近平. 决胜全面建成小康社会 夺取新时代中国特色社会主义伟大胜利——在中国共产党第十九次全国代表大会上的报告[M]. 北京：人民出版社，2017，49.

[②] 中华人民共和国教育部. 中共教育部党组关于印发《高等学校学生心理健康教育指导纲要》的通知[EB/OL]. http://www.moe.gov.cn/srcsite/A12/moe_1407/s3020/201807/t20180713_342992.html，2018-07-04.

能，提升心理素质，培育积极心理品质等。心理健康教育的内容可以归纳为：学会适应、自我意识、人格发展、人际交往、职业发展、学习心理、恋爱与情感、情绪管理、压力管理、生命教育、危机干预、异常心理等。这些在实践中形成的经验为高校心理健康教育目标与内容构建提供了借鉴。

再次，心理健康教育目标构建还要依据心理学的研究成果，尤其是心理科学最新研究成果。心理学是一门发展迅速的边缘学科，积极心理学、认知神经科学、健康心理学、心理咨询与治疗等的新发展都为心理健康教育目标构建提供了科学的、可操作性的新内容。

最后，心理健康教育目标构建应遵循思想政治教育导向。心理健康教育作为思想政治教育的重要组成部分，其目标应与思想政治教育的目标一致。思想政治教育的根本目标是提高人的思想道德素质，促进人的自由全面发展，激励人们为建设中国特色社会主义、最终实现共产主义而奋斗。心理健康教育目标是提高心理素质，塑造健康人格，以达到"育人"的目的。育人一定是具有价值取向的，心理健康教育的目标必须结合思想政治教育的目标，遵循思想政治教育目标的价值导向。

三、高校心理健康教育目标体系的构建

心理健康教育的目标是一个有机的系统，从层次关系上看有根本目标和具体性目标之分；从对象上来看，有个体目标、群体目标和社会目标之分；从阶段上来看，有适应阶段目标、发展阶段目标、成熟阶段目标之分。这些目标之间相互联系、相互影响，共同构成了高校心理健康教育目标体系。以下将从层次上、对象上、阶段上来具体构建高校心理健康教育的目标体系。

（一）根本目标与具体目标

根本目标对具体目标起支配作用，具体目标是根本性目标在不同层次上的表现。根据心理健康教育目标确立的依据，本书认为，高校心理健康教育的根本性目标是：防治心理健康问题，培育积极心理品质，为大学生塑造符合社会要求的健康人格，促进大学生全面发展。以往研究中，有学者将心理健康教育具体目标分为初级目标（防治性目标）、中级目标（发展性目标）、终极目标（潜能开发目标）三个层次[1]。但潜能开发这个层次目标在具体心理健康教育实践中很难下操作性定义，教育目的可操作性不强。张大均等认为，心理素质本

---

[1] 吴先超. 学校心理健康教育目标体系探讨[J]. 学校党建与思想教育, 2005（10）: 66.

身就可以开发学生潜能促进学生发展①。按此,潜能的开发应归为发展性目标。因而,本书认为,高校心理健康教育的具体目标应分为防治性目标、发展性目标两个层次。

防治性目标即防治心理健康问题,包括预防与矫治两个部分。预防目标即提升学生心理健康素养、预防心理健康问题。《教育部办公厅关于加强学生心理健康管理工作的通知》(教思政厅函〔2021〕10号)明确指出要着力提升学生心理健康素养②。心理健康素养(Mental Health Literacy,MHL)被认为是早期识别和干预心理(精神)障碍的先决条件③,提高心理健康素养是促进大学生心理健康的重要方式,是有效防治心理健康问题的重要手段④。因此,高校心理健康教育防治性目标的重点不是解决心理健康问题,而是预防心理健康问题,即提升大学生心理健康素养。关于心理健康素养的概念,国内外学者有不同的定义。Kutcher(2016)认为,心理健康素养应包括知识、技能、态度、动机四个方面,即:知道如何保持积极心理健康的状态,了解心理疾病、精神障碍以及如何治疗,减少心理疾病病耻感和污名化,增强心理求助的动机⑤。而国内学者明志君、陈祉妍(2020)认为,心理健康素养包含心理健康知识、技能和态度三个因素⑥。江光荣等(2020)则认为,心理健康素养结构上应分为自我与他人、应对与促进两个维度,内容上应包括心理健康知识、心理健康态度、心理健康行为习惯三个部分⑦。综合起来,本书认为,大学生心理健康素养是指大学生促进自身心理健康所应具备的心理健康知识、技能和态度。高校心理健康

---

① 张大均,李晓辉,龚玲.关于心理素质及其形成机制的理论思考(一)——基于文化历史活动理论的探讨[J].西南大学学报(社会科学版),2013,39(02):71.

② 中华人民共和国教育部.教育部办公厅关于加强学生心理健康管理工作的通知[EB/OL].http://www.moe.gov.cn/srcsite/A12/moe_1407/s3020/202107/t20210720_545789.html,2021-07-07.

③ Dias P, Campos L, Almeida H, et al. Mental health literacy in young adults: Adaptation and psychometric properties of the mental health literacy questionnaire[J]. International journal of environmental research and public health, 2018, 15(7): 1.

④ 江光荣,李丹阳,任志洪,闫玉朋,伍新春,朱旭,于丽霞,夏勉,李凤兰,韦辉,张衍,赵春晓,张琳.中国国民心理健康素养的现状与特点[J].心理学报,2021,53(02):183.

⑤ Kutcher S, Wei Y, Coniglio C. Mental health literacy: past, present, and future[J]. The Canadian Journal of Psychiatry, 2016, 61(3): 155.

⑥ 明志君,陈祉妍.心理健康素养:概念、评估、干预与作用[J].心理科学进展,2020,28(01):1.

⑦ 江光荣,赵春晓,韦辉,于丽霞,李丹阳,林秀彬,任志洪.心理健康素养:内涵、测量与新概念框架[J].心理科学,2020,43(01):232.

教育要通过课程、宣传教育等方式教授学生必要的心理健康知识，使学生能够识别基本的心理问题、心理疾病、精神障碍，以便于早发现、早治疗；使学生了解影响心理健康的因素（如生理因素、家庭关系、人际关系、恋爱关系、生命观念、个性因素等），以便维护心理健康；使学生掌握应对心理问题的基本方法和技能，让学生学会心理自助；使大学生在心理疾病、心理咨询方面能够形成正确态度，增强大学生求助动机。矫治目标即提供心理咨询服务，解决学生心理健康问题。此目标是通过开展心理普查、心理咨询与辅导、危机干预等措施，及时发现学生心理健康问题，并科学矫治学生心理健康问题。

发展性目标即培育学生积极心理品质。国家相关部门的文件曾对大学生心理健康发展作出了阐述。《教育部关于加强普通高等学校大学生心理健康教育工作的意见》（教社政〔2001〕1号）提出："优化心理品质"是高等学校大学生心理健康教育工作的主要任务[①]。《中共中央国务院关于进一步加强和改进大学生思想政治教育的意见》（中发〔2004〕16号）提出要培养大学生良好的心理品质[②]。《教育部 卫生部 共青团中央关于进一步加强和改进大学生心理健康教育的意见》（教社政〔2005〕1号）指出要提高大学生心理调节能力，培养良好心理品质[③]。《关于加强心理健康服务的指导意见》（国卫疾控发〔2016〕77号）提出"培育积极的心理品质，培养良好的行为习惯"[④]。《中共教育部党组关于印发〈高等学校学生心理健康教育指导纲要〉的通知》（教党〔2018〕41号）将心理健康教育的总目标规定为"心理健康教育的覆盖面、受益面不断扩大，学生心理健康意识明显增强，心理健康素质普遍提升"。《教育部办公厅关于加强学生心理健康管理工作的通知》（教思政厅函〔2021〕10号）则并未提及心理素质，提出的是"提升心理健康素养，培育学生积极心理品质"[⑤]。从教

---

① 中华人民共和国教育部. 教育部关于加强普通高等学校大学生心理健康教育工作的意见[EB/OL]. http://www.moe.gov.cn/s78/A12/szs_lef/moe_1407/moe_1411/s6874/s3020/201001/t20100117_76896.html, 2001-03-16.
② 中共中央国务院发出《关于进一步加强和改进大学生思想政治教育的意见》[N]. 人民日报, 2004-10-15.
③ 教育部 卫生部 共青团中央关于进一步加强和改进大学生心理健康教育的意见[J]. 中华人民共和国教育部公报, 2005 (03): 35.
④ 中华人民共和国中央人民政府. 22部门印发《关于加强心理健康服务的指导意见》[EB/OL]. http://www.gov.cn/xinwen/2017-01/24/content_5162861.htm#1, 2017-01-24.
⑤ 中华人民共和国教育部. 教育部办公厅关于加强学生心理健康管理工作的通知[EB/OL]. http://www.moe.gov.cn/srcsite/A12/moe_1407/s3020/202107/t20210720_545789.html, 2021-07-07.

育部等部门印发的相关文件来看，有时提及"心理素质"，有时提及的又是"（积极）心理品质"，似乎有矛盾之处，其实不然，心理素质和积极心理品质二者并不是对立关系，心理素质本质上就是由多种良好心理品质组成的，培育积极心理品质可以看作是对提升心理素质的操作化、具体化，我们可以从概念、结构内容等维度来分析它们之间的关系。

"心理素质"是中国素质教育发展背景下的产物，它是人的素质结构的重要组成部分，它与思想道德素质、科学文化素质、审美艺术素质、劳动技能素质一起共同构成了人的全面发展应具有的素质结构。人的心理现象分为心理过程（认知、情绪情感、意志）和个性心理，心理素质是一种优良的个性心理，是多种积极心理品质的结合，包括与心理健康相关的能力、积极人格品质。张大均认为心理素质是指建立在生理条件基础上的，能将获得的外在刺激内化成基本、稳定而内隐，并具有发展功能的，与人的适应—发展—创造行为密切联系的心理品质[1]。在反映国际学校积极心理学前沿成果的工具书 *Handbook of Positive Psychology in Schools*（*Second Edition*）中，张大均关于心理素质的研究被认为是具有中国特色的积极心理学研究[2]。而"积极心理品质"是积极心理学运动下的产物，它是人与生俱来的潜能，是人性中的积极方面，是抵抗障碍促进成长的潜能[3]。从二者的概念来看，我们可以发现二者都强调生理性，强调适应、发展、创造功能，且心理素质概念将其看作是一种心理品质。如果将心理品质分为积极与消极两类的话，心理素质不可能是消极的心理品质，无疑只能是积极的心理品质。

此外，我们还可以通过心理素质与积极心理品质的结构来分析二者的关系。对于心理素质结构，学界尚未形成统一意见。肖汉仕认为，心理素质包括培养理性认知、情绪调适、挫折应对、积极应变、人际交往、性格塑造、自我监控、自我发展和幸福获取能力[4]。张大均认为，心理素质结构包括认知特性、个性和适应性[5]。王滔在张大均研究的基础上通过实证研究将心理素质结构归纳为3方面26因素，认知特性归纳为监控性、深刻性、表现力、目的性、意识性、开放

---

[1] 张大均，李晓辉，龚玲. 关于心理素质及其形成机制的理论思考（一）——基于文化历史活动理论的探讨［J］. 西南大学学报（社会科学版），2013，39（02）：72.

[2] Liu W, Tian L, Zheng X. Applications of Positive Psychology to Schools in China［J］. *Communique*, 2013, 42（1）: 6-8.

[3] 刘翔平. 积极心理学（第2版）［M］. 北京：中国人民大学出版社，2018：9-10.

[4] 肖汉仕. 全民健心工程的目标与任务探讨［J］. 健康教育与健康促进，2016，11（02）：158.

[5] 张大均. 论人的心理素质［J］. 心理与行为研究，2003（02）：144.

性、应变力、精致性、好奇性等9个方面；将个性归纳为：进取心、成就动机、乐观倾向、自制力、责任感、自我统合、情绪调控、独立性、坚韧性、自信心等10个方面；将适应性归纳为社会环境适应、学习适应、职业适应、人际环境适应、应激情境适应、生活适应、生理适应等7个方面①。而积极心理品质结构可以归纳为：积极情感体验（主观幸福感、心理流畅感、积极情绪）、逆境中的积极心理（乐观、希望、复原力）、积极人格与自我（性格优势、积极自我）、积极的关系（积极的爱、感恩、宽恕）②。对比心理素质与积极心理品质结构，我们可以发现：从肖汉仕关于心理素质结构的内容来看，心理素质基本上被涵盖在积极心理品质结构内容中；而从王滔定义心理素质结构内容来看，"认知特性"可以归为积极心理品质中"性格优势"中的"智慧"（也有积极心理学著作设置了独立的"积极认知状态"③，或设置为"天赋、创造力与智慧"④），心理素质中的"个性"可以归为积极心理品质中的"积极情感体验""积极自我"以及"逆境中的积极心理"，心理素质中的"适应性"可以归为积极心理品质中的"逆境中的积极心理"。从上述二者的结构来看，积极心理品质结构的内容上基本包含了心理素质结构的内容。

综合上述二者概念与结构的分析，本书认为，心理素质本质上是由多种积极心理品质组成的一种心理结构，二者在概念和内容上相似。区别在于，二者是不同时代教育背景下的产物，其具体内容分类方式不一样，另外"积极心理品质"比"心理素质"多了主观幸福感，以及感恩、宽恕等积极人际关系的内容。综合上述对于二者联系与区别的分析可知，"积极心理品质"相比"心理素质"内容更为丰富、更具有可操作性。

综上，依据教育部相关文件精神（教社政〔2005〕1号、思政厅函〔2021〕10号文件），以及近年来心理学的最新发展（特别是积极心理学发展与实践），在对心理素质与积极心理品质概念分析的基础上，我们将高校心理健康教育发展性目标总结为：培育学生积极心理品质。要使得这个发展性目标具有可操作性、实效性，我们就要构建其具体目标（或下操作性定义）。发展性具体目标的

---

① 王滔，张大均，陈建文．大学生心理素质量表的编制［J］．西南大学学报（社会科学版），2008（01）：123．
② 刘翔平．积极心理学（第2版）［M］．北京：中国人民大学出版社，2018：序言3．
③ （美）斯奈德，（美）洛佩斯著．王彦，席居哲，王艳梅译．积极心理学：探索人类优势的科学与实践［M］．北京：人民邮电出版社，2013：ⅷ．
④ （爱尔兰）卡尔．积极心理学：有关幸福和人类优势的科学（第2版）［M］．丁丹等译．北京：中国轻工业出版社，2013：Ⅵ．

<<< 第二章 高校心理健康教育的目标、内容与开展方式

构建除了应包括心理素质、积极心理品质内容外，还需要契合当前高校心理健康教育课程内容。心理健康教育课程是高校心理健康教育的主渠道，其主要内容可归纳为：学会适应、自我与人格发展（自我与人格是一个主题，也有课程将自我与人格分开）、人际交往、职业发展、学习心理、恋爱与情感、情绪管理、压力管理、生命教育、危机干预、异常心理。这些课程内容已被证明具有科学性和操作性，如果我们构建的发展性目标结构不能契合课程内容，那么在心理健康教育实践中就会难以操作实施，甚至会出现相冲突的问题。因此，我们在建构发展性目标的具体目标时必须要结合现行心理健康课程的目标和内容。

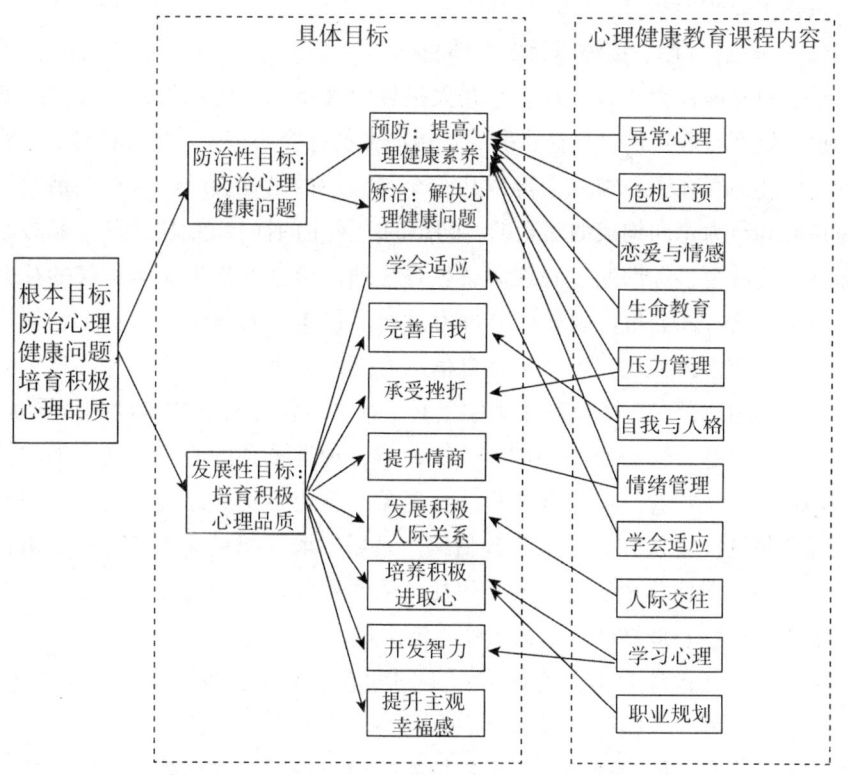

图 2-1 高校心理教育根本目标与具体目标结构及其与心理健康教育课程对应关系

鉴于上述心理素质结构 3 方面 26 因素与当前高校心理健康教育课程内容并不能很好契合、而积极心理品质能很好契合课程内容的问题，我们在构建发展性目标的具体目标时，应该以积极心理学关于积极心理品质的理论为基础，结合心理素质，契合当前高校心理健康教育课程内容进行构建。据此，我们将发展性目标子目标构建为：学会适应、完善自我、提升情商、发展积极人际关系、积极进取（学习与职业规划）、承受挫折、培养创造力、主观幸福感这八个主要

方面（恋爱与情感、生命教育、危机干预、异常心理、健康人格以及情绪调节部分内容包含了大量与心理健康相关的知识、技能、态度，与心理健康素养目标内容重合，因此归纳在心理健康素养中）。

综上，我们将高校心理健康教育根本目标归纳为：防治心理健康问题，培育积极心理品质；将具体目标构建为：提高心理健康素养（知识、技能、态度），解决心理健康问题，使大学生学会适应、完善自我、承受挫折、提升情商、发展积极人际关系、培养积极进取心、开发智力、提升主观幸福感。高校心理健康教育根本目标与具体目标结构及其与目前高校心理健康教育课程的对应关系如图2-1所示。

（二）社会目标、群体目标、个体目标

社会目标即社会心态目标。十九大报告明确指出，要加强社会心理服务体系建设，培育自尊自信、理性平和、积极向上的社会心态[1]。社会心态是指特定时间内广泛地存在于各类社会群体和整个社会中的由社会认知、社会情绪、社会价值观和行为意向构成的宏观的、动态的、突生的社会心理态势[2]。高校心理健康教育的社会目标即通过心理健康教育活动，培育大学生群体良好的社会认知、社会情绪、社会价值观和社会行为意向。具体到大学生个人身上，就体现在以下几个方面：首先，培育自尊自信的心态。自尊自信既是个体心理素质中积极自我的组成部分，也反映了大学生对于社会政治经济文化制度的认同状况，是培育个人良好社会心态的基础。其次，培育理性平和的心态。理性平和的心态即用理性的认知看待周围事物和社会现象，避免不良社会现象或不良信息冲击，保持理性社会认知，维持合理情绪。最后，培育积极向上的心态。培育积极向上的心态即培养大学生对学习和社会生活积极乐观的态度，培养大学生抗挫折能力，增强心理韧性，培育积极的价值观。

群体目标是指针对不同群体应有不同的心理健康目标。在大学生群体中，针对心理问题和心理疾病人群目标应是矫治心理问题或者疾病，对于心理亚健康群体目标应是掌握心理健康知识与技能防治心理问题或疾病，对于正常人群目标应是培育积极心理品质。对于贫困生群体目标应是克服自卑，培育自信、希望、乐观、韧性等积极向上的心理品质。对于经历丧失的群体，目标应是帮助他们在合理时间内体验正常的悲伤，并健康地度过悲伤事件，促使其重新开

---

[1] 习近平. 决胜全面建成小康社会 夺取新时代中国特色社会主义伟大胜利——在中国共产党第十九次全国代表大会上的报告 [M]. 北京：人民出版社，2017，49.
[2] 辛自强. 社会治理心理学与社会心理服务 [M]. 北京：北京师范大学出版社，2020：94.

始正常的学习生活。

个体目标是指高校心理健康教育针对个人所要求达到的预期结果,具体来说就是在社会要求下培养个体良好的心理素质、培育积极心理品质,促进个体全面发展。由于不同个体遗传素质不同,后天成长环境也不相同,各自具有自身独特的人格特征,各自需求也不一致,所以高校心理健康教育的个体目标也要因人而异。

(三)适应阶段目标、发展阶段目标、成熟阶段目标

高校心理健康教育的阶段目标是指按照大学生不同阶段心理特点和需求划分的目标,可以分为适应阶段目标、发展阶段目标、成熟阶段目标。

适应阶段是指大学生新生阶段。大学新生经过高考离开了熟悉的环境,进入相对陌生的大学环境,面临环境的一系列急剧变化。在新环境中,大学新生面临角色、生活环境、人际环境、学习环境、管理制度的变化,加上理想与现实差距,极易使大学新生产生适应问题,这些适应问题处理不当将会影响他们的学习生活甚至导致严重心理问题。因此,这一阶段高校心理健康教育的主要目标是帮助大学生适应大学环境。具体表现在学习适应、人际适应、生活适应上。学习适应目标主要是帮助大学生树立明确的学习目标,转变学习方式,激发学习兴趣,提升学习能力。人际适应目标主要是帮助大学生积极调整情绪和调控行为,应对新的人际环境,适应新的群体,与人和谐相处,建立起积极的人际关系。生活适应目标主要是指帮助大学生学会生活自理,管理好时间,学会理财,养成良好的生活习惯。

发展阶段目标是指大学中年级阶段的目标。在度过了新生阶段的适应期后,大学生进入心理稳定发展阶段。在这一阶段,大学生的人生观、世界观、价值观逐渐形成,开始发展自己的兴趣爱好,广泛参与社会活动,有意识地培养自己各方面能力。此阶段发展不顺利,则会出现人际交往矛盾、情感冲突等各种问题。因此,这一阶段高校心理健康教育目标主要是培养学生各方面的能力,培养积极心理品质。具体表现在发展积极人际关系、形成正确的婚恋观、培养情商、培养创新能力、进行生涯规划、追寻生命意义等。

成熟阶段目标是指毕业年级阶段的目标。在这一阶段虽然大学生个人发展、人际交往、恋爱等问题依然存在,但面临的主要问题是就业和升学压力问题。因此,这一阶段目标主要是进行升学就业指导,帮助大学生树立正确的就业择业观念,进一步培育积极心理品质,为其适应社会、融入社会做好准备。

第二节　高校心理健康教育的主要内容

内容是目标的具体化，目标是内容确定的依据。高校心理健康教育内容是指教育者向受教育者传授知识、理论、观点，使受教育者心理和行为达到高校心理健康教育目标要求。依据高校心理健康教育目标体系，高校心理健康教育内容可以从不同角度来确定，但如果从多个角度来确定高校心理教育内容，难免会产生交叉和重复现象。根本目标和具体目标对于目标进行了详尽的论述，因此我们这里从根本目标和具体目标这个角度，通过详细分析具体目标将高校心理健康教育内容确定为：心理健康素养教育、矫治心理健康问题、适应力教育、自我与人格教育、挫折教育、情商教育、积极人际关系教育、积极进取心教育、智力开发教育、幸福感教育等十个方面。

一、心理健康素养教育

根据上述确定的预防性目标，提升大学生心理健康素养主要内容包括：掌握心理健康问题基本知识、学会应对心理健康问题的基本方法与技能、形成对于心理健康问题和心理求助的正确态度。

（一）心理健康知识教育

参考国民心理健康素养调查中关于心理健康素养知识的内容①，结合高校心理健康教育工作实际，本书认为，大学生应掌握的心理健康问题知识有：心理健康概念与标准，影响心理健康的因素，常见心理问题、心理疾病或精神障碍。

1948 年，世界卫生组织将健康的内容概括为生理健康、心理健康、社会健康三个方面。自此，心理健康受到越来越多人的关注。心理健康是指一种完好的状态，包括适应与发展两个维度，适应是指没有心理疾病的状况，发展是指积极的心理状态②。关于心理健康的标准，国内学者有不同的结论，一般认为有八个方面：一是智商正常；二是情绪健康；三是意志健全；四是人格完整；五是自我评价客观；六是人际关系良好；七是适应力强；八是心理行为符合年龄

---

① 傅小兰，张侃主编．中国国民心理健康发展报告（2017—2018）[M]．北京：社会科学文献出版社，2019：220-263．
② 张大均，王鑫强．心理健康与心理素质的关系：内涵结构分析 [J]．西南大学学报（社会科学版），2012，38（03）：71．

特征。

"生物—心理—社会医学"模式认为，疾病是生物因素、心理因素和社会因素多层次相互作用的结果①。影响心理健康的因素同样可以从生物、心理和社会三个方面进行分析。生物因素提供了心理发展的生理基础，生物因素对心理健康的影响主要体现在遗传、孕期胎内环境、神经系统、内分泌系统等方面。影响大学生心理健康的心理因素主要有认知（包括对于生命的认知）、情绪、意志、需要、动机、人格特征等。社会因素主要体现在家庭因素（尤其是家庭教育方式）、学校因素（师生关系、同伴关系、恋爱关系等）、社会文化环境（社会风气、大众传媒影响）等方面。

从严重程度上来看，大学生心理问题可以分为一般心理问题和严重心理问题，它们尚未达到精神障碍诊断标准，是大学生群体中常见的心理状态。一般心理问题主要是由现实生活中的因素引起，不良情绪持续较短、尚能被理智所控制，社会功能没有被严重破坏、情绪反应尚未泛化的一种心理不健康状态，主要表现在情绪上，如分神、期待焦虑、冷漠、自卑、空虚烦恼、孤僻敌对等；严重心理问题主要是由较为强烈的现实生活因素所引起，起始情绪反应比较强烈、持续较长，内容充分泛化的一种心理不健康状态②。从大学生日常生活来看，大学生常见心理问题有：适应问题、学习问题、自我意识问题、人际关系问题、情绪问题、行为问题、恋爱和性心理问题、应激和心理危机等。从不同性质来看，大学生心理问题可以分为适应性问题、发展性问题、障碍性问题（心理疾病）。

心理疾病是我们生活中对于精神类疾病一般性的通俗称呼，精神病学上称之为精神障碍。国家卫生健康委员会印发的《精神障碍诊疗规范（2020年版）》将精神障碍分为：器质性精神障碍、精神活性物质使用所致障碍、精神分裂症及其他原发性精神病性障碍、双相障碍、抑郁障碍、焦虑障碍、强迫及相关障碍、创伤及应激相关障碍、分离障碍、躯体症状及相关障碍、进食与喂养障碍、睡眠障碍、成人人格和行为障碍、神经发育障碍、起病于儿童少年的

---

① ENGEL GL. The need for a new medical model: a challenge for biomedicine [J]. *Science*, 1977, 196 (4286): 132-133.
② 中国就业培训技术指导中心，中国心理卫生协会编写. 心理咨询师基础知识 [M]. 北京：民族出版社，2015：335-337.

行为和情绪障碍、成瘾行为所致障碍①。鉴于该《规范》过于专业，是为专业人员所准备的，其中许多精神障碍分类在大学群体中并不常见，因而也就没必要让大学生全部掌握以上精神障碍所涉及的全部知识。结合现实生活中大学生常见精神障碍，本书认为，大学生应了解和基本识别的精神障碍有：精神分裂症、双相障碍、抑郁障碍、焦虑障碍（包括恐怖症、社交焦虑症、急性慢性焦虑障碍等）、强迫症、成瘾行为（赌博、游戏成瘾）。

（二）应对心理健康问题的技能教育

明志君、陈祉妍认为，心理健康技能应包括获取心理健康信息的技能、识别心理疾病的技能、心理急救技能、调节情绪技能等②。鉴于心理疾病识别已包含在心理健康知识中。本书认为，应对心理健康问题的技能包括：获取心理健康信息的能力，心理急救的能力，情绪调节的能力。

获取心理健康信息的能力，主要是指，教会大学生通过图书馆、校园展窗、校园活动、微信公众号等渠道获取心理健康知识以及求助信息。心理急救（Mental Health First Aids, MHFA）是指，在遭受心理精神问题或正遭受心理健康危机的个体获得专业治疗或解除危机前，由朋友、家人、同事等非专业人员提供的支持和帮助③。目前，国外发达国家普遍开展了面向普通人群和大学生的心理急救课程，而国内这项工作还处于起步阶段，只有澳门、上海、广东等地区少数单位开展过心理急救课程培训。

情绪问题是心理健康问题的最主要表现形式（或症状），当大学生面对适应、学习、人际关系、恋爱和性心理、就业等现实问题或生活事件时，需要掌握必要的情绪调节技能方能有效应对这些问题或事件。根据大学生心理特点以及临床心理学、健康心理学相关理论，本书认为，大学生应掌握的情绪调节技能有：适度宣泄、转移注意力、认知调节（学会理性认知，如学会理性情绪疗法，认知行为疗法的五栏表法等）、放松训练以及正念。适度宣泄是指，为自己的情绪找到合理合适出口，它可以是找亲朋好友倾诉，通过将情绪投入创作中进行升华和转化，通过运动宣泄。注意力转移法就是，把注意力从引起不良情

---

① 中华人民共和国国家卫生健康委员会. 国家卫生健康委办公厅关于印发精神障碍诊疗规范（2020年版）的通知［EB/OL］. http://www.nhc.gov.cn/yzygj/s7653p/202012/a1c4397dbf504e1393b3d2f6c263d782.shtml, 2020-11-23.

② 明志君, 陈祉妍. 心理健康素养：概念、评估、干预与作用［J］. 心理科学进展, 2020, 28 (01): 1.

③ Morgan A J, Ross A, Reavley N J. Systematic review and meta-analysis of Mental Health First Aid training: Effects on knowledge, stigma, and helping behaviour［J］. *PloS one*, 2018, 13 (5): e0197102.

绪反应的刺激情境转移到其他事物上去或从事其他活动的自我调节方法。认知调节主要是通过调整不合理认知来调节情绪，理性情绪疗法以及五栏表法是非常适合大学生掌握的一种认知调节方法。放松训练是指，身体和精神由紧张状态朝向松弛状态的过程，可以通过呼吸、静坐、想象等方法进行。正念来源于冥想，后被卡巴金开发为"正念减压疗法"，以正念处理压力、疼痛和疾病。它是有目的的、有意识的关注、觉察当下的一切，而对当下的一切又都不做任何判断、分析、反应，只是单纯地觉察它、注意它。

（三）形成对于心理健康问题和心理求助正确态度的教育

大学生对于心理健康问题的态度，即大学生对于心理疾病（或精神疾病）的病耻感的态度。病耻感是由社会对患者负面认识而形成的隔离和歧视，同时也指患者因自身疾病导致羞耻感或是受到他人的污名化[1]。有研究表明：心理疾病耻感对于患者心理健康有较大的负面影响[2]。而心理求助的态度也会影响心理健康，白汉平、肖卫东（2018）研究表明：心理求助态度越积极的大学生，心理健康程度越高[3]。因此，高校心理健康教育要通过课程、宣传教育活动、网络媒介等多种工作方式使大学生消除对心理疾病的偏见和歧视，对心理疾病和心理咨询求助形成正确态度。

二、心理健康问题矫治

在"心理健康知识教育"部分，已详细介绍大学生心理健康问题的类型：从严重程度来看，可以分为一般心理问题和严重心理问题；从大学生日常生活来看，可以分为适应问题、学习问题、自我意识问题、人际关系问题、情绪问题、行为问题、恋爱和性心理问题、应激和心理危机；从不同性质来看，可以分为发展性问题、障碍性问题。大学生心理健康问题矫治主要是通过个体心理咨询与辅导、团体辅导等方式进行，主要针对的是治适应性问题、发展性问题以及轻度障碍性问题（如轻度抑郁、学习焦虑、社交焦虑等），而中度障碍性问题矫治（中度抑郁、各类焦虑障碍等）需要在精神科医师指导下配合其进行治疗，重度障碍性问题治疗（如双相情感障碍、精神分裂症等重度精神障碍等）

---

[1] 沈瑜君，王立伟. 精神疾病病耻感的相关研究进展 [J]. 上海精神医学，2010，22（02）：119.

[2] 岳童，王晓刚，黄希庭. 心理疾病自我污名：心理康复的一个高危因子 [J]. 心理科学进展，2012，20（09）：1448.

[3] 白汉平，肖卫东. 个人成长主动性、专业心理求助态度与大学生心理健康的关系研究 [J]. 学校党建与思想教育，2018（05）：72.

则需要转介医疗机构。个体心理咨询与辅导、团体辅导等矫治方式将在本章第三节详细阐述。

三、适应力教育

适应力教育，即提升大学生的社会适应能力的教育。适应能力状况是衡量心理健康的标准之一，也是心理素质的重要组成成分。后疫情时代随着社会经济、政治结构的急剧变化，人才竞争日益内卷，大学生群体面临各种各样的挑战，产生了生活、学习、人际交往等不适应问题。因此，高校心理健康教育应培养大学生社会适应能力以应对这些挑战。学界对于大学生社会适应能力有诸多不同定义，总的来说与大学生对社会环境的适应有关[①]。结合大学生学习生活实际，本书认为，大学生社会适应能力是指大学生适应社会生活环境以达到和谐状态的能力，主要包括学习适应能力、人际适应能力、生活适应能力。

大学阶段的学习与中学阶段的学习有着明显差异，大学学习更强调自主性、专业性、创造性，学习适应问题是大部分大学生都会面临的问题。培养学习适应能力主要培养的是大学生的学习自我调整能力和学习环境适应能力。其中培养学习自我调整能力包括培养恰当的学习动机、端正的学习态度、正确的学习方法；培养学习环境适应能力主要是指提升对教学模式、学习环境的适应水平[②]。大学生人际适应能力是指，大学生为了满足人际交往需要而调整自身或环境，从而保持人际和谐的能力，主要包括人际认知能力与人际互动能力[③]。培养大学生人际适应能力，可以改善人际关系，增强社会适应能力，促进心理健康。大学生生活适应能力主要是指大学生适应新的生活环境的能力，主要包括生活自理能力、时间管理能力、正确的生活方式等。

四、自我与人格教育

自我即自我意识，亦称自我概念，是个体对自己的看法、态度、感觉及评价，它是一个人对自己做出的所有推论，包括一个人的性格特征和图式，也涉

[①] 高云山，张丽娜，马晓玲，魏寒冰，白雪燕. 大学生社会适应能力研究综述 [J]. 学校党建与思想教育，2015（17）：79.

[②] 冯廷勇，苏缇，胡兴旺，李红. 大学生学习适应量表的编制 [J]. 心理学报，2006（05）：766-767.

[③] 王钢，张大均，江琦. 大学生人际适应性量表的初步研制 [J]. 心理发展与教育，2010，26（06）：651.

及对一个人社会角色和关系的理解①。自我是人格核心成分，完善的自我是人格健全的基础，在维护心理健康以及促进心理发展上起到非常重要的作用。从形式上看，自我被分为自我认识、自我体验与自我调控②。从认识对象上看，自我被分为主体我与客体我。主体我是作为认识活动出发点的我，客体的我则是作为认识对象的我。客体我又可分为生理自我、社会自我、心理自我③。积极心理学认为发展积极自我的主要内容是发展积极自尊和高自我效能感（自信）④。综合自我的概念与内容、积极心理学内容以及高校心理健康教育实际，本书认为，高校心理健康教育自我与人格教育的主要内容是提高大学生自我认识、自我体验和自我调控水平，培育自尊、自信的积极心理品质。

自我认识、自我体验和自我调控分别在自我中扮演不同作用。自我认识是自我的认知成分，是主体我对客体我的评价，包括自我观察、自我观念、自我分析、自我评价等，回答的是"我是谁"的问题。大学生进行正确客观的自我评价有助于形成自尊、自信的积极心理品质。自我体验是自我的情感成分，是在自我认识基础上主观自我对客观自我产生的情绪体验，回答的是"是否悦纳自己""是否满意自己"的问题。它包括耻辱感、荣誉感、优越感、自豪感等等。自我调控是自我的意志成分，是个体对自己认知、情绪、行为的控制，回答的是"我应该做什么""我应该成为什么样的人"的问题。

自尊是一个人对他或她自己的价值和重要性的一套想法和感觉，是自我概念的评价和情感维度⑤。它是自我概念最重要的元素之一，处于自我概念的最高层，在外界环境刺激与个体身心反应之间发挥着重要的中介作用⑥。高水平的自尊对个体心理健康的有极其重要的保护作用，而低自尊会对一个人的心理健康

---

① Baumeister R F. *Identity, self-concept, and self-esteem*: *The self lost and found* [M]//Handbook of personality psychology. Academic Press, 1997: 681.
② 彭聃龄. 普通心理学（第5版）[M]. 北京：北京师范大学出版社，2019：453-454.
③ （美）理查德·格里格，菲利普·津巴多. 心理学与生活（第19版）[M]. 王垒等译. 北京：人民邮电出版社，2016：447.
④ （爱尔兰）卡尔. 积极心理学：有关幸福和人类优势的科学（第2版）[M]. 丁丹等译. 北京：中国轻工业出版社，2013：251-300.
⑤ Baumeister R F. *Identity, self-concept, and self-esteem*: *The self lost and found* [M]//Handbook of personality psychology. Academic Press, 1997: 688.
⑥ Judge T A, Bono J E. Relationship of core self-evaluations traits—self-esteem, generalized self-efficacy, locus of control, and emotional stability—with job satisfaction and job performance: A meta-analysis [J]. *Journal of applied Psychology*, 2001, 86 (1): 80.

和整体生活满意度产生负面影响①②③。自尊提升项目是提升大学生自尊的有效方式，高校心理健康教育可以通过技能训练、改变环境、认知疗法等项目来提升大学生自尊。

自我效能感（俗称自信）是指个体对自己是否有能力在某个领域有效完成任务、实现某个目标的信念④。自我效能感反映了个体对于自己能力的判断，影响个体对具体任务的执行。而自尊反映的是个体对自身价值的判断，会影响个体情绪状况。自我效能感受成败经验、替代性经验、言语信息、情绪状态和身体状态影响。因此，高校心理健康教育应从这几个方面来提升大学生自我效能感。

人格是构成个体思想与情感以及行为的特有模式，它包含了个体区别于他人的稳定而统一的心理品质⑤。人格的结构一般分为气质、性格、自我调控系统（即自我）。目前学界对于人格成分尚未形成统一意见，代表性的观点有卡特尔16型人格理论、艾森克人格理论、大五人格理论。另外，积极心理学也提出了24种优势人格理论。鉴于人格成分尚未有统一意见，且在高校心理健康教育发展性目标（培育积极心理品质）中都包含了完善人格（如适应力、自尊、自信、承受挫折能力、情商、积极人际关系等），因而本书认为，人格教育的主要内容有：帮助大学生掌握气质、性格等关于人格的基本知识，使其能准确认识自身人格特点，以便有意识地克服自身人格不足，完善自身人格。

五、情商教育

在防治性目标中，"应对心理健康问题技能"的内容包含了情绪调节能力，而在发展性目标中则是使大学生形成高情商的积极心理品质。因此，情商教育是心理健康教育的重要内容。情商（Emotional Quotient）也称情绪智力（Emotional Intelligence），由彼得·萨洛维（Peter Salovey）与约翰·梅耶（John

---

① Mann M M, Hosman C M H, Schaalma H P, et al. Self-esteem in a broad-spectrum approach for mental health promotion [J]. *Health education research*, 2004, 19（4）: 357.
② 高爽，张向葵，徐晓林. 大学生自尊与心理健康的元分析——以中国大学生为样本 [J]. 心理科学进展, 2015, 23（09）: 1499.
③ 彭彪，肖汉仕，何壮，向伟，张春叶，姚振东，禹辉映. 父母拒绝对中学生抑郁的影响：自尊与心理僵化的链式中介作用 [J]. 中国临床心理学杂志, 2021, 29（04）: 774.
④ Bandura A. Self-efficacy: toward a unifying theory of behavioral change [J]. *Psychological review*, 1977, 84（2）: 191–215.
⑤ 彭聃龄主编. 普通心理学（第5版）[M]. 北京：北京师范大学出版社, 2019: 450.

Mayer）于 1990 年率先提出，随后他们认为情绪智力包括准确感知情绪的能力、理解情绪的能力、管理情绪的能力、有效运用情绪的能力[1]。随后丹尼尔·戈尔曼（Daniel Goleman）将其情绪智力称之为情商。高水平情商，一方面可以帮助学生调节自身情绪以达到情绪稳定，避免心理健康问题的出现；另一方面，高水平情商可以帮助大学生形成和谐人际关系，进而有利于学生实现既定目标获得成就。因此，提升情商是高校心理健康教育的重要内容，是大学生需要培养的积极心理品质之一。高校心理健康教育情商教育的主要内容有：提高大学生情绪感知能力，使大学生能识别自身以及他人情绪，能准确表达情绪及相关需要，能准确区分真实感受与扭曲的感受；加强大学生情绪理解能力，理解一种情绪如何引发另一种情绪，理解情绪如何随时间变化，理解人们身上同时存在的复杂情绪，使其提升共情的能力，形成良好人际关系；改善大学生情绪自我调节和管理能力，使其能对各种情绪持开放态度，能进行观察、体验并监控情绪，能保持积极情绪摆脱消极情绪，能控制情绪表达，能管理他人表达出来的情绪；提升大学生运用积极情绪能力，使其能产生促进思考和行动的情绪并有效运用，如自我激励等。

六、积极的人际关系教育

根据积极心理学，大学生在人际关系上应具备积极的爱、感恩、宽恕的积极心理品质[2]。因此，积极人际关系教育的主要内容就是培育上述积极心理品质。

积极的爱主要是指亲社会行为、亲密关系（恋爱）。亲社会行为是指，人们在社会交往中所表现出来的谦让、帮助、合作、共享等对社会和他人有利的行为，主要包括利他行为和亲和行为两种形式[3]。亲密关系主要是指恋爱关系，大学生应正确认识爱，学会表达爱、拒绝爱、发展爱。在积极人际关系中，利他是最为核心的内容。高校心理健康教育应培育大学生利他和亲和的积极心理品质。

感恩是积极人际关系的核心内容之一，它是感知到外界积极刺激后产生的稳定的、持久的感谢状态，并由此诱发了的积极关系。一方面，高水平感恩可

---

[1] Salovey P, Mayer J D. Emotional intelligence [J]. *Imagination, cognition and personality*, 1990, 9 (3): 190-191.

[2] 刘翔平. 积极心理学（第 2 版）[M]. 北京：中国人民大学出版社, 2018: 189-234.

[3] 肖汉仕. 应用社会心理学 [M]. 长沙：湖南师范大学出版社, 2008: 250-256.

以使感恩者具有较高亲社会性，还可以强化施恩者自我效能感和社会价值，从而增强施恩者亲社会行为；另一方面，感恩与受恩者心理健康有密切关系，是受恩者情绪困扰的缓冲剂，高感恩者有着低水平抑郁情绪，并且有着较高的生活满意度和幸福感①。

宽恕也称宽容，其概念目前并没有形成统一意见，一般认为它包括伤害者、伤害行为、受害者三个基本要素。宽恕一般包括人际宽恕和自我宽恕，但更多地是指人际宽恕。它是受害者对伤害者一系列亲社会的动机变化过程，包括回避和报复的减少以及仁慈的增加②。研究表明：宽恕与心理健康显著相关③，宽恕不仅能提高心理健康水平，还能减少人际冲突、提升关系幸福感④。

七、挫折教育

积极心理学认为，承受挫折能力即乐观、希望、韧性的积极心理品质。另外，建立在积极心理学和组织行为学基础上的心理资本理论认为，心理资本是人的积极心理能力，包括自信（自我效能感）、希望、乐观和韧性⑤。心理资本是大学生有效应对各种挫折和挑战促进自身发展的一种重要心理资源，能有效促进大学生自身潜能开发，提高心理健康水平和主观幸福感⑥。综合二者，本书认为，高校心理健康教育中挫折教育的主要内容就是使大学生正确认识挫折，培育大学生乐观、希望、韧性的积极心理品质。

乐观一般被认为是相信事情会向好的方向发展，并会产生积极结果的心理状态。而积极心理学对于乐观的定义主要有气质乐观理论和归因乐观理论⑦。前者认为，乐观是一种人格成分，乐观的个体对于未来持有积极的期望，并认为

---

① 喻承甫，张卫，李董平，肖婕婷. 感恩及其与幸福感的关系 [J]. 心理科学进展，2010，18 (07)：1110.
② 张珊珊，李晖，吴真，肖艳丽，胡媛艳. 大学生人际宽恕发展趋势及其反刍思维的作用 [J]. 心理科学，2017，40 (02)：401.
③ 付伟，张绍波，李欣，韩毅初. 宽恕与心理健康关系的 meta 分析 [J]. 中国心理卫生杂志，2016，30 (05)：395.
④ 姜永杰，谭顶良. 大学生宽恕与主观幸福感的关系：人际关系的中介作用 [J]. 南通大学学报 (社会科学版)，2016，32 (01)：136.
⑤ Luthans F, Youssef C M. Human, social, and now positive psychological capital management: Investing in people for competitive advantage [J]. *Organizational Dynamics*, 2004, 33 (2): 152.
⑥ 许海元. 大学生心理资本发展现状的评估与分析 [J]. 中国高教研究，2015 (07)：79.
⑦ 刘翔平. 积极心理学（第2版）[M]. 北京：中国人民大学出版社，2018：77-99.

通过坚持和努力可以实现这种期望；后者认为，乐观是一种归因风格，乐观的个体偏向于将消极的结果归因于外部的、不稳定的、特殊的因素。乐观对于个体而言有重要的积极作用：乐观者面对逆境时倾向于问题聚焦的解决策略，相比悲观者更容易应对和解决问题；乐观者比悲观者具有更少的情绪困扰；乐观者更容易建立和维护起积极的人际关系；乐观甚至还能提升免疫力，促进身体健康。高校心理健康教育可以通过教授认知疗法（如理性情绪疗法）培养大学生的乐观品质，还可以通过乐观干预训练提升乐观水平[1]。

希望是一种认知和情绪并存的积极心理品质，是一种积极的动机状态，是在成功的动因（指向目标的能量）与途径（实现目标的计划）基础上形成的，包含目标、动力思维和路径思维[2]。希望与心理健康、生理健康密切相关，希望水平高的个体表现出更好的适应性，且具有高水平希望的个体其学业成就、工作成就更高。希望水平的提高可以通过团体辅导进行。

韧性即心理韧性又称心理复原力、心理弹性、抗逆力，它是个体面对各种压力或逆境时表现出的身心健康不受损伤，并维持、促进个体身心健康成长和幸福生活的一种相对稳定的心理特质[3]。心理韧性是心理健康的重要保护性因素之一，能使个体调节和缓和各种心理健康危险因素的影响，降低心理健康问题和行为的发生率，进而增加成功适应的可能性，还能促进积极情绪和增强个体主观幸福感[4]。心理韧性的培育，主要是通过建立社会支持系统、教会学生使用问题解决模式、心理咨询（如认知行为疗法）等方式方法进行。

八、积极进取心教育

学习和与职业准备是大学生涯主要的任务，大学生积极进取心教育主要表现在培养好学的品质、发展职业技能上。学习是大学阶段最重要任务之一，大学生要培养好学的积极心理品质。积极心理学认为好学是一种喜欢学习的状态，是一种对未知感兴趣、渴望学到新知识的心理品质，是全身心投入某项活动的

---

[1] 侯典牧，刘翔平，李毅. 基于优势的大学生乐观干预训练 [J]. 中国临床心理学杂志，2012，20（01）：120.

[2] 刘翔平. 积极心理学（第2版）[M]. 北京：中国人民大学出版社，2018：100-117.

[3] 席居哲，左志宏，WU Wei. 心理韧性研究诸进路 [J]. 心理科学进展，2012，20（09）：1426.

[4] 王永，王振宏. 大学生的心理韧性及其与积极情绪、幸福感的关系 [J]. 心理发展与教育，2013，29（01）：94.

过程①。

关于职业准备的概念学界尚未形成统一意见，不同学者有不同的定义。马志强、吴万民认为，大学生的职业准备是指大学生为能从事某种职业，在一定时间内所做的准备工作②。邵海燕等认为，职业准备就是就业能力准备，主要表现在职业规划、心理综合素质上③。综合前人观点与大学生实际，本书认为：大学生职业准备是大学生职业能力的集中体现，包括职业规划能力、职业技能准备、求职的能力等。职业生涯规划是对职业生涯进行持续、系统计划的过程。职业生涯规划能力主要是从大一阶段开始，从专业意识、职业意识、就业形势方面来培养。职业技能是指大学生将来就业所需的技术和能力，大学生的职业技能主要是从大二、大三阶段开始培养提高。求职技能主要是指求职所需求职技巧、表达能力、求职面试能力等，求职技能培养主要在毕业阶段进行。

九、智力开发教育

美国塔弗茨大学心理学教授 Robert Sternberg 的智力三元理论认为，成功智力是在社会文化背景下，运用分析性智力、创造性智力和实践智力，发挥自己长处，弥补自己短处，有目的地适应、塑造和选择与自己生活相关现实世界环境，从而实现人生目标的能力④。按此，智力开发教育的内容包括开发和提升大学生分析性智力、创造性智力、实践性智力。智力三元理论认为，创造性智力用于产生新思想，分析性智力用于检验新思想，实践性智力则把新思想转化为实际成就，它们一起支撑着创造力⑤。因此，创造力最为关键，高校心理健康教育智力开发重点应是开发大学生的创造力。创造力指的是个体所产生的想法和行为具有原创性和适应性⑥。其中，原创性是指那些新颖的、不同寻常的、令人惊奇的想法或行为，适应性指的是能够给自身和他人的生活带来便利的想法或行为。

---

① 刘翔平. 积极心理学（第2版）[M]. 北京：中国人民大学出版社，2018：143-144.
② 马志强，吴万民. 试析大学生就业准备[J]. 吉林工学院学报（高教研究版），2001，22（01）：43.
③ 邵海燕，胡芳. 大学生就业机会：内涵的回归与就业准备[J]. 中国青年研究，2005，02：66.
④ Sternberg R J. Toward a triarchic theory of human intelligence [J]. *The essential Sternberg: Essays on intelligence, psychology, and education*, 2009：64-66.
⑤ （爱尔兰）卡尔. 积极心理学：有关幸福和人类优势的科学（第2版）[M]. 丁丹等译. 北京：中国轻工业出版社，2013：209-210.
⑥ 刘翔平. 积极心理学（第2版）[M]. 北京：中国人民大学出版社，2018：142-143.

十、幸福感教育

近年来，幸福感越来越受到人们重视。对于幸福是什么，古今中外并没有明确定论，心理学以个体主观判断为标准来界定幸福，认为幸福是个体根据自定的标准对其生活质量的整体评估，即"主观幸福感"①。积极心理学认为，主观幸福感是一种个体的积极感受，是积极情感体验的核心，它反映了个体对于生活的评价和整体的生活满意度，主观幸福感涉及生活满意度、积极情感、消极情感。同时，主观幸福感也能在整体上反映个体追寻幸福的能力。受积极心理学影响，心理健康双因素理论认为，心理健康不仅仅是没有心理健康问题，还应包括主观幸福感②。主观幸福感的提升，或者说追寻幸福能力的提升可以通过正确认识生命，改善人际关系、形成积极自我、保持身体健康、培养个人爱好来获取。

第三节 高校心理健康教育的开展方式

高校心理健康教育的目标、具体内容需要通过一定的方式来实现，2018年中共教育部党组印发的《高等学校学生心理健康教育指导纲要》的通知中将高校心理健康教育主要方式总结为教育教学、实践活动、咨询服务、预防干预四个方面。本节将详细介绍这四种工作方式。

一、心理健康教育课程

心理健康教育课程就是以专门的课程形式向大学生传授心理健康知识、提高心理健康素养、提升心理素质、发展积极心理品质。不同于心理学专业课程，心理健康课程主要任务是教会大学生预防应对各类心理健康问题和障碍，促进潜能开发，培育积极心理品质。它具有通俗性、普及性、知识性、应用性、生活化等特点。按其重要性，可分为必修课和选修课。必修课是指大学生心理健康教育课，其内容一般包括：心理健康与心理疾病、自我意识、人格完善、学习心理、人际关系、情绪管理、爱情与性心理、职业规划、压力应对、生命教

---

① 刘翔平. 积极心理学（第2版）[M]. 北京：中国人民大学出版社，2018：16.
② Greenspoon P J, Saklofske D H. Toward an integration of subjective well-being and psychopathology [J]. *Social Indicators Research*, 2001, 54（1）：81.

育、危机干预等。选修课是根据部分大学生的需要开设的针对性的心理类课程，如恋爱心理、人际沟通、情商培养等。

课程是高校心理健康教育的主渠道。党中央高度重视心理健康教育课程建设，多次出台相关文件强调心理健康教育课程的重要性，并提出了相应的要求。2005年，教育部等部门印发的《教育部、卫生部、共青团中央关于进一步加强和改进大学生心理健康教育的意见》（教社政〔2005〕1号）指出课堂教学在大学生心理健康教育中有非常重要的作用，要普及心理健康教育课程，要根据实际开设相关选修课程。2011年2月23日，教育部办公厅印发的《普通高等学校学生心理健康教育工作基本建设标准（试行）》（教思政厅〔2011〕1号）明确要求高校要建立或完善相应的心理健康教育课程体系，学校应开设相应的必修课或必选课。2018年7月4日，中共教育部党组印发的《高等学校学生心理健康教育指导纲要》（教党〔2018〕41号）指出，要将心理健康教育课程纳入学校整体教学计划，要规范课程设置，开设选修和辅修课程。2021年7月7日，教育部办公厅印发《教育部关于加强学生心理健康管理工作的通知》（教思政厅函〔2021〕10号）更是要求高校开设心理健康必修课（应为2学分，包含32~36学时），要求有条件的高校开设有针对性地选修课。

高校心理健康教育课程有非常重要的实践意义。首先，心理健康教育课程是促进大学生全面发展课程体系不可或缺的一部分。大学生的全面发展应是思想道德素质、科学文化素质、心理健康素质、审美艺术素质和劳动技能素质的全面发展。心理健康教育也应像其他素质教育一样形成系统教育课程。其次，有利于心理健康教育全员覆盖。高校心理健康教育的任务是要提高整个大学生群体的心理健康素养，发展积极心理品质。单靠个别心理讲座、心理咨询、团体辅导难以实现这样的任务。而以必修课程的形式开展心理健康教育，可以实现大学生全员覆盖，从而促进全体大学生心理健康发展。最后，有利于满足大学生日益增长的心理成长的个性化需要。当前，大学生越来越关注自身心理成长，如完善性格、提高情商、学会恋爱、提高学习效率等。心理健康必修课程只是解决了心理健康教育普及方面的问题，难以满足大学生日益增长的个性化需要。在这种情况下，开设有针对性的心理类选修课程十分有必要。

二、心理健康教育活动

心理健康教育活动是心理健康教育课程的补充，是为实现心理健康教育目标有计划、有组织的活动。高校心理健康教育活动的主要类型有：宣传活动（报刊、新媒体、展览等）、知识性活动（读书会、讲座、知识竞赛等）、体育活动（户外拓展、体育锻炼、趣味运动会等）、文艺活动（心理情景剧、微电影创作、征文比赛、音乐舞蹈等）、社会实践活动（社会公益活动、勤工助学等）。

以活动形式开展大学生心理健康教育，有重要的理论依据。按照马克思主义人的全面发展理论和实践观，心理健康教育活动为大学生心理发展提供了重要的实践机会，大学生可以通过心理健康教育活动改造自己的主观世界、提升心理素质、发展积极心理品质。按照心理学的内化与外化理论，心理素质的提升、积极心理品质的形成，是在外界环境与人的相互作用的过程中，个体不断内化与外化的结果。心理健康教育活动既对个体积极心理品质的形成产生影响（内化），也提供了积极心理品质展现出来（外化）的途径，并进一步使个体得到反馈，强化积极行为，巩固已形成的积极心理品质（进一步地内化）；或者使已形成的不良行为产生消退，削弱不良心理品质。

以活动形式开展大学生心理健康教育，还有非常重要的实践意义。首先，心理健康教育课程中学习到的知识需要在现实中运用，通过活动的形式开展心理健康教育，有利于大学生将课程中学习到的心理健康知识内化为自身的积极心理品质。其次，相比固定的课程，活动具有轻松的氛围、丰富多彩的内容和活泼的形式，有利于激发学生兴趣和投入动机，提高心理健康教育接受度。最后，文化活动可以潜移默化地改变大学生不合理的思维方式，向大学生传递正确的价值观念，培育学生的审美情趣、陶冶情操；竞赛活动则可以培养大学生坚持、积极进取、战胜困难等良好的心理品质。

三、心理咨询与心理辅导

目前，学界关于心理咨询（psychological counseling）的理解不一，常见的观点有：心理咨询是一种在心理学理论指导下的助人活动；心理咨询是一种帮助来访者解决心理问题的手段；心理咨询是一种特殊人际关系，是心理咨询师对来访者的无条件积极关注。综合各位学者的观点，本书认为，心理咨询是指受过专业训练的咨询员运用心理学理论、方法与技巧为来访者提供帮助、支持、指导，从而缓解其心理冲突、心理困扰，促进其心理健康成长的过程。心理咨询的主要内容包括：适应问题咨询，即对于学习、人际、生活等方面出现适应不良的大学生等提供帮助；发展性咨询，即对无明显心理健康问题，想要认识自我、提高心理素质、开发潜能的大学生提供指导；障碍性问题咨询，即对具有各类心理健康问题，甚至是心理障碍的大学生提供帮助，助其减轻痛苦、缓解症状、恢复心理平衡。按咨询途径的不同，高校心理咨询可以分为：电话咨询、面询（现场咨询）、书信咨询、报刊等专栏咨询、网络咨询。按咨询对象人数，可以将心理咨询的形式划分为个体心理咨询与团体心理咨询。个体心理咨询是在特定场所（心理咨询室）采取一对一面询的形式，运用心理咨询技术帮助来访者解决心理问题和困扰。在高校心理咨询中常用的心理咨询技术取向有认知行为疗法（包括认知疗法、行为疗法、辩证行为疗法、正念认知行为疗法、接纳承诺疗法等）、家庭系统排列疗法、短期焦点疗法、来访者中心疗法等。团体心理咨询又称团体辅导，是指在有组织的有计划的团体情境下，通过团体内的人际交互作用促使个体习得新的态度和行为方式，助其解决自身心理问题和困扰。相对于个体心理咨询，团体咨询具有影响力广、感染力强、效率高、改善人际关系效果好、效果持久等优势，但也有难以顾及个体差异和个人隐私、对团体指导者要求高等局限，并且对心理健康问题严重程度较高的个体而言，在咨询效果上不如个体心理咨询。

学界对于心理辅导并无明确统一界定，有学者将心理辅导与心理咨询视为同一概念，但在高校心理健康教育实际工作中，心理辅导和心理咨询有明显区别。首先，实施者不同。心理咨询实施者是受过专业训练的专业心理咨询员，在高校一般由心理咨询中心心理咨询专职人员以及有心理咨询资质和胜任力的兼职人员担任；心理辅导则由具备一定心理学知识和技能的各二级学院辅导员（心理辅导员）以及心理委员（朋辈心理辅导员）兼任。其次，二者在专业水平、技能上有差异，心理咨询比心理辅导更为专业化，主要解决适应性、发展性、障碍性问题；心理辅导则主要解决适应性问题，兼有部分发展性问题。综上，本书将心理辅导定义为，掌握一定的心理学知识、受过一定的助人技能训练的心理辅导员、朋辈心理辅导员，运用助人技能（倾听、共情、指导等参与性技术和影响性技术）和问题解决策略给予来访者人际关怀与支持，帮助解决其适应性问题、发展性问题的过程。

如果说心理健康教育课程、心理健康教育活动目的是预防心理健康问题和发展积极心理品质，那么心理咨询与心理辅导着重干预已出现的心理健康问题的个体，助其恢复心理平衡，促进心理健康发展。可见，心理咨询与心理辅导是高校心理健康教育中不可替代的重要形式。

四、危机预防与干预

就高校心理健康教育工作实践来看，心理健康干预主要通过两种方式实现：一方面，通过心理健康教育课程和活动提升学生心理健康素养，以此实现预防学生心理健康问题；另一方面，通过心理健康普查、四级心理健康网络来主动、及时发现存在心理健康问题的大学生，及时干预来预防心理健康问题导致的危机事件。由于心理健康素养的系统提升主要是通过心理健康教育课程来实现，这里的预防干预主要是指后者，即危机预防干预。危机预防干预主要是通过建立心理危机预防干预体系来实现的。"预防"主要开展心理普查，利用四级心理健康网络体系关注大学生心理健康动态，及时发现心理健康问题。"干预"主要是建立心理危机干预机制和预案，通过有效可行的干预机制来实现。危机被卡普兰认为是重要人生目标受到阻碍（短时间内无法用常规手段解决的困难）时的状态，会造成持续混乱和崩溃①。危机干预（Crisis Intervention）是指，对处于困境或遭受挫折的人进行简短而有效的心理救助，使他们渡过心理危机，恢复生理、心理和社会功能水平。近年来，随着社会经济的高速发展，社会转型对大学生心理产生剧烈冲击，因心理危机引发的校园恶性事件频发，心理危机预防和干预引起广泛重视，成为心理健康教育的重要工作形式。

---

① （美）理查德·詹姆斯，伯尔·E. 吉利兰. 危机干预策略 第7版［M］. 肖水源，周亮等译. 北京：中国轻工业出版社，2019：6.

第三章

高校心理健康教育实效性的评估

开展高校心理健康教育实效性评估是衡量高校心理健康教育实效性的重要手段，本章详细论述高校心理健康教育实效性评估的内涵与意义、评估原则以及具体内容，并在上一章构建的高校心理健康教育的目标、内容基础上设计出评估工具，为高校心理健康教育实效性现状调查提供有效测评工具。

第一节　高校心理健康教育实效性评估的内涵与意义

一、高校心理健康教育实效性评估的内涵

根据第一章关于高校心理健康教育实效性概念的界定，本书认为，高校心理健康教育实效性评估是指：根据心理健康教育的目标，运用测量学方法，对高校心理健康教育的结果和过程进行实事求是的分析，作出定量"估计"和定性"描述"的活动，其内容分为结果实效性评估和过程实效性评估。结果实效性评估的衡量指标主要是考察防治性目标（提升心理健康素养以及心理健康问题能否得到有效解决）、发展性目标（培育积极心理品质）实现的程度；过程实效性评估的衡量指标主要是考察过程四要素是否得到有效配置和发挥作用。

为准确理解高校心理健康教育实效性评估的内涵，我们还需要厘清高校心理健康教育实效性评估与高校心理健康教育工作评估的联系与区别。根据江光荣的学校心理健康教育工作评价[1]，结合高校心理健康教育实效性概念，以及高校心理健康教育实践，可以得出工作评估与实效性评估的联系与区别。它们之间的联系表现为：都涉及对结果和过程的评估。它们的区别表现为：一是评估

---

[1] 江光荣，任志洪．基于CIPP模式的学校心理健康教育评价指标构建［J］．教育研究与实验，2011（04）：84．

目的不同,前者目的是评估心理健康教育结果与目标的符合程度;后者目的是评估整体工作是否符合教育部门要求。二是评估内容有所区别,前者评估的主要内容是教育结果与教育过程,包括大学生心理健康素养如何,大学生心理问题是否得到有效解决,大学生的积极心理品质如何,心理健康教育的过程要素怎样;后者评估的内容主要包括背景、输入、过程、结果(注重于师生心理健康的结果,如学生心理问题出现率、因心理问题导致的校园危机事件率、学生的满意度等,而不是学生心理发展结果),包括规章制度、硬件设施、组织构架、师资队伍、工作开展情况(教学、咨询、宣传教育、活动开展等)、科研情况、结果等。三是评估对象不同,前者主要是从对教育客体心理发展状况进行评估,兼顾对教育主体的评估;后者主要是从教育主体角度对教育主体的工作进行评估,兼顾对教育客体评估。

二、高校心理健康实效性评估的意义

高校心理健康教育实效性的评估,是对心理健康教育的结果、过程全面系统地评估,是衡量心理健康教育工作成效的重要标准,对于心理健康教育工作意义重大。

(一)实现心理健康教育目标的必要抓手

首先,高校心理健康教育目标是否达到、任务是否完成,教育组织形式是否合理有效,教育主体是否合格,教育方式方法是否有效,大学生心理健康素养是否提升,心理素质与积极心理品质是否形成,这些都需要一定的客观标尺进行评估,对其进行评估才能保障心理健康教育目标的实现。其次,完善的评价体系可以使心理健康教育工作有章可循,降低工作的差别性和随意性,确保心理健康教育工作方向和目标。

(二)高校心理健康教育工作顺利开展的重要保障

高校心理健康教育实效性评估为心理健康教育工作提供了重要反馈。一方面能够使高校管理者能对心理健康教育工作的得失、成绩与缺陷有全面地认识,以便有针对性地制定政策和制度,提高管理水平,从而促使心理健康教育过程要素最大优化与协调,实现心理健康教育效果最大化;另一方面,可以使教师了解到学生心理健康素养、积极心理品质实际水平,了解到学生学习兴趣与个性需求,以便有针对性地改进心理健康教育方法,开展学生所喜闻乐见的心理健康教育活动,提高心理健康教育工作效率。

(三)实现心理健康教育科学化的主要方式

高校心理健康教育是依据一定目标,通过过程要素对教育客体施加影响,提高大学生心理健康素养和培育积极心理品质的过程。这个过程是一个复杂的动态过程,而通过在定性研究基础上结合精确定量研究进行实效性评估,可以科学分析心理健康教育过程对大学生心理健康素养与积极心理品质的影响,科学阐述心理健康过程要素对心理健康教育结果的影响,从而实现心理健康教育过程科学化。

(四)提高大学生心理健康教育主动性、积极性的基本手段

首先,高校心理健康教育实效性评估包含丰富的教育理念和价值导向,可以增强大学生对于高校心理健康教育理念的理解,使大学生明白心理健康教育的重要性,可以增强大学生接受心理健康教育、主动进行自我心理健康教育的意识,提高大学生的主动性、积极性。其次,可以使大学生明确自身心理发展目标,帮助大学生对照自身心理健康素养、积极心理品质实际状况,认识自身的不足,明确今后努力方向,提高大学生的主动性、积极性。

第二节 高校心理健康教育实效性评估的基本原则

一、结果评估与过程评估相统一原则

高校心理健康教育的目标是防治心理健康问题,培育积极心理品质,促进大学生的全面发展,是指向未来的、以发展为目的的目标。这个目标实现得怎样、实效性怎样,需要通过结果来反映,也就需要结果评估。同时,心理健康教育实践结果都是在一定心理健康教育过程中实现的,心理健康教育过程运行状况直接影响到实际效果,实效性评估同样需要过程评估。综合来看,结果评估和过程评估应是不可分割的,二者应相统一。首先,坚持结果评估与过程评估的统一是全面客观评估心理健康教育实效性的保证。结果评估关注的是心理健康教育的静态效果,反映的是心理健康教育结果与目标的符合程度;而过程评估关注的是心理健康教育的动态变化,有助于多角度全方位地反映心理健康教育的发展变化与真实状况,二者相辅相成互为补充。其次,坚持结果评估和过程评估相统一是推动高校心理健康教育创新发展的需要。心理健康教育目标是面向未来的,以发展为目的的,学生心理发展、积极心理品质的形成具有一定的滞后性,这就决定了实效性评估要坚持结果评估和过程评估相统一,二者相互结合利于对心理健康教育的过程要素进行优化和调整,推动心理健康教育创新发展。

二、定性评估与定量评估相统一原则

定性评估是指用言语描述、思辨、逻辑分析的形式揭示被评估对象特征的方法，目的是把握事物质的规定性。从高校心理健康教育实效性评估来看，定性评估就是采取归纳、演绎、分析与综合、抽象与概括等方法从性质方面对高校心理健康教育的表现、现状、文献资料进行综合分析与评估，最终形成科学的判断与评估。定量评估是指用数值形式、数学统计方法反映被评估对象特征的方法，目的是把握事物量的规定性。从高校心理健康教育实效性评估来看，定量评估就是采取数量分析方法，收集、处理高校心理健康教育表现出来的数据信息，从数量上把握高校心理健康教育实效性的特征。

马克思主义哲学认为，任何事物都是质与量的统一体，既没有脱离事物"质"的"量"存在，也没有脱离事物"量"的"质"存在。因此，在心理健康教育实效性评估过程中定性评估与定量评估不能截然分割。首先，定性与定量各有所长，能实现优势互补。定量评估注重"量"的考查，能通过数学指标来量化表示心理健康教育实效性的大小；定性评估注重"质"的判断，能反映实效性的本质属性。其次，二者在高校心理健康教育评估中往往难以严格区分，定性分析往往是定量分析的基本前提，没有定性的定量就容易失去方向，定量分析则使定性分析更加科学、准确。总之，坚持定性评估与定量评估相统一，可以全面科学有效地把握高校心理健康教育的实效性。

三、精准评估与整体评估相统一原则

精准评估是对于评估对象科学严谨、细致系统的评估方式，具有信效度，注重评估过程和结果的精确性和准确性。对于任何评估活动而言，为获得良好的评估效果都应在各环节确保评估的科学严谨性，都应有明确的标准、严格的程序。高校心理健康教育实效性评估同样要遵循这一原则，要确定精准的评估指标，采用准确有效的工具，遵循严格的质量控制程序，收集和处理信息，对评估内容作出具有信效度的描述。整体评估是对评估对象给出的整体的、系统的判断，注重评估的全面性和系统性。任何一项评估活动都不可能对评估对象的所有方面展开详细而精确、不差毫厘的评估，因而在评估活动中为全面地反映评估对象，应将评估对象视为一个系统，应当抓住重点反映整体的基本现状、发展状况、结果状况，这就需要进行整体评估。高校心理健康教育实效性评估同样要遵循这一原则。高校心理健康教育实效性评估涉及人的心理，而心理具有多样性复杂性特征，心理的所有方面难以完完全全百分百地被准确体现出来；同时，心理健康教育是一项非常复杂的实践活动，其过程涉及诸多因素，很难把握住每一个细节。因此，要遵循整体性原则，抓住心理健康素养、积极心理品质、过程要素这些重点，从结果、过程的整体上进行把握。

在高校心理健康教育实效性评估活动中，精准评估与整体评估是相统一的。首先，在其整体评估中，是以精准地确定实效性评估的内容、指标，使用科学严谨评估程序为基础的，没有精确性，那么评估结果就会缺乏科学性；其次，精准评估要想获得有用的结果，就必须服从整体性原则，在整体评估指导下，有重点地开展精准评估，而不是"眉毛胡子一把抓"。因此，在高校心理健康教育实效性评估中应充分遵循精准评估与整体评估一致原则，将其融合贯彻于评估实践中，以充分反映、把握高校心理健康教育实效性的现状、影响因素。

四、客体评估与主体评估相统一原则

高校心理健康教育实效性应是一个涵盖目标、过程与结果的有机整体。这种实际成效具体反映在大学生的心理健康素养水平如何、心理问题是否得以解决、积极心理品质状况怎样上。因此，心理健康教育实际结果的评估应对大学生这个教育客体进行评估。高校心理健康教育实效性还体现在心理健康教育过程要素上，这同样需要以大学生为视角进行评估。但是，心理健康教育过程要素的部分内容（如教育主体人员配备、活动开展情况等）以及教育投入（如经费投入、制度设计、机构设置）等详细状况的把握，还需要对教育主体进行调查才能详细获知。因此，高校心理健康教育实效性的评估要坚持教育客体评估与教育主体评估相统一原则。

第三节 高校心理健康教育实效性评估的具体内容

依据高校心理健康教育实效性评估的内涵，我们将高校心理健康教育实效性评估具体内容分为结果实效性评估与过程实效性评估。此外，高校心理健康教育整体投入状况是影响实效性的重要因素，理应对其进行评估。本节将详细介绍这三部分具体内容。

一、结果实效性评估及其评估的具体内容

衡量高校心理健康教育实效性最重要的标准是心理健康教育结果对于目标

的实现程度,依据高校心理健康教育目标体系,结果实效性评估包括防治性目标结果评估、发展性目标结果评估。

(一)防治性目标结果评估

高校心理健康教育的防治性目标可分为预防目标与矫治目标,因此,防治性目标结果评估可分为预防目标结果评估和矫治目标结果评估。预防目标结果评估即评估大学心理健康素养状况,具体来说是评估其掌握心理健康知识的程度、应对心理健康问题的技能水平、面对心理健康问题和心理求助的态度;矫治性目标评估主要评估高校心理健康教育是否有效解决了大学生出现的心理健康问题,主要是评估高校心理咨询、心理辅导、团体辅导的效果如何。

(二)发展性目标结果评估

发展性目标结果评估,即评估积极心理品质状况,其评估内容主要包括学会适应、完善自我、提升情商、发展积极人际关系、承受挫折、培养积极进取心、开发智力、提升主观幸福感八大方面。具体来说:"学会适应"部分主要评估适应能力;"完善自我"部分主要评估自尊、自信的积极心理品质;"提升情商"部分主要评估情商状况;"发展积极的人际关系"部分主要评估利他、感恩、宽恕的积极心理品质;"承受挫折"部分主要评估乐观、希望、韧性的积极心理品质;"培养积极进取心"部分主要评估好学、职业准备的积极心理品质;"开发智力"部分主要评估创造力(智力三元理论中三元智力一起支撑创造力,创造力最关键,因此重点评估创造力);"提升主观幸福感"部分主要评估主观幸福感。

二、过程实效性评估及其评估的具体内容

依据思想政治教育过程论,过程实效性评估主要评估高校心理健康教育的过程要素(主体因素、介体因素、环体因素、客体因素)的表现状况。而依据高等教育服务质量理论模型[1],教育过程要素可以从有形性(教育有形环境)、可靠性(提供多种形式的教育服务)、保障性(教育服务人员胜任力、态度)、响应性(学生需求的响应速度)、同理性(学生能否感到被理解)五个层面考量教育过程[2]。结合二者,本书认为:主体要素评估主要是评估高校心理健康教

---

[1] 余天佐,韩映雄. SERVQUAL 在高等教育服务质量评价中的应用研究述评 [J]. 现代大学教育, 2010 (06): 59.

[2] Parasuraman, A. et al. SERVQUAL: A Multiple-Item Scale for Measuring Consumer Perceptions of Service Quality [J]. *Journal of Retailing*, 1988, 64 (1): 12.

育人员专业胜任力与工作态度；客体要素评估主要是评估教育客体的兴趣、需求是否能及时被满足；介体要素评估主要是评估高校心理健康教育的媒介，即高校心理健康教育四种主要开展方式（心理健康教育课程、心理健康教育活动、心理咨询与辅导、危机干预与预防）与方法情况；环体要素评估主要是评估高校心理健康教育的学校物质环境、精神文化环境状况。

三、整体投入评估及其评估的具体内容

高校心理健康教育整体投入通过对高校心理健康教育过程要素产生影响，从而影响高校心理健康教育实际效果。因此，它是影响高校心理健康教育实效性的重要因素，应对其进行评估。参考 CIPP 理论①，本书认为，高校心理健康教育整体投入评估主要有以下两方面：一是组织机构与经费状况、主要评估心理健康教育与咨询中心的机构设置与归属部门、学校是否成立心理健康工作领导小组、心理健康教育与咨询中心是否具有比较完善的工作考核机制和咨询师工作条例、心理健康教育与咨询中心生均工作经费、督导经费、学校规模与专职心理健康工作者人数；二是教师状况，主要评估专职心理教师岗位性质、职称晋升渠道、职称晋升难度、个体心理咨询与团体辅导的工作量计算情况、心理咨询师接受督导情况、咨询师年平均接受培训和督导费用、辅导员接受心理培训的比例等。

第四节 高校心理健康教育实效性评估工具的设计

评估实效性，必须借助于科学有效的评估工具。本书将分别编制心理健康素养量表、积极心理品质量表、心理健康教育过程要素量表对心理健康素养、积极心理品质、心理健康教育过程要素进行评估。而对于预防性目标中的矫治目标、高校心理健康教育整体投入状况，鉴于调查内容简单无须编制成量表，我们将通过设计问卷的方式进行评估。

一、防治性目标结果实效性评估工具的编制

防治性目标分为预防（提高心理健康素养）和矫治（解决心理健康问题）

---

① 江光荣，任志洪. 基于 CIPP 模式的学校心理健康教育评价指标构建 [J]. 教育研究与实验，2011（04）：84.

两个方面。大学生心理健康问题是否有效解决，我们可以直接通过"有没有接受过心理咨询、心理咨询的效果""有没有接受过心理辅导、心理辅导的效果""有没有接受过团体辅导，团体辅导的效果"这三个问题来获得结果，而心理健康素养评估较为复杂，本书将编制大学生心理健康素养量表为预防性目标结果实效性评估提供有效工具。

学界关于如何评估心理健康素养尚未形成一致意见。在国外，心理健康素养评估主要有两类方式：一类是单一维度测评问卷，主要评估心理疾病知识、态度等。如 Jorm 等（1997）的心理健康素养问卷[1]、Burns 和 Rapee（2006）的患难朋友问卷[2]、Coles 和 Coleman（2010）的焦虑障碍的心理健康素养问卷[3]都是采用情境案例访谈法来评估心理疾病知识；Swami 等（2011）的心理疾病识别问卷用于评估心理疾病知识[4]；Evans-Lacko 等（2010）编制的心理健康知识一览表则是用来评估病耻感[5]。这类单一维度评估的问题在于缩小了心理健康素养的概念，不能全面反映心理健康素养的内容，采用情境案例访谈法的评估信效度得不到保证。另一类是多维评估问卷，主要是从多个维度心理健康素养，如 O'Connor 和 Casey（2015）编制的问卷从疾病识别能力、寻求信息的知识、危险因素和原因知识、自我治疗的知识、专业帮助的知识和求助行为态度来进行评估[6]，Jung 等（2016）从心理健康知识、信念和资源三维度编制问卷来进

---

[1] Jorm A F, Korten A E, Jacomb P A, et al. "Mental health literacy": a survey of the public's ability to recognise mental disorders and their beliefs about the effectiveness of treatment [J]. *Medical journal of Australia*, 1997, 166 (4): 182-183.

[2] Burns, J. R., Rapee, R. M. Adolescent mental health literacy: Young people's knowledge of depression and help seeking [J]. *Journal of Adolescence*, 2006, 29 (2), 228.

[3] Coles M E, Coleman S L. Barriers to treatment seeking for anxiety disorders: initial data on the role of mental health literacy [J]. *Depression and anxiety*, 2010, 27 (1): 65.

[4] Swami V, Persaud R, Furnham A. The recognition of mental health disorders and its association with psychiatric scepticism, knowledge of psychiatry, and the Big Five personality factors: An investigation using the overclaiming technique [J]. *Social psychiatry and psychiatric epidemiology*, 2011, 46 (3): 183.

[5] Evans-Lacko S, Little K, Meltzer H, et al. Development and psychometric properties of the mental health knowledge schedule [J]. *The Canadian Journal of Psychiatry*, 2010, 55 (7): 442.

[6] O'Connor M, Casey L. The Mental Health Literacy Scale (MHLS): A new scale-based measure of mental health literacy [J]. *Psychiatry research*, 2015, 229 (1-2): 515.

行评估[1]，Campos 等（2016）从心理疾病知识或偏见、自助策略、求助行为与急救技能三个维度编制问卷进行评估。多维评估问卷全面反映了心理健康素养的内容，但各研究者是在对心理健康素养概念不同理解上编制的，评估侧重点不一致，且由于存在跨文化语境，不能直接翻译过来评估我国大学生心理健康素养。国内关于心理健康素养的研究处于开始阶段，评估工具的开发还比较少。李丹琳等（2021）编制的青少年心理健康素养评定量表包含知识、识别、态度、行为四个维度[2]，内容比较全面，但是评估对象是基于医学生群体（精神病学等学科是医学生的必修学科，医学生群体的心理健康素养结构可能不同于一般大学生群体），外部效度还有待验证，且技能部分没有明确体现。陈祉妍等（2019）编制的国民心理健康素养量表包含知识、行为、意识三维度[3]，量表内容全面信效度俱佳，是非常好的测量工具，但是部分项目不适合大学生群体的测评（如儿童教育等部分），且没有反映病耻感等代表态度的项目。马晓欣汉化的心理健康素养量表[4]，则出现常识性问题，单一项目（项目13）不能成为一个维度。针对上述问题，本书将在第二章总结的心理健康素养概念与内容（大学生心理健康素养是指大学生促进自身心理健康所应具备的心理健康知识、技能和态度）的基础上，编制全面反映大学生心理健康素养的量表，为评估心理健康教育实效性提供有效工具。

（一）对象与方法

对象：采用方便抽样的方式选取湖南省、贵州省四所大学，发放问卷700份，回收有效问卷566份，有效率80.85%，其中男生237人，占41.87%，女生329人，占58.13%。

问卷项目来源：在检索国内外相关文献，甄选、整理、分析文献中探讨心理健康素养有关理论与测评工具后，归纳总结出心理健康素养定义与内容（详见第二章第二节高校心理健康教育的内容）。心理健康素养主要包括：掌握心理

---

[1] Jung H, von Sternberg K, Davis K. Expanding a measure of mental health literacy: Development and validation of a multicomponent mental health literacy measure [J]. *Psychiatry research*, 2016, 243: 283.

[2] 李丹琳, 胡婕, 黄雪雪, 薛艳妮, 陈思娴, 汪姗姗, 万宇辉, 陶芳标, 张诗晨. 《青少年心理健康素养评定量表》编制及在医学生中的应用 [J]. 中国学校卫生, 2021, 42 (07): 1040.

[3] 傅小兰, 张侃主编. 中国国民心理健康发展报告（2017—2018）[M]. 北京：社会科学文献出版社, 2019: 220-263.

[4] 马晓欣. 心理健康素养量表的汉化及信效度研究 [D]. 杭州：杭州师范大学, 2019: 33-35.

健康问题基本知识，学会应对心理健康问题的基本方法与技能，形成对于心理健康问题和心理求助的正确态度。其中心理健康知识有：心理健康的概念与标准，影响心理健康的因素，常见心理问题、心理疾病或精神障碍；应对心理健康问题的技能包括：获取心理健康信息的能力，心理急救的能力，情绪调节的能力；心理健康问题和心理求助的态度有：病耻感（对自己与对别人），求助态度。上述根据心理健康素养的定义与内容，编制出16个项目的项目池。向2名心理健康教育教授、2名思想政治教育教授、6名高校心理健康教育教师征求意见，逐条讨论，删改不易理解、语义模糊的条目，形成由9个项目组成的预测问卷，问卷采取五点李克特评分法，项目1—6按选项顺序分别记为1、2、3、4、5分，项目7—9按选项顺序分别记为5、4、3、2、1分，总分越高说明心理健康素养越高，具体项目见表3-1。

统计方法：采用SPSS 24.0进行项目分析、探索性因素分析、信度分析，采用AMOS 23.0进行结构效度分析。

表3-1 大学生心理健康素养量表构想维度与初始项目表

构想维度	项目
知识	M1. 我了解心理健康的标准。
	M2. 我了解影响心理健康的因素有哪些。
	M3. 我了解并能识别常见的心理问题或心理（精神）障碍（如精神分裂症、双相障碍、抑郁症、焦虑症、强迫症等）。
技能	M4. 我掌握了获取心理健康知识及求助信息的渠道。
	M5. 我掌握了应对自身心理健康问题的方法。
	M6. 当亲友正遭受心理（精神）问题或危机时，我掌握了应对的方法。
态度	M7. 如果我有心理（精神）问题或障碍，我会觉得很耻辱。
	M8. 如果我周围的人有心理（精神）问题或障碍，我会觉得很可怕。
	M9. 如果我要通过心理咨询或治疗来解决问题，我会觉得很丢人。

（二）项目分析

采用临界比值法（Critical Ratio, CR值）又称极端值法作为项目分析的判别指标[①]。将测量分数进行加总，按总分高低排序，选取前27%为高分组，后

---

① 邱皓政. 量化研究与统计分析——SPSS（PASW）数据分析范例解析 [M]. 重庆：重庆大学出版社，2013：312-313.

27%为低分组。再通过独立样本 t 检验求高、低两组在每个项目上的平均数差异的显著性。结果 9 个项目的 CR 值均具有统计学意义（$t = -12.124$ 至 -21.171，$p<0.001$）。

（三）结构效度

项目分析结束后，接着进行因素分析（Factor Analysis），目的是探索量表结构，验证结构效度（即量表能测量到的理论上的结构的程度或测量出心理特质的程度[①]）。因素分析可分为探索性因素分析（Exploratory Factor Analysis，EFA）与验证式因素分析（Confirmatory Factor Analysis，CFA）。EFA 一般用来理论产出，即确认量表因素结构，理论构架出现在 EFA 之后；CFA 一般用于理论检验，即以特定的理论或概念构架为基础，理论构架出现在 CFA 之前；在量表或问卷的预式上一般先进行 EFA，以求量表最佳结构，建立量表结构效度，后进行 CFA，验证结构模型是否与实际数据契合[②]。

EFA 一般分为四个步骤。一是进行可行性分析。测量变量是否适合因素分析，除了从理论与项目内容进行推导外，更直接的方法是可行性分析。Kaiser（1974）认为，取样适切性量数（KMO）的大小是衡量能否进行因素分析的重要标准，KMO 值大于 0.7 为适中，大于 0.8 以上为良好，大于 0.9 为极好[③]。此外，巴特利特（Bartlett's）球形检验也是衡量是否适合因素分析的标准，球形检验结果达显著值（$p<0.05$）表示适合因素分析[④]。二是因素提取，决定保留多少个因子，一般保留初始特征大于 1 的因素[⑤]。三是因素旋转，一般采用最大变异法直交旋转，转轴后存在双重负荷以及因素负荷量低于 0.32 的项目应予以删除[⑥]，删除之后再重新进行因素旋转。四是对转轴之后的因素进行命名。

可行性分析结果显示 KMO 值良好，巴特利特球形检验显著（$p<0.001$），因此适合进行因素分析，具体结果如表 3-2 所示。

[①] 吴明隆. 问卷统计分析实务——SPSS 操作与应用 [M]. 重庆：重庆大学出版社，2010：266.

[②] 吴明隆. 结构方程模型：AMOS 的操作与应用 [M]. 重庆：重庆大学出版社，2009：212-213.

[③] 吴明隆. 问卷统计分析实务——SPSS 操作与应用 [M]. 重庆：重庆大学出版社，2010：208.

[④] 吴明隆. 问卷统计分析实务——SPSS 操作与应用 [M]. 重庆：重庆大学出版社，2010：217.

[⑤] 吴明隆. 问卷统计分析实务——SPSS 操作与应用 [M]. 重庆：重庆大学出版社，2010：204.

[⑥] 吴明隆. 问卷统计分析实务——SPSS 操作与应用 [M]. 重庆：重庆大学出版社，2010：201.

表 3-2　KMO 和巴特利特检验

KMO 取样适切性量数		0.800
巴特利特球形度检验	近似卡方	1764.297
	自由度	36
	显著性	0.000

因素提取后，有 2 个因素初始特征根值大于 1，因此，予以保留 2 个因素。采用主成分分析法，以最大方差法进行旋转，抽取特征值大于 1 的因子。采用最大变异法直交旋转后，2 个因素累计方差贡献率为 60.02%。最终维度与项目因素负荷量如表 3-3 所示。

表 3-3　大学生心理健康素养量表探索性因素分析各因素与因素负荷量

项目	知识与技能	态度
M2	0.760	
M4	0.748	
M1	0.747	
M5	0.723	
M3	0.696	
M6	0.604	
M9		0.891
M7		0.891
M8		0.816

探索性因素分析显示，原构想中的"态度"维度与探索性因素分析的结果一致，而原构想中的"知识""技能"两个维度与探索性因素分析结果稍有不一致，二者表现为一个维度，这可能是因为心理健康知识是心理健康技能的基础，它们都反映了心理健康知识掌握程度，因此，它们在大学生身上表现为同一种心理结构（掌握并运用心理健康知识的能力）。

为验证探索性因素分析得出的心理健康素养的二因素结构，我们采用 AMOS 23.0 进行验证式因素分析。根据吴明隆（2009）结构方程中整体模型适配标准，结构方程适配度指标 $\chi^2/df<5$、CFI、TLI、IFI>0.90（越接近 1 越好）、RM-

SEA<0.08 则说明结构方程模型适配良好、模型结构优[①]。验证式因素分析结果显示（见表3-4）模型适配好，说明模型结构效度良好。

表 3-4 验证性因素分析模型拟合指标

模型	χ^2	df	χ^2/df	CFI	TLI	IFI	RMSEA
三因素模型	60.795	24	2.533	0.979	0.968	0.979	0.052

（四）信度分析

信度是指测验或量表工具所测得结果的稳定性及一致性，量表的信度越大，则测量标准误差越小。信度一般以克隆巴赫α系数（内部一致性系数）为衡量标准，0.700~0.799表示佳，0.800~0.899表示甚佳，0.900以上表示非常理想[②]。信度系数分析结果显示心理健康素养量表克隆巴赫α系数为0.773。因此，大学生心理健康素养量表具较好的信度。

（五）结论

以心理健康素养概念为基础，编制大学生心理健康素养量表。探索性因素性分析表明大学生心理健康素养为二因素结构（知识与技能、态度），以二因素结构构建大学生心理健康素养量表。因素一"知识与技能"是指了解相应的心理健康知识、掌握应对自身和他人心理健康问题的技能；因素二"态度"是指对于心理健康问题和心理求助的正确态度。经检验量表具有良好信度，可以用于测量大学生心理健康素养，考查心理健康教育预防性目标的实现程度。

二、发展性目标结果实效性评估工具的编制

第二章我们将高校心理健康教育的发展性目标总结为"培育积极心理品质"。在此基础上，我们还以积极心理学为基础，结合心理素质内容、当前高校心理健康教育课程内容构建了"培育积极心理品质"的具体目标和内容，上一节我们则是确定了发展性目标结果评估的具体内容。本部分我们将以发展性目标的具体目标内容为理论基础编制用来评估大学生积极心理品质的量表。

[①] 吴明隆. 结构方程模型：AMOS 的操作与应用［M］. 重庆：重庆大学出版社，2009：37-61.

[②] 吴明隆. 问卷统计分析实务——SPSS 操作与应用［M］. 重庆：重庆大学出版社，2010：237-257.

(一) 对象与方法

问卷项目的来源：以积极心理学理论为基础，结合心理素质理论、高校心理健康教育课程内容，将发展性目标的具体目标归纳为：学会适应、完善自我、提升情商、发展积极人际关系、承受挫折、培养进取心、开发智力、提升主观幸福感八个方面。根据第二章八个具体目标的内容，构建积极心理品质量表具体维度：根据大学生生活实际状况，将"适应力"自编为学习适应能力、人际适应能力、生活适应能力 3 个项目；"积极自我"包含自尊与自我效能感（自信）两种积极心理品质，"自尊"采用中文版罗森博格自尊量表积极自尊部分 5 个项目[1]，从项目精简的角度采用一般自我效能感量表中因素负荷量较高的 5 个项目[2]；根据彼得·萨洛维与约翰·梅耶对于情商的定义（感知情绪、理解情绪、管理情绪、有效运用情绪的能力）[3]自编 4 个项目测量情商；"积极人际关系"包括亲社会行为、感恩、宽恕三种积极心理品质，"利他"是亲社会行为的关键，因此采用青少年亲社会倾向量表中的利他维度 4 个项目[4]，"感恩"采用六项感恩问卷[5]，"宽恕"采用哈兰德宽恕量表中的正向积极宽恕 5 个因素负荷量最高的项目[6]；"承受挫折"包括希望、乐观、韧性三种积极心理品质，采用修订版心理资本问卷中的希望、乐观、韧性维度[7]，并对其进行修改使之符合大学生语境；"积极进取心"包括好学、职业准备两种积极心理品质，"好学"采用优势实践价值调查表 VIA-IS 极简版中的好学[8]，"职业准备"采用大学生心理素质量表中的职业适应因子[9]；按 Robert Sternberg 智力三元理论，智力应包

---

[1] 韦嘉,张进辅,毛秀珍. 修订版罗森博格自尊量表在中学生群体中的试用（英文）[J]. 中国临床心理学杂志, 2018, 26 (04): 629.

[2] 王才康,胡中锋,刘勇. 一般自我效能感量表的信度和效度研究 [J]. 应用心理学, 2001 (01): 38.

[3] Salovey P, Mayer J D. Emotional intelligence [J]. *Imagination, cognition and personality*, 1990, 9 (3): 190-191.

[4] 寇彧,洪慧芳,谭晨,李磊. 青少年亲社会倾向量表的修订 [J]. 心理发展与教育, 2007 (01): 115.

[5] 魏昶,吴慧婷,孔祥娜,王海涛. 感恩问卷 GQ-6 的修订及信效度检验 [J]. 中国学校卫生, 2011, 32 (10): 1201.

[6] 王金霞. 大学生宽恕心理及其影响因素的实证研究 [D]. 兰州：西北师范大学, 2006: XII-XIII+16.

[7] 温磊,七十三,张玉柱. 心理资本问卷的初步修订 [J]. 中国临床心理学杂志, 2009, 17 (02): 149.

[8] 刘翔平. 积极心理学（第 2 版）[M]. 北京：中国人民大学出版社, 2018: 155-160.

[9] 王滔,张大均,陈建文. 大学生心理素质量表的编制 [J]. 西南大学学报（社会科学版）, 2008 (01): 124.

括智慧、智力、创造力[1]，相对于智慧、智力需要长时间的积累和特定的遗传基础，创造力具有一定的可塑性，因此，这里的"开发智力"主要是指开发创造力，选用优势实践价值调查表 VIA-IS 极简版中的创造力[2]；"主观幸福感"采用生活满意度量表[3]。向 2 名心理健康教育教授、2 名思想政治教育教授、6 名高校心理健康教育教师征求意见，逐条讨论，最终形成由 14 种积极心理品质 58 个项目组成的预测问卷，问卷采取五点李克特评分法，按选项顺序分别记为 1、2、3、4、5 分（P24 与 P27 采用反向计分），得分越高说明积极心理品质越高。具体项目如表 3-5 所示。

对象：采用方便抽样的方式选取湖南省、贵州省五所高校，发放问卷 1000 份（与心理健康素养预测问卷分开发放，不属于同一样本），回收有效问卷 855 份，有效率 85.5%，其中男生 375 人，占 43.86%，女生 480 人，占 56.14%。

统计方法：采用 SPSS 24.0 进行项目分析、探索性因素分析、信度分析，采用 AMOS 23.0 进结构效度分析。

表 3-5 积极心理品质量表构想维度与初始项目

构想维度	项目
适应力	P1. 我容易适应新学习环境
	P2. 我容易适应新的人际环境
	P3. 我容易适应新的生活环境
自尊	P4. 我时常感到自己有许多好的品质
	P5. 我感到我是一个有价值的人，至少与其他人在同一水平上
	P6. 我时常对自己持肯定的态度
	P7. 我能像大多数人一样把事情做好
	P8. 总的来说，我对自己是满意的

---

[1] Sternberg R J. Toward a triarchic theory of human intelligence [J]. The essential Sternberg: Essays on intelligence, psychology, and education, 2009: 38.
[2] 刘翔平. 积极心理学（第 2 版）[M]. 北京：中国人民大学出版社，2018：155-160.
[3] 熊承清，许远理. 生活满意度量表中文版在民众中使用的信度和效度 [J]. 中国健康心理学杂志，2009，17（08）：948.

续表

构想维度	项目
自信	P9. 我自信能有效地应付任何突如其来的事情
	P10. 以我的才智，我定能应付意料之外的情况
	P11. 我能冷静地面对困难，因为我可信赖自己处理问题的能力
	P12. 如果我付出必要的努力，我一定能解决大多数的难题
	P13. 有麻烦的时候，我通常能想到一些应付的方法
情商	P14. 我时常对自己的情绪状态非常了解
	P15. 我善于管理好自己的情绪
	P16. 我善于察觉别人的情绪和想法
	P17. 我善于自我激励
利他	P18. 我捐赠钱财不是为了从中有所获益
	P19. 我投身志愿服务付出时间精力，不是为了获得更多的回报
	P20. 我帮助别人不是为了将来他们相应地回报我
	P21. 我经常帮助别人，即使从中得不到任何好处
感恩	P22. 生活中我有很多的人或事要感谢
	P23. 如果把我觉得要感谢的所有人和事列出来，那一定是一个非常长的单子
	P24. 当我审视这个世界的时候，我觉得我没有多少需要感恩的人或事
	P25. 我对很多人都怀着感恩的心
	P26. 随着年龄的增长，我发现我更多地感激那些曾经成为我生活中一部分的人、事、处境
	P27. 我要经过很长时间的检验和审查才会感谢某人或者某事
宽恕	P28. 我们应该努力忘记别人对我们的伤害
	P29. 我很容易就能忘却别人对我的伤害
	P30. 我不会对那些曾经伤害过我的人心存偏见
	P31. 我最终会原谅那些曾经伤害过我的人
	P32. 当有人伤害了我的时候，我的办法就是宽容和忘却
乐观	P33. 遇到不确定的事情时，我通常期盼最好的结果
	P34. 我总是看到事情光明的一面
	P35. 对我的未来会发生什么，我是乐观的
	P36. 我总相信"黑暗的背后就是光明，不用悲观"

续表

构想维度	项目
希望	P37. 如果我发现自己中陷入了困境，我能想出很多办法来摆脱
	P38. 目前，我在精力饱满地完成自己的目标
	P39. 我能想出很多办法来实现我目前的目标
	P40. 目前，我正在实现我为自己设定的目标
韧性	P41. 在学习或工作中如果面临不得不去做的事，我也能独立应战
	P42. 我通常对压力能泰然处之
	P43. 因为以前经历过很多磨难，所以我现在能挺过困难时期
	P44. 我感觉自己能同时处理很多事情
好学	P45. 我想尽办法参与学习活动
	P46. 学习新东西总会让我兴奋异常
	P47. 不用别人或外界逼我去学习，我会主动去学习
职业准备	P48. 我常积极参加与未来职业有关的活动
	P49. 我经常根据职业要求有针对性地提高自己
	P50. 我经常为未来职业做知识或技能上的储备
创造力	P51. 当别人告诉我怎么去做这件事时，我会不自觉地思考其他方法
	P52. 我总喜欢琢磨解决问题的新方法
	P53. 我喜欢用不寻常的方式完成某件事
主观幸福感	P54. 我的生活在大多数方面都接近于我的理想
	P55. 我对我的生活很满意
	P56. 到现在为止，我已经得到了在生活中我想要得到的重要东西
	P57. 我的生活条件很好
	P58. 如果我能再活一次，我基本上不会做任何改变

（二）项目分析

采用临界比值法（Critical Ratio，CR 值）又称极端值法作为项目分析的判别指标[1]。将测量分数进行加总，按总分高低排序，选取前 27% 为高分组，后 27% 为低分组。再通过独立样本 t 检验求高、低两组在每个项目上的平均数差异的显著性。结果在 58 个项目的 CR 值中，P24 与 P27 不具有统计学意义（分别为

---

[1] 邱皓政. 量化研究与统计分析——SPSS（PASW）数据分析范例解析［M］. 重庆：重庆大学出版社，2013：312-313.

$t=0.468$, $p=0.640$; $t=-0.115$, $p=0.909$),其他项目均具有统计学意义（$t=-5.417$至-14.939, $p<0.001$）。因此,项目 P24 与 P27 应删除。

（三）结构效度

随后进行因素分析,目的是探索量表结构,验证结构效度（即量表能测量到的理论上的结构的程度或测量出心理特质的程度①）。因素分析可分为探索性因素分析（EFA）与验证式因素分析（CFA）。EFA 一般用来理论产出,即确认量表因素结构,理论构架出现在 EFA 之后；CFA 一般用于理论检验,即以特定的理论或概念构架为基础,理论构架出现在 CFA 之前；在量表或问卷的预式上一般先进行 EFA,以求量表最佳结构,建立量表结构效度,后进行 CFA,以验证结构模型是否与实际数据契合②。

EFA 一般分为四个步骤。一是进行可行性分析。测量变量是否适合因素分析,除了从理论与项目内容进行推导外,更直接的方法是可行性分析。Kaiser（1974）认为取样适切性量数（KMO）的大小是衡量能否进行因素分析的重要标准,KMO 值大于 0.7 为适中,大于 0.8 以上为良好,大于 0.9 为极好③。此外,巴特利特（Bartlett's）球形检验也是衡量是否适合因素分析的标准,球形检验结果达显著值（$p<0.05$）表示适合因素分析④。二是因素提取,决定保留多少个因子,一般保留初始特征大于 1 的因素⑤。三是因素旋转,一般采用最大变异法直交旋转,转轴后存在双重负荷以及因素负荷量低于 0.32 的项目应予以删除⑥,删除之后再重新进行因素旋转。四是对转轴之后的因素进行命名。

可行性分析结果显示 KMO 值大于 0.9,巴特利特球形检验显著（$p<0.001$）,因此适合进行因素分析,具体结果如表 3-6 所示。

---

① 吴明隆. 问卷统计分析实务——SPSS 操作与应用 [M]. 重庆：重庆大学出版社,2010：266.

② 吴明隆. 结构方程模型：AMOS 的操作与应用 [M]. 重庆：重庆大学出版社,2009：212-213.

③ 吴明隆. 问卷统计分析实务——SPSS 操作与应用 [M]. 重庆：重庆大学出版社,2010：208.

④ 吴明隆. 问卷统计分析实务——SPSS 操作与应用 [M]. 重庆：重庆大学出版社,2010：217.

⑤ 吴明隆. 问卷统计分析实务——SPSS 操作与应用 [M]. 重庆：重庆大学出版社,2010：204.

⑥ 吴明隆. 问卷统计分析实务——SPSS 操作与应用 [M]. 重庆：重庆大学出版社,2010：201.

表 3-6　KMO 和巴特利特检验

KMO 取样适切性量数		0.949
巴特利特球形度检验	近似卡方	24614.497
	自由度	1540
	显著性	0.000

因素提取后，有 11 个因素初始特征根值大于 1，因此，予以保留 11 个因素。采用最大变异法直交旋转后发现 P37 存在双重负荷，应删除这个项目。删除 P37 项目后重新进行 EFA，有 11 个初始特征根值大于 1 的因素，累计方差贡献率为 62.35%。最终维度与项目因素负荷量如表 3-7 所示。

表 3-7　积极心理品质量表探索性因素分析各因素与因素负荷量

探索性因素	积极自我	积极进取心	宽恕	韧性	感恩	幸福感	利他	乐观	适应力	创造力	情商
P7. 自尊	0.786										
P6. 自尊	0.785										
P8. 自尊	0.741										
P5. 自尊	0.722										
P4. 自尊	0.637										
P11. 自信	0.586										
P12. 自信	0.561										
P9. 自信	0.528										
P10. 自信	0.524										
P13. 自信	0.480										
P49. 职业		0.737									
P50. 职业		0.729									
P48. 职业		0.713									
P47. 好学		0.653									
P45. 好学		0.547									
P40. 希望		0.519									
P39. 希望		0.510									

续表

探索性因素	积极自我	积极进取心	宽恕	韧性	感恩	幸福感	利他	乐观	适应力	创造力	情商
P46. 好学		0.467									
P38. 希望		0.442									
P32. 宽恕			0.787								
P30. 宽恕			0.772								
P31. 宽恕			0.768								
P29. 宽恕			0.756								
P28. 宽恕			0.690								
P44. 韧性				0.626							
P43. 韧性				0.606							
P41. 韧性				0.560							
P42. 韧性				0.537							
P25. 感恩					0.795						
P22. 感恩					0.766						
P23. 感恩					0.761						
P26. 感恩					0.707						
P58. 幸福感						0.734					
P56. 幸福感						0.679					
P55. 幸福感						0.66					
P57. 幸福感						0.634					
P54. 幸福感						0.55					
P19. 利他							0.798				
P18. 利他							0.767				
P20. 利他							0.759				
P21. 利他							0.501				
P34. 乐观								0.644			
P36. 乐观								0.634			
P33. 乐观								0.605			
P35. 乐观								0.572			

续表

探索性因素	积极自我	积极进取心	宽恕	韧性	感恩	幸福感	利他	乐观	适应力	创造力	情商
P3. 适应力									0.831		
P2. 适应力									0.803		
P1. 适应力									0.795		
P53. 创造力										0.787	
P52. 创造力										0.741	
P51. 创造力										0.629	
P14. 情商											0.715
P15. 情商											0.598
P16. 情商											0.559
P17. 情商											0.393

EFA 提取了十一个因素，宽恕、感恩、利他、韧性、乐观、适应力、创造力、情商与原构想的一致，而自尊、自信、好学、职业准备、希望与原构想稍有不一致。结果显示"自尊"与"自信（自我效能感）"为一个维度，这是因为从理论上来讲，这两种积极心理品质都反映了积极自我。因此，它们可以合并为一种心理品质，命名为"积极自我"的心理品质（自尊、自信本来就是发展性目标中积极自我的内容）。结果还显示"好学""职业准备""希望"为一个维度，这与发展性目标中的积极进取心目标（包含"好学"与"职业准备"两个积极心理品质）大致相同。而"希望"在构建的发展性目标中属于承受挫折目标的内容，在 EFA 的结果中，它与"好学""职业准备"形成了一个维度，这是因为"希望"的项目是关于目标的设定、实现、完成，这实质上反映的也是"积极进取心"这种潜在的积极心理品质。因此，"好学""职业准备""希望"可合并命名为"积极进取心"的积极心理品质。

为验证 EFA 得出的积极心理品质的结构，我们采用 AMOS 23.0 进行验证式因素分析。根据吴明隆（2009）结构方程中整体模型适配标准，结构方程适配度指标 $x^2/df<5$，CFI、TLI、IFI>0.90（在实践中接近 0.90 也可）、RMSEA<

0.08 则说明结构方程模型适配良好、模型结构优①。结果显示模型适配好,说明结构效度良好。CFA 结果如表 3-8 所示。

表 3-8　验证性因素分析模型拟合指标

χ^2	df	χ^2/df	CFI	TLI	IFI	RMSEA
4150.755	1375	3.019	0.879	0.870	0.880	0.049

（四）信度分析

信度是指测验或量表工具所测得结果的稳定性及一致性,量表的信度越大,则测量标准误越小,信度一般以克隆巴赫 α 系数来衡量,0.700~0.799 表示佳,0.800~0.899 表示甚佳,0.900 以上表示非常理想②。信度系数分析结果显示积极心理品质量表克隆巴赫 α 系数为 0.950。因此,积极心理品质量表具有良好的信度。

（五）结论

以心理健康教育发展性目标的具体目标内容为理论基础,编制积极心理品质量表。经过项目分析排除不合适项目,再经过 EFA、CFA 得出由 11 种积极心理品质（包含 55 个项目）构成的大学生积极心理品质量表,经检验量表具有良好的信度与效度,可以用于测量大学生积极心理品质,考察心理健康教育发展性目标的实现程度。

三、心理健康教育过程实效性评估工具的编制

高校心理健康教育过程要素包括：教育主体、教育介体、教育环体、教育客体。如果仅从学校层面对这四个要素进行评估,就容易变成对心理健康教育工作评估,难以了解过程要素的实际运行状况。而从学生感知角度来对这四个要素进行评估则更能准确反映心理健康教育实践过程中的实际状况。高等教育服务质量理论恰好为我们从学生感知角度研究教育过程提供了理论支持。服务质量理论模型广泛应用于高等教育质量评估,被认为是评估高等教育质量的有

---

① 吴明隆.结构方程模型：AMOS 的操作与应用 [M].重庆：重庆大学出版社,2009：37-61.

② 吴明隆.问卷统计分析实务——SPSS 操作与应用 [M].重庆：重庆大学出版社,2010：237-257.

效工具①。从心理健康教育过程来说,服务质量理论实际上与教育过程要素论是一致的。服务质量理论从有形性、可靠性、保障性、响应性、同理性五个层面考量服务质量②。从教育过程要素论来说,有形性实际反映的是心理健康教育有形环境因素,保障性实际上反映的是教育主体因素,可靠性反映的是教育介体因素,而同理性、响应性反映了教育客体的需求是否得到满足。因此,以下我们将采用服务质量理论模型,结合思想政治教育过程要素论,编制高校心理健康教育过程要素评估量表,用来评估高校心理健康教育过程实效性。

(一)对象与方法

问卷项目的来源:服务质量理论模型将高等教育服务质量分为有形性(教育有形环境)、可靠性(提供多种形式的教育服务)、保障性(教育服务人员胜任力、态度)、响应性(学生需求的响应速度)、同理性(学生能否感到被理解)五个维度。实际上这五个维度与教育过程四要素是一致的,在服务质量理论基础上,根据过程四要素论与高校心理健康教育实践,将高校心理健康教育过程四要素分别下操作性定义。主体要素是指心理健康教育人员的专业胜任力与工作态度(保障性);客体要素是指大学生对于心理健康服务的需求能否及时被回应(响应性)、满足(同理性);介体要素是指高校心理健康教育的媒介,即提供的课程、活动、咨询等多种形式的心理健康活动(可靠性);有形环体要素是指高校心理健康教育的有形环境状况。按思想政治教学理论,学校环境包括物质环境、精神文化环境,其中精神文化环境包括课堂教学环境、育人氛围、班风校风、各种教育活动③。按此观点,教育主体态度、教育媒介同样反映了精神文化环境状况,精神文化环境与之存在内容重合,在量表中势必会出现反映精神文化环境的项目与主体要素、介体要素多重负荷的现象,不符合测量学要求。因此,本量表中的环境要素只考量物质环境要素,命名为有形环境要素,而整体精神文化环境将在量表之外单独设置一个题目呈现。根据四个维度,结合高校心理健康教育实际编制出35个项目组成的项目池。向2名心理健康教育教授、2名思想政治教育教授、6名高校心理健康教育教师征求意见,经过讨论,删改语义模糊、不易理解的条目,最终形成由28个项目组成的问卷。问卷

---

① 余天佐,韩映雄. SERVQUAL 在高等教育服务质量评价中的应用研究述评 [J]. 现代大学教育,2010(06):59.
② Parasuraman, A. et al. SERVQUAL: A Multiple-Item Scale for Measuring Consumer Perceptions of Service Quality [J]. *Journal of Retailing*, 1988, 64 (1):12.
③ 陈万柏,张耀灿主编. 思想政治教育学原理(第三版)[M]. 北京:高等教育出版社,2015:120-121.

采取五点李克特评分法，按选项顺序分别记为 1、2、3、4、5 分。具体项目见表 3-9。

对象：采用方便抽样的方式选取湖南省、贵州省五所高校，发放问卷 1000 份，回收有效问卷 855 份，有效率 85.5%，其中男生 375 人，占 43.86%，女生 480 人，占 56.14%。

统计方法：采用 SPSS 24.0 进行项目分析、探索性因素分析、信度分析，采用 AMOS 23.0 进结构效度分析。

表 3-9 心理健康过程要素量表构想维度与初始项目

构想维度	项目
有形环体要素（有形性）	S1. 学校心理咨询中心硬件设施完善（如：有个体心理咨询室、宣泄室、沙盘室、放松室、团体活动室以及相关硬件等）
	S2. 我所在的二级学院具有条件良好的心理健康活动硬件设施（如心理辅导室、心理健康活动室等）
	S3. 宿舍区配备了心理健康活动场所或硬件设施（如各类活动室、心理咨询室等）
	S4. 学校提供了形式多样的获取心理健康知识的途径（如图书、报刊、官网、微信公众号、校园展窗等）
客体要素（同理性）	S5. 我所在的二级学院了解学生的心理需求
	S6. 学校关心学生心理成长与发展
	S7. 学校了解学生对哪些心理健康活动感兴趣
	S8. 学校会根据学生的需要开展相关的心理健康活动
客体要素（响应性）	S9. 学生在心理健康课遇到的问题，教师能做出迅速的回应
	S10. 学生能及时地预约到心理咨询
	S11. 我遇到心理上的困扰的时候，心理委员或辅导员能及时发现并提供帮助
	S12. 学生遇到心理危机事件时，学校能及时地采取行动
	S13. 当出现突发公共事件时（如疫情、地震等自然灾害、事故、社会安全事件后）学校能迅速开展有针对性的心理健康服务

续表

构想维度	项目
介体要素（可靠性）	S14. 大学生心理健康教育必修课课程设置合理
	S15. 我可以选到我感兴趣的心理类选修课（如：爱情心理学、人际交往、情绪管理等）
	S16. 学校时常开展心理健康活动（如团体成长小组或拓展活动，心理情景剧、心理知识竞赛、525等各类活动与比赛）
	S17. 我的班级开展了很多心理健康服务活动（如关注本班同学心理状态、普及心理知识，开展心理活动等）
	S18. 我所在二级学院开展了很多心理健康服务活动（如心理辅导、个体发展规划、心理健康知识普及等）
	S19. 学校心理咨询中心能提供很多心理健康服务（如心理测试、心理咨询、团体成长活动、户外拓展活动等）
	S20. 学校提供了学校、家庭、医疗机构联动的心理健康服务
主体要素（保障性）	S21. 我所在二级学院的心理辅导员（老师）开展工作时态度非常友好
	S22. 我所在班级的心理委员开展工作时态度非常友好
	S23. 学校心理咨询中心的心理老师开展工作时（如心理咨询等）态度非常友好
	S24. 心理健康教育课教师授课水平很高
	S25. 我所在班级心理委员工作能力很强
	S26. 我所在二级学院心理辅导员（老师）工作能力很强
	S27. 学校心理咨询中心的心理老师（心理咨询师）非常有胜任力
	S28. 我宿舍的心理信息员能及时发现宿舍同学心理问题

（二）项目分析

采用临界比值法（CR值）作为项目分析的判别指标[①]。将测量分数进行加总，按总分高低排序，选取前27%为高分组，后27%为低分组。再通过独立样本t检验求高、低两组在每个项目上的平均数差异的显著性。结果28个项目的CR值均具有统计学意义（$t=-15.252$ 至 -24.380，$p<0.001$）。因此，所有项目

[①] 邱皓政.量化研究与统计分析——SPSS（PASW）数据分析范例解析[M].重庆：重庆大学出版社，2013：312-313.

应予以保留。

（三）结构效度

采用因素分析探索量表结构，验证结构效度。因素分析可分为探索性因素分析（EFA）与验证式因素分析（CFA）。EFA 一般用来理论产出，即确认量表因素结构，理论构架出现在 EFA 之后；CFA 一般用于理论检验，即以特定的理论或概念构架为基础，理论构架出现在 CFA 之前；在量表或问卷的预式上一般先进行探索性因素分析，以求量表最佳结构，建立量表结构效度，后进行 CFA，验证结构模型是否与实际数据契合[①]。

EFA 一般分为四个步骤。一是进行可行性分析，测量变量是否适合因素分析。Kaiser（1974）认为取样适切性量数（KMO）的大小是衡量能否进行因素分析的重要标准，KMO 值大于 0.7 为适中，大于 0.8 以上为良好，大于 0.9 为极好[②]。此外，巴特利特（Bartlett's）球形检验也是衡量是否适合因素分析的标准，球形检验结果达显著值（$p<0.05$）表示适合因素分析[③]。二是因素提取，决定保留多少个因子，一般保留初始特征大于 1 的因素[④]。三是因素旋转，一般采用最大变异法直交旋转，转轴后存在双重负荷以及因素负荷量低于 0.32 的项目应予以删除[⑤]，删除之后再重新进行因素旋转。四是对转轴之后的因素进行命名。

可行性分析结果显示：KMO 值大于 0.9，巴特利特球形检验不显著（$p<0.001$），因此适合进行因素分析，具体结果如表 3-10 所示。

---

① 吴明隆. 结构方程模型：AMOS 的操作与应用 [M]. 重庆：重庆大学出版社，2009：212-213.
② 吴明隆. 问卷统计分析实务——SPSS 操作与应用 [M]. 重庆：重庆大学出版社，2010：208.
③ 吴明隆. 问卷统计分析实务——SPSS 操作与应用 [M]. 重庆：重庆大学出版社，2010：217.
④ 吴明隆. 问卷统计分析实务——SPSS 操作与应用 [M]. 重庆：重庆大学出版社，2010：204.
⑤ 吴明隆. 问卷统计分析实务——SPSS 操作与应用 [M]. 重庆：重庆大学出版社，2010：201.

表 3-10 KMO 和巴特利特检验

KMO 取样适切性量数		0.96
巴特利特球形度检验	近似卡方	15558.24
	自由度	378
	显著性	0.000

在提取 5 个初始特征根值大于 1 的因素后，采用最大变异法直交旋转后发现 S28 与 S25 项单独成为一个维度，且 S28 项因素负荷量最大、存在双重负荷，因此删除 S28 项再次进行 EFA。结果显示有 4 个初始特征根值大于 1 的因素，累计方差贡献率为 62.38%。最终维度与项目因素负荷量如表 3-11 所示。

表 3-11 探索性因素分析各因素与因素负荷量

项目	客体要素	主体要素	介体要素	有形环体要素
S12. 响应	0.729			
S7. 同理	0.696			
S6. 同理	0.678			
S9. 响应	0.652			
S11. 响应	0.630			
S5. 同理	0.600			
S8. 同理	0.592			
S10. 响应	0.573			
S13. 响应	0.534			
S26. 保障		0.758		
S27. 保障		0.733		
S22. 保障		0.719		
S21. 保障		0.718		
S23. 保障		0.717		
S25. 保障		0.664		
S24. 保障		0.650		
S18. 可靠			0.704	
S16. 可靠			0.690	
S17. 可靠			0.663	

续表

项目	客体要素	主体要素	介体要素	有形环体要素
S15. 可靠			0.609	
S19. 可靠			0.603	
S20. 可靠			0.531	
S14. 可靠			0.530	
S2. 有形				0.824
S1. 有形				0.817
S3. 有形				0.585
S4. 有形				0.456

EFA 提取了四个因素，除原构想中的响应性与同理性两个因素合并为一个因素外，其他因素均与原构想相同。之所以响应性与同理性在结果中表现为一个维度，是因为响应性和同理性反映的都是学生的需求是否得到满足，它们都属于教育客体要素，因此它们构成了一个维度。基于心理健康教育过程要素的考虑，本书将四个维度分别命名为客体要素（包含响应性和同理性 9 个项目）、主体要素（包含保障性 7 个项目）、介体要素（包含可靠性 7 个因素）、有形环体要素（包含有形性 4 个项目）。

为验证 EFA 得出的四因素结构，我们采用 AMOS 23.0 进行验证式因素分析。根据吴明隆（2009）结构方程中整体模型适配标准，结构方程适配度指标 $\chi^2/df<5$，CFI、TLI、IFI>0.90（在实践中接近 0.90 也可），RMSEA<0.08 则说明结构方程模型适配良好、模型结构优[1]。结果显示除 χ^2/df 略大于 5 外（根据吴明隆（2009）模型适配标准，样本容量过大会使得 χ^2 值膨胀造成 χ^2/df 变大，因此，在实际研究中在 CFI、TLI、IFI、RMSEA 等指标符合的情况下，χ^2/df 略大于 5 可接受[2]），其他模型适配指标均好，说明结构效度良好。CFA 结果如表 3-12 所示。

---

[1] 吴明隆. 结构方程模型：AMOS 的操作与应用 [M]. 重庆：重庆大学出版社，2009：37-61.

[2] 同上注释

表 3-12　验证性因素分析模型拟合指标

χ^2	df	χ^2/df	CFI	TLI	IFI	RMSEA
1854.940	318	5.833	0.897	0.886	0.897	0.075

（四）信度分析

信度是指测验或量表工具所测得结果的稳定性及一致性，量表的信度越大，则测量标准误越小，信度一般以克隆巴赫 α 系数为衡量标准，0.700~0.799 表示佳，0.800~0.899 表示甚佳，0.900 以上表示非常理想[1]。信度系数分析结果显示积极心理品质量表克隆巴赫 α 系数为 0.956。因此，心理健康教育过程要素评估量表具有良好的信度。

（五）结论

以高等教育服务质量为理论基础，结合高校心理健康教育过程四要素，编制高校心理健康教育过程要素评估量表。经过项目分析排除不合适项目，再经过探索性因素分析、验证式因素分析得出由 4 因素（包含 27 个项目）构成的高校心理健康教育过程要素评估量表。4 个因素分别反映了高校心理健康教育过程四要素（教育客体、教育主体、教育介体、有形教育环体）的情况。经检验量表具有良好的信度与效度，可以用于从学生角度来评估高校心理健康教育过程要素。

---

[1] 吴明隆. 问卷统计分析实务-SPSS 操作与应用 [M]. 重庆：重庆大学出版社，2010：237-257.

第四章

高校心理健康教育实效性的现状分析

上一章综合分析了高校心理健康教育实效性评估的内涵与意义、原则、具体内容，并运用了心理测量学方法设计出高校心理健康教育实效性评估工具。本章则是利用上一章设计出的实效性评估工具从学生视角对高校心理健康教育结果实效性、过程实效性进行调查分析，从学校视角对高校心理健康教育投入、过程进行调查分析，以此来准确把握高校心理健康教育中存在的问题与不足，为后续提升高校心理健康教育实效性奠定基础。

第一节 高校心理健康教育结果实效性现状

高校心理健康教育结果实效性体现在防治性目标与发展性目标实现程度上，具体来说就是考察大学生心理健康素养状况、大学生心理健康问题解决状况、积极心理品质状况。本节将通过问卷调查的方式，从大学生视角考察高校心理健康教育结果实效性的现状。

一、大学生心理健康素养现状

（一）调查问卷与调查对象基本情况

采用第三章编制的大学生心理健康素养量表调查大学生心理健康素养状况，量表包含两个维度9个项目，"知识与技能"维度包括项目1—6，"态度"维度包括项目7—9。量表以李克特5点方式计分，"非常不符合"记1分，"不符合"记2分，"不确定"记3分，"符合"记4分，"非常符合"记5分，其中项目7—9采用反向计分方式，量表总分越高代表大学生心理健康素养越高。人口学变量有：年龄、性别、院校类别（双一流本科、双非公办本科、民办本科、高职/大专）、学历层次（高职/大专、本科）、专业、年级。调查对象为湖南省、贵州省、河南省、辽宁省、广东省五省共计十二所高校。覆盖东部、中部、西部地区。所选取的高校包括：双一流院校、双非公办本科院校、民办本科院校、高职/大专院校。调查时间为 2021 年 5—6 月，调查方式采用问卷星在线填写。最终，共回收有效问卷为 1816 份。调查对象具体情况见表 4-1。

表 4-1　调查对象人口学资料表

被试类别		样本数	百分比（%）
性别	男	807	44.44%
	女	1009	55.56%
年级	大一	392	21.59%
	大二	779	42.90%
	大三	465	25.61%
	大四	180	9.91%
学历	高职/大专	322	17.73%
	本科	1494	82.27%
院校	双一流本科	266	14.65%
	双非本科	589	32.43%
	民办本科	675	37.17%
	高职/大专	286	15.75%

（二）大学生心理健康素养的总体状况

如表 4-2 所示，对调查数据进行描述性统计，我们发现大学生心理健康素养总体呈正态分布，平均数与标准差为 32.815±4.210，平均数与满分之比为 72.92%；"知识与技能"的平均数与标准差为 21.264±3.259，与该维度满分之比为 70.88%；"态度"的平均数与标准差为 11.551±2.245，与该维度满分之比为 77.01%。以教育实践中常用设定等级的标准（90% 及以上为优，80%~90% 为良，70%~80% 为中，60%~70% 为合格，60% 以下为差）来评定心理健康素养水平，可以发现大学生心理健康素养总分、知识与技能、态度均处于中等水平（分别为 72.92%、70.88%、77.01%）有待进一步提高，特别是心理健康的知识与技能亟需提高。

表 4-2 大学生心理健康素养总体状况

维度	平均数	标准差	平均数与满分之比（%）
知识与技能	21.264	3.259	70.88%
态度	11.551	2.245	77.01%
心理健康素养总分	32.815	4.210	72.92%

为掌握大学生心理健康素养的具体情况，进一步对大学生心理健康素养各维度具体项目进行描述性统计，结果如表4-3、表4-4所示：对于"了解心理健康教育的标准"，选择"非常不符合""不符合"的累计6.28%，选择"符合""非常符合"的累计56.50%；对于"了解影响心理健康的因素"，选择"非常不符合""不符合"的累计4.51%，选择"符合""非常符合"的累计64.54%；对于"了解并能识别常见的心理问题或心理（精神）疾病"，选择"非常不符合""不符合"的累计9.91%，选择"符合""非常符合"的累计53.31%；在"掌握了获取心理健康知识及求助信息的渠道"上，选择"非常不符合""不符合"的累计7.76%，"选择符合""非常符合"的累计63.44%；在"掌握应对自身心理健康问题的方法"上，选择"非常不符合""不符合"的累计5.62%，选择"符合""非常符合"的累计63.55%；在"掌握了应对亲友心理（精神）问题或危机的方法"上，选择"非常不符合""不符合"的累计17.19%，选择"符合""非常符合"的累计36.56%；在"有心理（精神）问题或障碍会觉得很耻辱"上，选择"非常不符合""不符合"的累计9.58%，而"选择符合""非常符合"的累计69.05%；在"周围的人有心理（精神）问题或障碍会觉得很可怕"［对于心理（精神）问题的污名化］上，选择"非常不符合""不符合"的累计15.75%，而选择"符合""非常符合"的累计59.47%；在"通过心理咨询或治疗来解决问题会觉得很丢人"（对于心理咨询的态度）上，选择"非常不符合""不符合"的累计5.28%，而选择"符合""非常符合"的累计82.93%。

表 4-3 大学生心理健康素养量表各维度项目得分状况

维度	项目	平均数	标准差
知识与技能	M1. 我了解心理健康的标准	3.590	0.784
	M2. 我了解影响心理健康的因素有哪些	3.680	0.734
	M3. 我了解并能识别常见的心理问题或心理（精神）障碍	3.490	0.801
	M4. 我掌握了获取心理健康知识及求助信息的渠道	3.630	0.744
	M5. 我掌握了应对自身心理健康问题的方法	3.660	0.720
	M6. 当亲友正遭受心理（精神）问题或危机时，我掌握了应对的方法	3.210	0.816
态度	M7. 如果我有心理（精神）问题或障碍，我会觉得很耻辱	3.850	0.944
	M8. 如果我的周围的人有心理（精神）问题或障碍，我会觉得很可怕	3.620	1.009
	M9. 如果我要通过心理咨询或治疗来解决问题，我会觉得很丢人	4.090	0.816

注：7—9题为反向计分题，统计时已转换为正向

表 4-4 大学生心理健康素养量表各项目选项频率表

项目	非常不符合 人数（%）	不符合 人数（%）	不确定 人数（%）	符合 人数（%）	非常符合 人数（%）
M1	20（1.10%）	94（5.18%）	676（37.22%）	842（46.37%）	184（10.13%）
M2	20（1.10%）	62（3.41%）	562（30.95%）	1002（55.18%）	170（9.36%）
M3	24（1.32%）	156（8.59%）	668（36.78%）	840（46.26%）	128（7.05%）
M4	6（0.33%）	135（7.43%）	522（28.74%）	1014（55.84%）	138（7.60%）
M5	6（0.33%）	96（5.29%）	560（30.84%）	1002（55.18%）	152（8.37%）
M6	38（2.10%）	274（15.09%）	840（46.26%）	598（32.93%）	66（3.63%）
M7	20（1.10%）	154（8.48%）	388（21.37%）	778（42.84%）	476（26.21%）
M8	32（1.76%）	254（13.99%）	450（24.78%）	720（39.65%）	360（19.82%）
M9	10（0.55%）	86（4.73%）	214（11.78%）	932（51.32%）	574（31.61%）

（三）大学生心理健康素养的差异性分析

为了解不同性别大学生心理健康素养是否有统计学上的差异，采用独立样本 t 检验以95%置信区间对大学生心理健康素养总分、知识与技能、态度进行性

别上的差异检验。结果如表4-5所示：男大学生心理健康素养显著性高于女大学生（$p<0.01$），具体来说在知识与技能维度上男大学生显著性高于女大学生（$p<0.001$），而在态度上差异不显著（$p>0.05$）。

表4-5　不同性别大学生心理健康素养的t检验

维度	类型	平均数	标准差	t	p（双尾）
总分	男	33.136	4.306	2.915	0.004
	女	32.558	4.116		
知识与技能	男	21.689	3.306	4.999	0
	女	20.925	3.181		
态度	男	11.447	2.304	-1.755	0.079
	女	11.633	2.195		

为考察大学生心理健康素养在年级上是否有统计学差异，以大学生心理健康素养总分、知识与技能、态度为因变量，年级为自变量，进行单因素方差分析，结果如表4-6所示：不同年级大学生心理健康素养总分、知识与技能有显著性差异（$p<0.05$，$p<0.05$），而在态度上没有显著性差异（$p>0.05$）。

表4-6　不同年级大学生心理健康素养的单因素方差分析

维度	年级	平均数	标准差	F值	p
总分	大一	33.010	4.557	3.124	0.025
	大二	32.985	4.327		
	大三	32.684	3.591		
	大四	32.000	4.319		
知识与技能	大一	21.477	3.457	3.192	0.023
	大二	21.379	3.267		
	大三	21.125	2.925		
	大四	20.669	3.523		
态度	大一	11.533	2.313	0.739	0.529
	大二	11.605	2.226		
	大三	11.559	2.144		
	大四	11.332	2.431		

为进一步了解年级间心理健康素养总分、知识与技能的显著性差异，采用 LSD 法进行事后检验（见表 4-7）。结果表明：在心理健康素养总分上大一、大二显著性高于大四（$p<0.01$），在知识与技能上大一、大二显著性高于大四（$p<0.01$）。

表 4-7　LSD 事后检验结果

因变量	(I) 年级	(J) 年级	平均值差值 (I-J)	标准误差	显著性
总分	大一	大二	0.026	0.260	0.922
		大三	0.326	0.288	0.258
		大四	1.010	0.378	0.008
	大二	大一	-0.026	0.260	0.922
		大三	0.301	0.246	0.222
		大四	0.985	0.347	0.005
	大三	大一	-0.326	0.288	0.258
		大二	-0.301	0.246	0.222
		大四	0.684	0.368	0.063
	大四	大一	-1.010	0.378	0.008
		大二	-0.985	0.347	0.005
		大三	-0.684	0.368	0.063
知识与技能	大一	大二	0.098	0.201	0.627
		大三	0.352	0.223	0.114
		大四	0.809	0.292	0.006
	大二	大一	-0.098	0.201	0.627
		大三	0.254	0.191	0.182
		大四	0.711	0.268	0.008
	大三	大一	-0.352	0.223	0.114
		大二	-0.254	0.191	0.182
		大四	0.456	0.285	0.110
	大四	大一	-0.809	0.292	0.006
		大二	-0.711	0.268	0.008
		大三	-0.456	0.285	0.110

为考察大学生心理健康素养在不同院校类型上是否有统计学差异,以大学生心理健康素养总分、知识与技能、态度为因变量,院校类型为自变量,进行单因素方差分析。结果显示:不同院校类型大学生心理健康素养总分、知识与技能有显著性差异($p<0.01$,$p<0.01$),而在态度上没有显著性差异(见表4-8)。

表4-8 不同院校类型大学生心理健康素养的单因素方差分析

维度	类型	平均值	标准差	F值	p值
总分	双一流本科	33.278	4.858	4.870	0.002
	双非公办本科	33.065	4.324		
	民办本科	32.730	3.921		
	大专高职	32.070	3.887		
知识与技能	双一流本科	21.451	3.652	4.702	0.003
	双非公办本科	21.548	3.297		
	民办本科	21.176	3.192		
	大专高职	20.713	2.860		
态度	双一流本科	11.827	2.294	2.107	0.097
	双非公办本科	11.516	2.289		
	民办本科	11.554	2.171		
	大专高职	11.357	2.268		

为了解具体哪些院校类型之间有显著性差异,采用LSD法进行事后检验,结果如表4-9所示:在心理健康素养总分上双一流本科院校显著性高于高职大专院校($p<0.01$),双非公办本科院校显著性高于高职大专院校($p<0.01$),民办本科院校显著性高于高职大专院校($p<0.05$);在知识与技能上双一流本科院校显著性高于高职大专院校($p<0.01$),双非公办本科院校显著性高于民办本科院校、高职大专院校($p<0.05$,$p<0.001$),民办本科院校显著性高于高职大专院校($p<0.05$)。

表 4-9 LSD 事后检验结果

因变量	（I）年级	（J）年级	平均值差值（I-J）	标准误差	显著性
总分	大一	大二	0.026	0.260	0.922
		大三	0.326	0.288	0.258
		大四	1.010	0.378	0.008
	大二	大一	-0.026	0.260	0.922
		大三	0.301	0.246	0.222
		大四	0.985	0.347	0.005
	大三	大一	-0.326	0.288	0.258
		大二	-0.301	0.246	0.222
		大四	0.684	0.368	0.063
	大四	大一	-1.010	0.378	0.008
		大二	-0.985	0.347	0.005
		大三	-0.684	0.368	0.063
知识与技能	大一	大二	0.098	0.201	0.627
		大三	0.352	0.223	0.114
		大四	0.809	0.292	0.006
	大二	大一	-0.098	0.201	0.627
		大三	0.254	0.191	0.182
		大四	0.711	0.268	0.008
	大三	大一	-0.352	0.223	0.114
		大二	-0.254	0.191	0.182
		大四	0.456	0.285	0.110
	大四	大一	-0.809	0.292	0.006
		大二	-0.711	0.268	0.008
		大三	-0.456	0.285	0.110

二、大学生心理健康问题解决现状

目前，大学生心理健康问题主要依托四级心理健康网络体系，通过学校心理咨询中心专业心理咨询、各二级学院心理辅导站心理辅导、学校心理咨询中心及各二级学院开展团体辅导活动来解决。以下将通过设计这三个方面的问题，来调查大学生心理健康问题解决的现状。这三个方面的问题是："你有没有接受过本校的心理咨询，有的话效果怎样？"，"你有没有接受过所在二级学院的心理辅导？有的话效果怎样？"，"你有没有参加过本校的团体辅导？有的话效果怎样？"，问题答案以选项形式呈现，分别是："有""没有"，"非常好（解决了问题）""好（部分解决问题）""一般""不好""非常不好"。调查对象为大学生心理健康素养调查的湖南省、贵州省、河南省、辽宁省、广东省五省共计十二所高校的大学生1816人，问卷与大学生心理健康素养量表一起发放，具体见表4-1。

（一）心理咨询的效果

高校心理咨询实施主体为高校心理健康教育与咨询中心，接受心理咨询的对象为有一般心理问题、严重心理问题、心理障碍程度较轻的大学生。本次调查发现，受调查大学生接受心理咨询的总体比例为10.02%，其中双非公办本科院校略高于双一流院校，双一流院校高于高职大专院校，高职大专院校高于民办本科院校（见表4-10）。而在心理咨询的效果上（见表4-11），累计61.54%的大学生认为本校心理咨询部分解决和解决了他们的心理问题。以"部分解决问题"和"解决了问题"累计所占比例来衡量心理咨询效果，可以得出：双一流院校（71.43%）＞双非公办本科院校（66.67%）＞高职大专院校（58.62%）＞民办本科院校（53.22%）。

表4-10 接受过本校心理咨询情况

类型	总体	双一流本科	双非本科	民办本科	高职大专
	人数（%）	人数（%）	人数（%）	人数（%）	人数（%）
有	182（10.02%）	28（10.53%）	63（10.70%）	62（9.19%）	29（10.14%）
没有	1634（89.98%）	238（89.47%）	526（89.30%）	613（90.81%）	257（89.86%）
合计	1816（100%）	266（100%）	589（100%）	675（100%）	286（100%）

表4-11 本校心理咨询效果

	总体	双一流本科	双非本科	民办本科	高职大专
	人数（%）	人数（%）	人数（%）	人数（%）	人数（%）
非常好（解决了问题）	19（10.44%）	4（14.29%）	7（11.11%）	5（8.06%）	3（10.34%）

续表

	总体 人数（%）	双一流本科 人数（%）	双非本科 人数（%）	民办本科 人数（%）	高职大专 人数（%）
好（部分解决问题）	93（51.10%）	16（57.14%）	35（55.56%）	28（45.16%）	14（48.28%）
一般	62（34.07%）	7（25.00%）	20（31.75%）	25（40.32%）	10（34.48%）
不好	7（3.85%）	1（3.57%）	1（1.59%）	3（4.84%）	2（6.90%）
非常不好	1（0.55%）	0（0%）	0（0%）	1（1.61%）	0（0%）
合计	182（100%）	28（100%）	63（100%）	62（100%）	29（100%）

（二）心理辅导效果

当前，高校心理辅导实施的主体是各高校二级学院心理辅导站，对象是一般心理问题的大学生。本次调查发现，受调查大学生接受心理辅导的总体比例为11.67%，其中双一流院校略高于双非公办本科院校，双非公办本科院校略高于高职大专院校，高职大专院校高于民办本科院校（见表4-12）。

表4-12 接受过二级学院心理辅导情况

	总体 人数（%）	双一流本科 人数（%）	双非本科 人数（%）	民办本科 人数（%）	高职大专 人数（%）
有	212（11.67%）	38（14.29%）	76（12.90%）	63（9.33%）	35（12.24%）
没有	1604（88.33%）	228（85.71%）	513（87.10%）	612（90.67%）	251（87.76%）
合计	1816（100%）	266（100%）	589（100%）	675（100%）	286（100%）

调查还发现：累计73.59%的大学生认为心理辅导部分或者完全解决了他们的问题（见表4-13）。这说明心理辅导总体效果很好，但在不同学校类型上心理辅导效果存在差异。以"部分解决问题"和"解决了问题"累计所占比例来衡量不同类型院校的心理辅导效果，具体表现为：双一流本科（累计78.94%）>双非公办本科（累计75.00%）>高职大专（累计71.43%）>民办本科（累计69.84%）。

表 4-13　二级学院心理辅导效果

	总体 人数（%）	双一流本科 人数（%）	双非本科 人数（%）	民办本科 人数（%）	高职大专 人数（%）
非常好（解决了问题）	39（18.40%）	8（21.05%）	14（18.42%）	11（17.46%）	6（17.14%）
好（部分解决问题）	117（55.19%）	22（57.89%）	43（56.58%）	33（52.38%）	19（54.29%）
一般	52（24.53%）	8（21.05%）	18（23.68%）	17（26.98%）	9（25.71%）
不好	4（1.89%）	0（0%）	1（1.32%）	2（3.17%）	1（2.86%）
非常不好	0（0%）	0（0%）	0（0%）	0（0%）	0（0%）
合计	212（100%）	38（100%）	76（100%）	63（100%）	35（100%）

（三）团体辅导情况

目前，高校开展团体辅导的主体是心理健康教育与咨询中心以及各二级学院心理辅导站，实施对象是有一定的心理困扰（不严重）、希望在特定方面获得成长的大学生。本次调查发现，11.95%的受调查大学生参加过团体辅导（见表4-14），从不同院校类别来看，双一流本科（17.29%）＞双非公办本科（15.45%）＞高职大专（10.49%）＞民办本科（7.41%）。

表 4-14　参加过本校团体辅导的情况

	总体 人数（%）	双一流本科 人数（%）	双非本科 人数（%）	民办本科 人数（%）	高职大专 人数（%）
有	217（11.95%）	46（17.29%）	91（15.45%）	50（7.41%）	30（10.49%）
没有	1599（88.05%）	220（82.71%）	498（84.55%）	625（92.59%）	256（89.51%）
合计	1816（100%）	266（100%）	589（100%）	675（100%）	286（100%）

以"好""非常好"两种回答的累计比例来衡量团体辅导效果，发现总体上回答"好""非常好"的大学生占74.65%（见表4-15），说明高校团体辅导总体效果较好。从不同院校具体来看，双一流本科（78.27%）＞双非公办本科（76.92%）＞高职大专（73.34%）＞民办本科（68.00%）。

表 4-15 团体辅导效果

	总体 人数（%）	双一流本科 人数（%）	双非本科 人数（%）	民办本科 人数（%）	高职大专 人数（%）
非常好（解决了问题）	37（17.05%）	9（19.57%）	17（18.68%）	6（12.00%）	5（16.67%）
好（部分解决问题）	125（57.60%）	27（58.70%）	53（58.24%）	28（56.00%）	17（56.67%）
一般	53（24.42%）	10（21.74%）	20（21.98%）	15（30.00%）	8（26.67%）
不好	2（0.92%）	0（0%）	1（1.10%）	1（2.00%）	0（0%）
非常不好	0（0%）	0（0%）	0（0%）	0（0%）	0（0%）
合计	217（100%）	46（100%）	91（100%）	50（100%）	30（100%）

三、大学生积极心理品质现状

（一）调查问卷与调查对象基本情况

采用第三章编制的大学生积极心理品质量表进行调查，量表包含十一个维度55个项目，其中积极自我维度含有10个项目，积极进取心含有9个项目，宽恕维度含有5个项目，韧性维度含有4个项目，感恩维度含有4个项目，主观幸福感维度含有5个项目，利他维度含有4个项目，乐观维度含有4个项目，适应力维度含有3个项目，创造力维度含有3个项目，情商维度含有4个项目。量表以李克特5点方式计分，"非常不符合"记1分，"不符合"记2分，"不确定"记3分，"符合"记4分，"非常符合"记5分，量表总分越高代表大学生积极心理品质越好。人口学变量有：年龄、性别、院校类别（双一流本科、双非公办本科、民办本科、高职/大专）、学历层次（高职/大专、本科）、专业、年级。调查对象为湖南省、贵州省、河南省、辽宁省、广东省五省共计十二所高校。覆盖的地区包括东部、中部、西部。所选取的高校包括：双一流院校、双非公办本科院校、民办本科院校、高职/大专院校。调查时间为2021年4-6月，调查方式采用问卷星在线填写。最终，共回收有效问卷为2302份。调查对象具体情况见表4-16。

表 4-16 调查对象人口学资料表

	被试类别	样本数	百分比（%）
性别	男	878	38.14%
	女	1424	61.86%
年级	大一	781	33.93%
	大二	771	33.49%
	大三	460	19.98%
	大四	290	12.60%
学历	高职/大专	438	19.03%
	本科	1864	80.97%
院校	双一流本科	377	16.38%
	双非本科	865	37.58%
	民办本科	622	27.02%
	高职/大专	438	19.03%

（二）大学生积极心理品质的总体状况

调查结果如表4-17所示，描述性统计表明大学生积极心理品质总分呈正态分布，平均数与标准差为194.006±22.515，总分平均数与满分之比为70.55%，以教育实践中常用设定等级的标准（90%及以上为优，80%~90%为良，70%~80%为中，60%~70%为合格，60%以下为差）来评定积极心理品质总体等级，大学生积极心理品质总体处于中等水平；积极自我的平均数与标准差为35.762±5.619，与该维度满分之比为71.52%，处于中等水平；积极进取心的平均数与标准差为31.751±5.049，与该维度满分之比为70.56%，处于中等水平；宽恕的平均数与标准差为15.175±3.661，与该维度满分之比为60.70%，处于合格水平；韧性的平均数与标准差为13.985±2.299，与该维度满分之比为69.93%，处于合格，接近中等水平；感恩的平均数与标准差为16.159±2.263，与该维度满分之比为80.80%，处于良好水平；幸福感的平均数与标准差为15.292±3.457，与该维度满分之比为61.17%，处于合格水平；利他的平均数与标准差为15.771±2.265，与该维度满分之比为78.86%，处于中等，接近良好水平；乐观的平均数与标准差为14.481±2.590，与该维度满分之比为72.41%，处于中等水平；适应力的平均数与标准差为10.704±2.277，与该维度满分之比为71.36%，处于中等水平；创造力的平均数与标准差为10.200±1.922，与该维度满分之比为

68.00%，处于合格，接近中等水平；情商的平均数与标准差为 14.727±2.181，与该维度满分之比为 73.64%，处于中等水平。

表 4-17　大学生积极心理品质总体状况

维度	平均数	标准差	平均数与满分之比（%）
积极自我	35.762	5.619	71.52%
积极进取心	31.751	5.049	70.56%
宽恕	15.175	3.661	60.70%
韧性	13.985	2.299	69.93%
感恩	16.159	2.263	80.80%
幸福感	15.292	3.457	61.17%
利他	15.771	2.265	78.86%
乐观	14.481	2.590	72.41%
适应力	10.704	2.277	71.36%
创造力	10.200	1.922	68.00%
情商	14.727	2.181	73.64%
积极心理品质总分	194.006	22.515	70.55%

描述统计表明：积极心理品质总分及其维度的得分呈正态分布，即大学生积极心理品质总分以及各维度积极心理品质得分总体上集中分布在各自平均数周围，以平均数为中心，分别向左右两侧逐渐下降。积极心理品质量表主要考察积极心理品质总分以及各分维度的积极心理品质情况，同一维度的项目共同反映同一种积极心理品质，在此情况下考察各项目的选项的频数及百分比并无实质意义，因此，本书不再分析各种积极心理品质各项目选项的频数与所占百分比。

（三）大学生积极心理品质的差异性分析

为了解大学生积极心理品质总分及各维度在性别上是否有统计学差异，采用独立样本 t 检验以95%置信区间对大学生积极心理品质总分及各维度积极心理品质进行性别上的差异检验，结果如表4-18所示：男大学生在积极心理品质总分（$p<0.001$）、积极自我（$p<0.001$）、积极进取心（$p<0.01$）、宽恕（$p<0.05$）、韧性（$p<0.001$）、主观幸福感（$p<0.001$）、适应力（$p<0.01$）、创造力（$p<0.001$）、情商（$p<0.05$）上显著性高于女大学生，而女大学在感恩上显著

性高于男大学生（$p<0.05$），而在利他（$p>0.05$）、乐观（$p>0.05$）上男女大学没有显著性差异。

表4-18　不同性别大学生积极心理品质的t检验

	类型	平均数	标准差	t	p（双尾）
总分	男	196.529	22.597	4.236	0
	女	192.451	22.331		
积极自我	男	36.365	5.393	4.111	0
	女	35.390	5.724		
积极进取心	男	32.136	5.169	2.876	0.004
	女	31.513	4.961		
宽恕	男	15.411	3.753	2.437	0.015
	女	15.029	3.597		
韧性	男	14.308	2.258	5.313	0
	女	13.787	2.301		
感恩	男	16.033	2.323	-2.098	0.036
	女	16.237	2.223		
主观幸福感	男	15.648	3.528	3.893	0
	女	15.072	3.396		
利他	男	15.822	2.347	0.860	0.39
	女	15.739	2.214		
乐观	男	14.606	2.628	1.813	0.07
	女	14.405	2.565		
适应力	男	10.886	2.162	3.080	0.002
	女	10.591	2.339		
创造力	男	10.441	1.899	4.744	0
	女	10.051	1.922		
情商	男	14.874	2.263	2.532	0.011
	女	14.637	2.125		

为考察大学生积极心理品质在年级上是否有统计学差异，以积极心理品质总分以及各维度为因变量，年级为自变量，进行单因素方差分析。结果显示：大学生积极心理品质总分由大一到大三逐渐升高，到大四又略微下降，但各年

级间没有显著性差异（$p>0.05$）；积极自我的心理品质表现为，大三>大四>大一>大二，但年级间并无显著性差异；宽恕的心理品质由大一到大四逐渐升高，并且年级间有显著差异（$p<0.05$）；韧性的心理品质由大一到大四逐渐升高，并且年级间有显著差异（$p<0.01$）；感恩的心理品质由大一到大三逐渐升高，到大四又略微下降，但年级间并无显著差异（$p>0.05$）；主观幸福感表现为，大二>大四>大三>大一，并且年级间存在显著性差异（$p<0.01$）；利他的心理品质表现为：大三>大一>大四>大二，并且年级间存在显著差异（$p<0.01$）；乐观的心理品质表现为：大三>大四>大一>大二，但年级间不存在显著差异（$p>0.05$）；适应力的心理品质由大一到大四逐渐增强，并且存在显著性差异（$p<0.01$）；创造力的心理品质表现为：大一>大三>大四>大二，并且存在显著性差异（$p<0.05$）；情商表现为：大一到大三逐渐增加，大四略微下降，但年级间不存在显著性差异（$p>0.05$）。

表 4-19 不同年级大学生积极心理品质的单因素方差分析

维度	年级	平均数	标准差	F值	p
总分	大一	192.785	21.474	1.975	0.116
	大二	193.759	24.258		
	大三	195.717	21.332		
	大四	195.238	22.153		
积极自我	大一	35.762	5.465	0.208	0.891
	大二	35.651	5.948		
	大三	35.896	5.352		
	大四	35.845	5.561		
积极进取心	大一	31.366	4.798	4.68	0.003
	大二	31.650	5.420		
	大三	32.444	4.725		
	大四	31.955	5.088		
宽恕	大一	14.876	3.728	3.658	0.012
	大二	15.201	3.526		
	大三	15.344	3.618		
	大四	15.641	3.845		

续表

维度	年级	平均数	标准差	F值	p
韧性	大一	13.866	2.330	4.018	0.007
	大二	13.895	2.352		
	大三	14.109	2.215		
	大四	14.352	2.160		
感恩	大一	16.106	2.281	0.735	0.531
	大二	16.170	2.276		
	大三	16.283	2.293		
	大四	16.076	2.134		
幸福感	大一	15.040	3.280	4.028	0.007
	大二	15.617	3.538		
	大三	15.135	3.387		
	大四	15.355	3.750		
利他	大一	15.860	2.226	4.614	0.003
	大二	15.573	2.357		
	大三	16.026	2.197		
	大四	15.648	2.185		
乐观	大一	14.446	2.563	0.872	0.455
	大二	14.418	2.577		
	大三	14.652	2.587		
	大四	14.476	2.704		
适应力	大一	10.453	2.344	5.399	0.001
	大二	10.789	2.292		
	大三	10.804	2.188		
	大四	10.993	2.134		
创造力	大一	10.375	1.823	3.704	0.011
	大二	10.057	1.960		
	大三	10.178	1.920		
	大四	10.141	2.056		

续表

维度	年级	平均数	标准差	F值	p
情商	大一	14.635	2.149	0.956	0.413
	大二	14.738	2.271		
	大三	14.848	2.108		
	大四	14.755	2.135		

为了解具体哪些年级之间的总分及各维度积极心理品质之间是否有统计学差异，采用LSD法进行事后检验，结果如表4-20所示：在积极进取心上，大三显著性高于大二（$p<0.01$）、大一（$p<0.01$）；在宽恕上，大四显著性高于大一（$p<0.01$），大三显著性高于大一（$p<0.05$）；在韧性上，大四显著性高于大二（$p<0.01$）、大一（$p<0.01$）；在幸福感上，大二显著性高于大三（$p<0.05$）、大一（$p<0.01$）；在利他上，大一显著性高于大二（$p<0.05$），大三高于大二（$p<0.01$）、大四（$p<0.05$）；在适应力上大四显著性高于大一（$p<0.01$），大三显著性高于大一（$p<0.01$），大二显著性高于大一（$p<0.01$）；在创造力上，大一显著性高于大二（$p<0.01$）。

表4-20 LSD事后检验结果

因变量	(I) 年级	(J) 年级	平均值差值 (I-J)	标准误差	显著性
积极进取心	大一	大二	-0.284	0.256	0.268
		大三	-1.077	0.296	0.000
		大四	-0.589	0.346	0.089
	大二	大一	0.284	0.256	0.268
		大三	-0.794	0.297	0.008
		大四	-0.305	0.347	0.379
	大三	大一	1.077	0.296	0.000
		大二	0.794	0.297	0.008
		大四	0.488	0.378	0.196
	大四	大一	0.589	0.346	0.089
		大二	0.305	0.347	0.379
		大三	-0.488	0.378	0.196

续表

因变量	(I) 年级	(J) 年级	平均值差值 (I-J)	标准误差	显著性
宽恕	大一	大二	-0.325	0.186	0.080
		大三	-0.468	0.215	0.030
		大四	-0.766	0.251	0.002
	大二	大一	0.325	0.186	0.080
		大三	-0.142	0.215	0.508
		大四	-0.440	0.252	0.080
	大三	大一	0.468	0.215	0.030
		大二	0.142	0.215	0.508
		大四	-0.298	0.274	0.277
	大四	大一	0.766	0.251	0.002
		大二	0.440	0.252	0.080
		大三	0.298	0.274	0.277
韧性	大一	大二	-0.029	0.116	0.801
		大三	-0.243	0.135	0.071
		大四	-0.486	0.158	0.002
	大二	大一	0.029	0.116	0.801
		大三	-0.214	0.135	0.114
		大四	-0.457	0.158	0.004
	大三	大一	0.243	0.135	0.071
		大二	0.214	0.135	0.114
		大四	-0.243	0.172	0.158
	大四	大一	0.486	0.158	0.002
		大二	0.457	0.158	0.004
		大三	0.243	0.172	0.158

续表

因变量	(I) 年级	(J) 年级	平均值差值 (I-J)	标准误差	显著性
幸福感	大一	大二	-0.578	0.175	0.001
		大三	-0.095	0.203	0.639
		大四	-0.315	0.237	0.184
	大二	大一	0.578	0.175	0.001
		大三	0.483	0.203	0.018
		大四	0.262	0.238	0.270
	大三	大一	0.095	0.203	0.639
		大二	-0.483	0.203	0.018
		大四	-0.220	0.259	0.394
	大四	大一	0.315	0.237	0.184
		大二	-0.262	0.238	0.270
		大三	0.220	0.259	0.394
利他	大一	大二	0.287	0.115	0.012
		大三	-0.166	0.133	0.212
		大四	0.212	0.155	0.172
	大二	大一	-0.287	0.115	0.012
		大三	-0.453	0.133	0.001
		大四	-0.075	0.156	0.630
	大三	大一	0.166	0.133	0.212
		大二	0.453	0.133	0.001
		大四	0.378	0.169	0.026
	大四	大一	-0.212	0.155	0.172
		大二	0.075	0.156	0.630
		大三	-0.378	0.169	0.026

续表

因变量	(I) 年级	(J) 年级	平均值差值 (I-J)	标准误差	显著性
适应力	大一	大二	-0.335	0.115	0.004
		大三	-0.351	0.133	0.009
		大四	-0.540	0.156	0.001
	大二	大一	0.335	0.115	0.004
		大三	-0.016	0.134	0.906
		大四	-0.205	0.156	0.191
	大三	大一	0.351	0.133	0.009
		大二	0.016	0.134	0.906
		大四	-0.189	0.170	0.268
	大四	大一	0.540	0.156	0.001
		大二	0.205	0.156	0.191
		大三	0.189	0.170	0.268
创造力	大一	大二	0.318	0.097	0.001
		大三	0.197	0.113	0.081
		大四	0.234	0.132	0.077
	大二	大一	-0.318	0.097	0.001
		大三	-0.121	0.113	0.284
		大四	-0.084	0.132	0.524
	大三	大一	-0.197	0.113	0.081
		大二	0.121	0.113	0.284
		大四	0.037	0.144	0.798
	大四	大一	-0.234	0.132	0.077
		大二	0.084	0.132	0.524
		大三	-0.037	0.144	0.798

为考察大学生积极心理品质在不同院校类型上是否有统计学差异，以积极心理品质总分以及各维度为因变量，院校类型为自变量，进行单因素方差分析。结果如表4-21所示：在积极心理品质总分、积极自我、积极进取心、感恩上、幸福感上，双一流本科>双非公办本科>民办本科>高职大专，且存在显著差异

（p 值均小于 0.001）；在宽恕、创造力上，双非公办本科>高职大专>民办本科>双一流本科，且存在显著差异（p 值均小于 0.001）；在韧性（$p<0.01$）、适应力（$p<0.05$）上，双非公办本科>双一流本科>民办本科>高职大专，且存在显著差异；在利他上，双一流本科>双非公办本科>高职大专>民办本科，但不存在显著性差异；在乐观上，双非公办本科>双一流本科>高职大专>民办本科，且存在显著差异（$p<0.001$）；在情商上，双一流本科>双非公办本科>高职大专>民办本科，且存在显著差异（$p<0.001$）。

表 4-21　不同类型院校大学生积极心理品质的单因素方差分析

维度	学校类型	平均数	标准差	F 值	p
总分	双一流本科	196.905	23.626	10.472	0
	双非本科	196.149	22.939		
	民办本科	191.743	20.845		
	高职大专	190.493	22.253		
积极自我	双一流本科	36.833	5.844	10.944	0
	双非本科	36.097	5.588		
	民办本科	35.270	5.420		
	高职大专	34.877	5.569		
积极进取心	双一流本科	32.971	5.069	13.308	0
	双非本科	31.951	5.330		
	民办本科	31.286	4.579		
	高职大专	30.964	4.887		
宽恕	双一流本科	14.432	3.802	6.976	0
	双非本科	15.458	3.694		
	民办本科	15.199	3.364		
	高职大专	15.219	3.800		
韧性	双一流本科	14.040	2.536	5.447	0.001
	双非本科	14.205	2.325		
	民办本科	13.817	2.191		
	高职大专	13.744	2.141		

续表

维度	学校类型	平均数	标准差	F值	p
感恩	双一流本科	16.833	2.234	21.778	0
	双非本科	16.252	2.122		
	民办本科	16.010	2.282		
	高职大专	15.607	2.373		
幸福感	双一流本科	15.836	3.600	14.548	0
	双非本科	15.642	3.472		
	民办本科	15.000	3.226		
	高职大专	14.548	3.463		
利他	双一流本科	15.926	2.378	0.807	0.490
	双非本科	15.771	2.237		
	民办本科	15.707	2.181		
	高职大专	15.726	2.339		
乐观	双一流本科	14.443	2.772	7.047	0
	双非本科	14.778	2.431		
	民办本科	14.177	2.699		
	高职大专	14.361	2.523		
适应力	双一流本科	10.708	2.468	3.021	0.029
	双非本科	10.875	2.184		
	民办本科	10.572	2.312		
	高职大专	10.548	2.217		
创造力	双一流本科	9.769	2.216	8.540	0
	双非本科	10.362	1.955		
	民办本科	10.199	1.769		
	高职大专	10.251	1.737		
情商	双一流本科	15.114	2.169	6.404	0
	双非本科	14.758	2.223		
	民办本科	14.505	2.106		
	高职大专	14.648	2.171		

为了解具体哪些类型的院校的积极心理品质总分及各维度有统计学差异，

采用LSD法进行事后检验。结果如表4-22所示：在积极心理品质总分上，双一流本科显著性高于民办本科（$p<0.001$）、高职大专（$p<0.001$），双非公办本科显著性高于民办本科（$p<0.001$）、高职大专（$p<0.001$）；在积极自我上双一流本科显著性高于双非公办本科（$p<0.05$）、民办本科（$p<0.001$）、高职大专（$p<0.001$），双非公办本科显著性高于民办本科（$p<0.01$）、高职大专（$p<0.001$）；在积极进取心上，双一流本科显著性高于双非公办本科（$p<0.01$）、民办本科（$p<0.001$）、高职大专（$p<0.001$），双非公办本科显著性高于民办本科（$p<0.05$）、高职大专（$p<0.01$）；在宽恕上，双一流本科显著性低于民办本科（$p<0.01$）、高职大专（$p<0.01$）、双非公办本科（$p<0.001$）；在韧性上，双非公办本科显著性高于民办本科（$p<0.01$）、高职大专（$p<0.01$）；在感恩上，双一流本科显著性高于双非公办本科（$p<0.001$）、民办本科（$p<0.001$）、高职大专（$p<0.001$），双非公办本科显著性高于民办本科（$p<0.05$）、高职大专（$p<0.001$），民办本科显著性高于高职大专（$p<0.01$）；在幸福感上，双一流本科显著性高于民办本科（$p<0.001$）、高职大专（$p<0.001$），双非公办本科显著性高于民办本科（$p<0.001$）、高职大专（$p<0.001$），民办本科显著性高于高职大专（$p<0.05$）；在乐观上，双非公办本科显著性高于双一流本科（$p<0.05$）、民办本科（$p<0.001$）、高职大专（$p<0.01$）；在适应力上，双非公办本科显著性高于民办本科（$p<0.05$）、高职大专（$p<0.05$）；在创造力上，双一流本科显著性低于双非公办本科（$p<0.001$）、高职大专（$p<0.001$）、民办本科（$p<0.01$）；在情商上，双一流本科显著性高于双非公办本科（$p<0.01$）、民办本科（$p<0.001$）、高职大专（$p<0.01$），双非公办本科显著性高于民办本科（$p<0.05$）。

表4-22 LSD事后检验结果

因变量	(I) 学校类型	(J) 学校类型	平均值差值(I-J)	标准误差	显著性
积极心理品质总分	双一流本科	双非公办本科	0.755	1.381	0.584
		民办本科	5.162	1.461	0
		高职大专	6.411	1.572	0
	双非公办本科	双一流本科	-0.755	1.381	0.584
		民办本科	4.406	1.176	0
		高职大专	5.656	1.312	0
	民办本科	双一流本科	-5.162	1.461	0

续表

因变量	（I）学校类型	（J）学校类型	平均值差值（I-J）	标准误差	显著性
积极心理品质总分	高职大专	双非公办本科	-4.406	1.176	0
		高职大专	1.250	1.396	0.371
	高职大专	双一流本科	-6.411	1.572	0
		双非公办本科	-5.656	1.312	0
		民办本科	-1.250	1.396	0.371
积极自我	双一流本科	双非公办本科	0.736	0.345	0.033
		民办本科	1.563	0.364	0
		高职大专	1.956	0.392	0
	双非公办本科	双一流本科	-0.736	0.345	0.033
		民办本科	0.827	0.293	0.005
		高职大专	1.220	0.327	0
	民办本科	双一流本科	-1.563	0.364	0
		双非公办本科	-0.827	0.293	0.005
		高职大专	0.393	0.348	0.259
	高职大专	双一流本科	-1.956	0.392	0
		双非公办本科	-1.220	0.327	0
		民办本科	-0.393	0.348	0.259
积极进取心	双一流本科	双非公办本科	1.019	0.309	0.001
		民办本科	1.685	0.327	0
		高职大专	2.007	0.352	0
	双非公办本科	双一流本科	-1.019	0.309	0.001
		民办本科	0.665	0.263	0.012
		高职大专	0.988	0.294	0.001
	民办本科	双一流本科	-1.685	0.327	0
		双非公办本科	-0.665	0.263	0.012
		高职大专	0.323	0.312	0.302
	高职大专	双一流本科	-2.007	0.352	0
		双非公办本科	-0.988	0.294	0.001
		民办本科	-0.323	0.312	0.302

续表

因变量	(I) 学校类型	(J) 学校类型	平均值差值(I-J)	标准误差	显著性
宽恕	双一流本科	双非公办本科	-1.025	0.225	0
		民办本科	-0.767	0.238	0.001
		高职大专	-0.787	0.256	0.002
	双非公办本科	双一流本科	1.025	0.225	0
		民办本科	0.258	0.192	0.178
		高职大专	0.239	0.214	0.265
	民办本科	双一流本科	0.767	0.238	0.001
		双非公办本科	-0.258	0.192	0.178
		高职大专	-0.020	0.227	0.931
	高职大专	双一流本科	0.787	0.256	0.002
		双非公办本科	-0.239	0.214	0.265
		民办本科	0.020	0.227	0.931
韧性	双一流本科	双非公办本科	-0.165	0.141	0.244
		民办本科	0.223	0.150	0.136
		高职大专	0.296	0.161	0.067
	双非公办本科	双一流本科	0.165	0.141	0.244
		民办本科	0.388	0.120	0.001
		高职大专	0.460	0.134	0.001
	民办本科	双一流本科	-0.223	0.150	0.136
		双非公办本科	-0.388	0.120	0.001
		高职大专	0.072	0.143	0.612
	高职大专	双一流本科	-0.296	0.161	0.067
		双非公办本科	-0.460	0.134	0.001
		民办本科	-0.072	0.143	0.612
感恩	双一流本科	双非公办本科	0.581	0.138	0
		民办本科	0.823	0.146	0
		高职大专	1.226	0.157	0
	双非公办本科	双一流本科	-0.581	0.138	0
		民办本科	0.242	0.117	0.039

续表

因变量	(I) 学校类型	(J) 学校类型	平均值差值(I-J)	标准误差	显著性
感恩	民办本科	高职大专	0.645	0.131	0
		双一流本科	-0.823	0.146	0
		双非公办本科	-0.242	0.117	0.039
		高职大专	0.402	0.139	0.004
	高职大专	双一流本科	-1.226	0.157	0
		双非公办本科	-0.645	0.131	0
		民办本科	-0.402	0.139	0.004
幸福感	双一流本科	双非公办本科	0.194	0.212	0.359
		民办本科	0.836	0.224	0
		高职大专	1.288	0.241	0
	双非公办本科	双一流本科	-0.194	0.212	0.359
		民办本科	0.642	0.180	0
		高职大专	1.094	0.201	0
	民办本科	双一流本科	-0.836	0.224	0
		双非公办本科	-0.642	0.180	0
		高职大专	0.452	0.214	0.035
	高职大专	双一流本科	-1.288	0.241	0
		双非公办本科	-1.094	0.201	0
		民办本科	-0.452	0.214	0.035
乐观	双一流本科	双非公办本科	-0.335	0.159	0.035
		民办本科	0.266	0.168	0.114
		高职大专	0.082	0.181	0.65
	双非公办本科	双一流本科	0.335	0.159	0.035
		民办本科	0.601	0.136	0
		高职大专	0.417	0.151	0.006
	民办本科	双一流本科	-0.266	0.168	0.114
		双非公办本科	-0.601	0.136	0
		高职大专	-0.184	0.161	0.253
	高职大专	双一流本科	-0.082	0.181	0.65

续表

因变量	(I) 学校类型	(J) 学校类型	平均值差值 (I-J)	标准误差	显著性
乐观		双非公办本科	-0.417	0.151	0.006
		民办本科	0.184	0.161	0.253
适应力	双一流本科	双非公办本科	-0.167	0.140	0.234
		民办本科	0.136	0.148	0.36
		高职大专	0.160	0.160	0.316
	双非公办本科	双一流本科	0.167	0.140	0.234
		民办本科	0.303	0.120	0.011
		高职大专	0.327	0.133	0.014
	民办本科	双一流本科	-0.136	0.148	0.36
		双非公办本科	-0.303	0.120	0.011
		高职大专	0.024	0.142	0.863
	高职大专	双一流本科	-0.160	0.160	0.316
		双非公办本科	-0.327	0.133	0.014
		民办本科	-0.024	0.142	0.863
创造力	双一流本科	双非公办本科	-0.593	0.118	0
		民办本科	-0.430	0.125	0.001
		高职大专	-0.482	0.134	0
	双非公办本科	双一流本科	0.593	0.118	0
		民办本科	0.162	0.101	0.106
		高职大专	0.111	0.112	0.324
	民办本科	双一流本科	0.430	0.125	0.001
		双非公办本科	-0.162	0.101	0.106
		高职大专	-0.052	0.119	0.664
	高职大专	双一流本科	0.482	0.134	0
		双非公办本科	-0.111	0.112	0.324
		民办本科	0.052	0.119	0.664

续表

因变量	(I) 学校类型	(J) 学校类型	平均值差值(I-J)	标准误差	显著性
情商	双一流本科	双非公办本科	0.356	0.134	0.008
		民办本科	0.609	0.142	0
		高职大专	0.466	0.153	0.002
	双非公办本科	双一流本科	-0.356	0.134	0.008
		民办本科	0.254	0.114	0.027
		高职大专	0.110	0.127	0.388
	民办本科	双一流本科	-0.609	0.142	0
		双非公办本科	-0.254	0.114	0.027
		高职大专	-0.144	0.136	0.29
	高职大专	双一流	-0.466	0.153	0.002
		双非公办本科	-0.110	0.127	0.388
		民办本科	0.144	0.136	0.29

第二节　高校心理健康教育过程实效性现状

高校心理健康教育过程实效性是影响结果实效性的重要因素，主要体现在心理健康教育过程要素上，本节将采用问卷调查的方式，从大学生的视角评估高校心理健康教育四个过程要素（主体要素、介体要素、客体要素、环体要素）现状。

一、教育主体要素现状

（一）调查问卷与调查对象基本情况

采用第三章编制的大学生心理健康教育过程要素量表中教育主体要素维度进行调查，教育主体要素维度包括项目21—28，主要指心理健康教育主体的胜任力、态度。量表以李克特5点方式计分，"非常不符合"记1分，"不符合"记2分，"不确定"记3分，"符合"记4分，"非常符合"记5分。调查时间为2021年4—6月，调查对象为湖南省、贵州省、河南省、辽宁省、广东省五省共计十二所高校。覆盖我国东部、中部、西部地区。所选取的高校包括：双一流院校、双非公办本科院校、民办本科院校、高职/大专院校。调查问卷与大学生积极心理品质量表一同发放，共回收有效问卷 2302 份，调查对象具体情况见表 4-16。

（二）教育主体要素的总体状况

如表 4-23 所示，调查发现高校心理健康教育过程主体要素的平均数与标准差为 29.865±4.671，平均数与满分之比为 74.66%，以教育实践中常用设定等级的标准（90%及以上为优，80%~90%为良，70%~80%为中，60%~70%为合格，60%以下为差）来评定，大学生对于主体要素的评价处于中等水平。从主体要素的两个内容主体态度（项目 S21—S23）、主体胜任力（S24—S28）来看，态度与满分比为 77.00%，胜任力与满分之比为 73.28%，说明相对于教育主体的胜任力，大学生总体上更加认可教育主体的态度。

表 4-23 高校心理健康过程教育主体要素状况

项目	平均数	标准差	均数与满分之比（%）
S21. 我所在二级学院的心理辅导员（老师）开展工作时态度非常友好	3.850	0.714	77.00%
S22. 我所在班级的心理委员开展工作时态度非常友好	3.870	0.736	77.40%
S23. 学校心理咨询中心的心理老师开展工作时（如心理咨询等）态度非常友好	3.830	0.680	76.60%
S24. 心理健康教育课教师授课水平很高	3.750	0.736	75.00%
S25. 我所在班级心理委员工作能力很强	3.610	0.831	72.20%
S26. 我所在二级学院心理辅导员（老师）工作能力很强	3.760	0.746	75.20%
S27. 学校心理咨询中心的心理老师（心理咨询师）有胜任力	3.720	0.723	74.40%
S28. 我宿舍的心理信息员能及时发现宿舍同学心理问题	3.480	0.872	69.60%
主体要素总分	29.865	4.671	74.66%

为了解主体要素的具体情况，本书对主体要素维度具体项目进行描述性统

计，结果如表4-24所示：对于"二级学院心理辅导员开展工作时的态度非常友好"，选择"符合""非常符合"的大学生累计72.89%；对于"班级心理委员开展工作时态度非常友好"，选择"符合""非常符合"的累计76.98%；对于"学校心理咨询中心的心理老师开展工作时态度非常友好"，选择"符合""非常符合"的累计71.41%；对于"心理健康教育课教师的授课水平很高"，选择"符合""非常符合"的累计65.86%；对于"心理委员的工作能力很强"，选择"符合""非常符合"的累计59.95%；对于"二级学院心理辅导员的工作能力很强"，选择"符合""非常符合"的累计66.37%；对于"学校心理中心心理老师有胜任力"，选择"符合""非常符合"的累计62.55%；对于"宿舍心理信息员能及时发现问题"，选择"符合""非常符合"的累计52.13%。

表4-24　教育主体要素各项目具体情况

	非常不符合 人数（%）	不符合 人数（%）	不确定 人数（%）	符合 人数（%）	非常符合 人数（%）
S21	8（0.35）	62（2.69%）	554（24.07%）	1326（57.60%）	352（15.29%）
S22	16（0.70）	92（4.00%）	422（18.33%）	1420（61.69%）	352（15.29%）
S23	4（0.17）	40（1.73%）	614（26.67%）	1326（57.60%）	318（13.81%）
S24	16（0.70%）	54（2.35%）	716（31.10%）	1208（52.48%）	308（13.38%）
S25	42（1.82%）	148（6.43%）	732（31.80%）	1134（49.26%）	246（10.69%）
S26	14（0.61%）	70（3.04%）	690（29.97%）	1210（52.56%）	318（13.81%）
S27	12（0.52%）	50（2.17%）	800（34.75%）	1158（50.30%）	282（12.25%）
S28	56（2.43%）	200（8.69%）	846（36.75%）	980（42.57%）	220（9.56%）

（三）教育主体要素的差异性分析

为了解不同类型院校的高校心理健康教育教育主体要素是否有统计学上的差异，以教育主体要素为因变量，院校类型为自变量，进行单因素方差分析。结果如表4-25所示：在大学生对教育主体要素评价上，双一流本科>双非公办本科>高职大专>民办本科，且存在显著差异（p值均小于0.001）。

表 4-25 不同类型院校教育主体要素的单因素方差分析

项目	学校类型	平均数	标准差	F 值	p
教育主体要素评价	双一流本科	31.215	4.901	29.200	0
	双非公办本科	30.407	4.650		
	民办本科	28.904	4.371		
	高职大专	29.000	4.484		

为了解具体哪些类型的院校的教育主体要素有统计学差异，采用 LSD 法进行事后检验，结果如表 4-26 所示：双一流本科显著性高于双非公办本科（$p<0.01$）、高职大专（$p<0.001$）、民办本科（$p<0.001$），双非公办本科显著性高于高职大专（$p<0.001$）、民办本科（$p<0.001$）。

表 4-26 LSD 事后检验结果

因变量	(I) 学校类型	(J) 学校类型	平均值差值(I-J)	标准误差	显著性
教育主体要素	双一流本科	双非公办本科	0.808	0.283	0.004
		民办本科	2.311	0.299	0
		高职大专	2.215	0.322	0
	双非公办本科	双一流本科	-0.808	0.283	0.004
		民办本科	1.503	0.241	0
		高职大专	1.407	0.269	0
	民办本科	双一流本科	-2.311	0.299	0
		双非公办本科	-1.503	0.241	0
		高职大专	-0.096	0.286	0.736
	高职大专	双一流本科	-2.215	0.322	0
		双非公办本科	-1.407	0.269	0
		民办本科	0.096	0.286	0.736

二、教育客体要素现状

（一）调查问卷与调查对象基本情况

采用第三章编制的大学生心理健康教育过程要素量表中的教育客体要素维

度（包括项目 5—13）进行调查，主要考察大学生心理健康诉求是否得到及时的回应、大学生个性化心理健康需求是否得到满足等内容。量表以李克特 5 点方式计分，"非常不符合"记 1 分，"不符合"记 2 分，"不确定"记 3 分，"符合"记 4 分，"非常符合"记 5 分。调查对象为湖南省、贵州省、河南省、辽宁省、广东省五省十二所高校。覆盖我国东部、中部、西部地区。所选取的高校包括：双一流院校、双非公办本科院校、民办本科院校、高职/大专院校。调查问卷与大学生积极心理品质量表一同发放，调查对象具体情况见表 4-16。

（二）教育客体要素的总体状况

如表 4-27 所示，高校心理健康教育过程客体要素的平均数与标准差为 32.149±5.345，平均数与满分之比为 71.44%，以教育实践中常用设定等级的标准（90%及以上为优，80%~90%为良，70%~80%为中，60%~70%为合格，60%以下为差）来评定，大学生对客体要素的评价处于中等水平。

表 4-27 高校心理健康过程教育客体要素状况

项目	平均数	标准差	均数与满分之比（%）
S5. 我所在的二级学院了解学生的心理需求	3.410	0.826	68.20%
S6. 学校关心学生心理成长与发展	3.810	0.716	76.20%
S7. 学校了解学生对哪些心理健康活动感兴趣	3.470	0.812	69.40%
S8. 学校会根据学生的需要开展针对性的心理健康活动	3.600	0.811	72.00%
S9. 学生在心理健康课遇到的问题，教师能做出迅速的回应	3.590	0.737	71.80%
S10. 学生能及时地预约到心理咨询	3.560	0.740	71.20%
S11. 我遇到心理上的困扰的时候，心理委员或辅导员能及时发现并提供帮助	3.440	0.866	68.80%
S12. 学生遇到心理危机事件时，学校能及时地采取行动	3.540	0.773	70.80%
S13. 当出现突发公共事件时（如疫情、地震等自然灾害、事故、社会安全事件后）学校能迅速开展有针对性的心理健康服务	3.730	0.713	67.46%
客体要素总分	32.149	5.345	71.44%

为了解客体要素的具体情况，本书对客体要素具体项目进行描述性统计，统计结果如表4-28所示：对于"二级学院了解学生心理需求"，选择"符合""非常符合"的大学生累计47.96%；对于"学校关心学生的心理成长与发展"，选择"符合""非常符合"的累计75.85%；对于"学校了解学生对哪些心理健康活动感兴趣"，选择"符合""非常符合"的累计50.83%；对于"学生在心理健康课遇到的问题教师能迅速回应"，选择"符合""非常符合"的累计58.04%；对于"及时预约到心理咨询"，选择"符合""非常符合"的累计53.51%；对于"遇到心理困扰时心理委员或辅导员能及时发现、帮助"，选择"符合""非常符合"的累计51.61%；对于"学生遇到危机事件，学校能及时采取行动"，选择"符合""非常符合"的累计55.26%；对于"出现突发公共事件时学校能迅速开展有针对性的心理健康服务"，选择"符合""非常符合"的累计67.68%。

表4-28 教育客体要素各项目具体情况

项目	非常不符合 人数（%）	不符合 人数（%）	不确定 人数（%）	符合 人数（%）	非常符合 人数（%）
S5	44（1.91%）	228（9.90%）	926（40.23%）	956（41.53%）	148（6.43%）
S6	20（0.87%）	96（4.17%）	440（19.11%）	1488（64.64%）	258（11.21%）
S7	28（1.22%）	208（9.04%）	896（38.92%）	990（43.01%）	180（7.82%）
S8	40（1.74%）	160（6.95%）	676（29.37%）	1224（48.83%）	202（8.77%）
S9	14（0.61%）	130（5.65%）	822（35.71%）	1162（50.48%）	174（7.56%）
S10	16（0.70%）	108（4.69%）	946（41.09%）	1042（45.26%）	190（8.25%）
S11	56（2.43%）	234（10.17%）	824（35.79%）	1012（43.96%）	176（7.65%）
S12	36（1.56%）	126（5.47%）	868（37.71%）	1104（47.96%）	168（7.30%）
S13	8（0.35%）	98（4.26%）	638（27.72%）	1322（57.43%）	236（10.25%）

（三）教育客体要素的差异性分析

为了解不同类型院校的高校心理健康教育教育客体要素是否有统计学上的差异，以教育客体要素为因变量，院校类型为自变量，进行单因素方差分析，结果如表4-29所示：在教育客体要素上，双一流本科>双非公办本科>高职大专>民办本科，且存在显著差异（p值均小于0.001）。

表 4-29　不同类型院校教育客体要素的单因素方差分析

	学校类型	平均数	标准差	F 值	p
教育客体要素	双一流本科	33.255	5.888	13.989	0
	双非公办本科	32.549	5.258		
	民办本科	31.289	5.273		
	高职大专	31.626	4.872		

为了解具体哪些类型院校的教育客体要素有统计学差异，采用 LSD 法进行事后检验，结果如表 4-30 所示：双一流本科显著性高于双非公办本科（$p<0.05$）、高职大专（$p<0.001$）、民办本科（$p<0.001$），双非公办本科显著性高于高职大专（$p<0.01$）、民办本科（$p<0.001$）。

表 4-30　LSD 事后检验结果

因变量	(I) 学校类型	(J) 学校类型	平均值差值 (I-J)	标准误差	显著性
教育客体要素	双一流本科	双非公办本科	0.706	0.327	0.031
		民办本科	1.965	0.346	0
		高职大专	1.629	0.372	0
	双非公办本科	双一流本科	-0.706	0.327	0.031
		民办本科	1.260	0.279	0
		高职大专	0.924	0.311	0.003
	民办本科	双一流本科	-1.965	0.346	0
		双非公办本科	-1.260	0.279	0
		高职大专	-0.336	0.331	0.309
	高职大专	双一流本科	-1.629	0.372	0
		双非公办本科	-0.924	0.311	0.003
		民办本科	0.336	0.331	0.309

三、教育介体要素现状

（一）调查问卷与调查对象基本情况

采用第三章编制的大学生心理健康教育过程要素量表中的教育介体要素维

度进行调查,教育介体要素维度包括项目14~20,主要考察高校心理健康教育提供的有效服务状况,即高校心理健康教育的方式状况。量表以李克特5点方式计分,"非常不符合"记1分,"不符合"记2分,"不确定"记3分,"符合"记4分,"非常符合"记5分。此外,为进一步了解心理健康教育活动开展情况,还设计四个附加问题:一是"心理健康教育课程的教学方法情况";二是"基于你的记忆,过去一学年本校开展了多少次心理健康活动";三是"读大学期间你有没有参与过学校里的心理健康活动?参与过的话,是什么活动?";四是"请选择最喜欢的心理健康教育活动形式"。调查时间为2021年4—6月,调查对象为湖南省、贵州省、河南省、辽宁省、广东省五省共计十二所高校。覆盖我国东部、中部、西部地区。所选取的高校包括:双一流院校、双非公办本科院校、民办本科院校、高职/大专院校。调查问卷与大学生积极心理品质量表一同发放,共回收有效问卷2302份,调查对象具体情况见表4-16。

(二)教育介体要素的总体状况

如表4-31所示,高校心理健康过程介体要素的平均数与标准差为25.434±4.436,平均数与满分之比为72.67%%,说明从总体上来看,大学生对于介体要素的评价处于中等水平。

表4-31 高校心理健康过程教育介体要素状况

项目	平均数	标准差	均数与满分之比(%)
S14. 大学生心理健康教育必修课课程设置合理 3.890	0.678	77.80%	
S15. 我可以选到我感兴趣的心理类选修课(如:爱情心理学、人际交往、情绪管理等)	3.560	0.910	71.20%
S16. 学校时常开展心理健康活动(如团体成长小组或拓展活动,心理情景剧、心理知识竞赛、525等各类比赛活动)	3.690	0.793	73.80%
S17. 我的班级开展了很多心理健康服务活动(如关注本班同学心理状态、普及心理知识,开展心理活动等)	3.550	0.890	71.00%
S18. 我所在二级学院开展了很多心理健康服务活动(如心理辅导、个体发展规划、心理健康知识普及等)	3.600	0.839	72.00%

续表

项目	平均数	标准差	均数与满分之比（%）
S19. 学校心理咨询中心能提供很多心理健康服务（如心理测试、心理咨询、团体成长活动、户外拓展活动等）	3.670	0.766	73.40%
S20. 学校提供了学校、家庭、医疗机构联动的心理健康服务	3.460	0.836	69.20%
介体要素总分	25.434	4.436	72.67%

为了解介体要素的具体情况，本书对介体要素具体项目进行描述性统计，结果如表4-32所示：对于"大学生心理健康教育课程设置合理"，选择"符合""非常符合"的大学生分别占64.38%、14.42%，合计78.80%；对于"能选到感兴趣的选修课程"，选择"符合""非常符合"的分别占51.09%、10.34%，合计61.43；对于"学校时常开展心理健康活动"，选择"符合""非常符合"的分别占57.43%、10.51%，合计67.94%；对于"班级开展了很多心理健康活动"，选择"符合""非常符合"的分别占53.78%、8.95%，合计62.73%；对于"二级学院开展了很多心理健康活动"，选择"符合""非常符合"的分别占54.13%、9.21%，合计63.33%；对于"心理咨询中心能提供很多专业的心理健康服务"，选择"符合""非常符合"的分别占55.34%、9.82%，合计65.16%；对于"学校提供学校、家庭、医疗机构联动的心理健康服务"，选择"符合""非常符合"的分别占41.79%、8.51%，合计50.30%。

表4-32 教育介体要素各项目具体情况

项目	非常不符合 人数（%）	不符合 人数（%）	不确定 人数（%）	符合 人数（%）	非常符合 人数（%）
S14	2（0.09%）	82（3.56%）	404（17.55%）	1482（64.38%）	332（14.42%）
S15	58（2.52%）	256（11.12%）	574（24.93%）	1176（51.09%）	238（10.34%）
S16	22（0.96%）	170（7.38%）	546（23.72%）	1322（57.43%）	242（10.51%）
S17	42（1.82%）	294（12.77%）	522（22.68%）	1238（53.78%）	206（8.95%）
S18	36（1.56%）	214（9.30%）	594（25.80%）	1246（54.13%）	212（9.21%）
S19	20（0.87%）	136（5.91%）	646（28.06%）	1274（55.34%）	226（9.82%）

续表

项目	非常不符合 人数（%）	不符合 人数（%）	不确定 人数（%）	符合 人数（%）	非常符合 人数（%）
S20	38（1.65%）	208（9.04%）	898（39.01%）	962（41.79%）	196（8.51%）

心理健康教育课程是高校心理健康教育的主渠道，为了解高校心理健康教育课程教学方法情况，本书对其进行了调查，结果如表4-33所示："完全采用讲授法"与"讲授法为主，少量活动体验法"累计所占比例为85.66%，表明讲授法依然是高校心理健康教育课程的主要教学方法，尤其在民办本科（累计所占比例为91.80%）与高职大专院校（累计所占比例为90.64%）中讲授法占绝对优势。

表4-33 高校心理健康教育课程的教学方法情况

教学方法	总体 人数（%）	双一流本科 人数（%）	双非本科 人数（%）	民办本科 人数（%）	高职大专 人数（%）
完全采用讲授法	1071（46.52%）	119（31.56%）	351（40.58%）	356（57.23%）	245（55.94%）
讲授法为主，少量活动体验法	901（39.14%）	171（45.36%）	363（41.97%）	215（34.57%）	152（34.70%）
讲授法，活动体验法各一半	330（14.34%）	87（23.08%）	151（17.46%）	51（8.20%）	41（9.36%）
活动体验法为主，少量讲授法	0（0%）	0（0%）	0（0%）	0（0%）	0（0%）
完全采用活动体验法	0（0%）	0（0%）	0（0%）	0（0%）	0（0%）
合计	2302（100%）	377（100%）	865（100%）	622（100%）	438（100%）

心理健康活动是高校心理健康教育介体要素的重要表现形式，为了解高校心理健康教育活动开展情况，本书还从大学生感知角度对过去一学年本校心理健康活动开展次数，大学阶段参与过心理健康活动的人数、参与类型进行调查

并进行描述统计,结果如表 4-34、表 4-35、表 4-36、图 4-1 所示。

通过表 4-34 可以从学生感知视角得知一学年心理健康活动开展数量。回答"不清楚"和"0 次"的累计占 23.42%;回答"1~3 次"的占 50.61%;回答"4~6 次"的占 18.33%;回答"7~10 次"的占 6.04%;回答"10 次以上"的占 1.61%。这说明高校心理健康活动的开展数量,以及宣传力度还远远不够。通过表 4-34,我们还可以了解不同院校一学年心理健康活动开展的数量。双一流本科回答"不清楚"和"0 次"的累计占 19.36%;回答"1~3 次"的占 47.21%;回答"4~6"次的占 23.34%;回答"7~10 次"的占 6.90%;回答"10 次以上"的占 3.19%。双非公办本科回答"不清楚"和"0 次"的累计占 20.12%;回答"1~3 次"的占 49.60%;回答"4~6 次"的占 20.81%;回答"7~10 次"的占 6.94%;回答"10 次以上"的占 2.54%。民办本科回答"不清楚"和"0 次"的累计占 31.35%;回答"1~3 次"的占 53.70%;回答"4~6 次"的占 11.42%;回答"7~10 次"的占 3.54%;回答"10 次以上"的占 0%。高职大专回答"不清楚"和"0 次"的累计占 22.15%;回答"1~3 次"的占 51.14%;回答"4~6 次"的占 18.95%;回答"7~10 次"的占 7.07%;回答"10 次以上"的占 0.68%。综上对比可知双一流本科和双非公办本科心理健康活动开展数量差不多,其开展数量明显高于高职大专和民办本科,而高职大专开展数量明显高于民办本科。

表 4-34 基于大学生感知的一学年心理健康活动开展频数

教学方法	总体	双一流本科	双非本科	民办本科	高职大专
	人数(%)	人数(%)	人数(%)	人数(%)	人数(%)
不清楚	334 (14.51%)	50 (13.26%)	116 (13.41%)	109 (17.52%)	59 (13.47%)
0 次	205 (8.91%)	23 (6.10%)	58 (6.71%)	86 (13.83%)	38 (8.68%)
1 次	393 (17.07%)	47 (12.47%)	114 (13.18%)	167 (26.85)	65 (14.84%)
2 次	392 (17.03%)	63 (16.71%)	157 (18.15%)	92 (14.79%)	80 (18.26%)
3 次	380 (16.51%)	68 (18.03%)	158 (18.27%)	75 (12.06%)	79 (18.04%)

续表

教学方法	总体 人数（%）	双一流本科 人数（%）	双非本科 人数（%）	民办本科 人数（%）	高职大专 人数（%）
4次	196（8.51%）	38（10.08%）	81（9.36%）	34（5.47%）	43（9.82%）
5次	146（6.34%）	31（8.22%）	67（7.75%）	25（4.02%）	23（5.25%）
6次	80（3.48%）	19（5.04%）	32（3.70）	12（1.93%）	17（3.88%）
7次	57（2.48%）	12（3.18%）	21（2.43）	12（1.93）	12（2.74%）
8次	40（1.74%）	7（1.86%）	17（1.97）	7（1.13%）	9（2.05%）
9次	27（1.17%）	4（1.06%）	15（1.73%）	2（0.32%）	6（1.37%）
10次	15（0.65%）	3（0.80%）	7（0.81%）	1（0.16%）	4（0.91%）
10~20次	23（1.00%）	7（1.86%）	13（1.50%）	0（0%）	3（0.68%）
20次以上	14（0.61%）	5（1.33%）	9（1.04%）	0（0%）	0（0%）
合计	2302（100%）	377（100%）	865（100%）	622（100%）	438（100%）

从表4-35可以得知：从总体上看，参与过心理健康教育活动的大学生占27.37%；而从不同院校来看，双一流本科大学生活动参与率为31.03%，双非公办本科大学生活动参与率为30.17%，民办本科大学生活动参与率为22.19%，高职大专大学生活动参与率为26.03%，这说明大学生心理健康活动的参与率总体上偏低，高职大专院校和民办本科院校参与率尤其低。

表4-35　大学阶段心理健康活动参与情况

教学方法	总体 人数（%）	双一流本科 人数（%）	双非本科 人数（%）	民办本科 人数（%）	高职大专 人数（%）
参加过	630（27.37%）	117（31.03%）	261（30.17%）	138（22.19%）	114（26.03%）
没参加	1672（72.63%）	260（68.97%）	604（69.83%）	484（77.81%）	324（73.97%）

续表

教学方法	总体 人数（%）	双一流本科 人数（%）	双非本科 人数（%）	民办本科 人数（%）	高职大专 人数（%）
合计	2302（100%）	377（100%）	865（100%）	622（100%）	438（100%）

通过表4-36可以得知：从总体上看，大学生参与的心理健康活动类型，排前五位的依次为讲座类（16.84%）、会议类（11.33%）、5·25系列活动（10.73%）、其他（9.39%）、团体成长类（6.71%）。从不同院校来看，双一流本科院校排前五位的依次为5·25系列活动（11.28%）、户外素质拓展（7.52%）、心理知识竞赛类（10.53%）、团体成长类（9.02%）、心理情景剧（8.27%）、其他（8.27%）；双非公办本科排前五位的依次为5·25系列活动（16.97%）、讲座类（9.23%）、其他（9.23%）、团体成长类（8.86%）、心理情景剧（8.49%）、心理知识竞赛类（8.49%）；民办本科院校排前五位的依次为讲座类（30.28%）、会议类（17.61%）、其他（9.86%）、忘记不清楚（8.45%）、宣传展览类（5.63%）；高职大专院校排前五位的依次为讲座类（24.80%）、会议类（18.40%）、其他（10.40%）、忘记不清楚（8.80%）、文艺活动类（5.60%）、宣传展览类（5.60%）。综上比较可知，讲座和开会仍然是心理健康活动的主要形式，这一点在民办本科和高职大专院校里尤为明显（分别累计占47.89%、43.20%）。不同于民办本科和高职大专院校，双一流本科与双非公办本科能开展更多的丰富多彩的体验式、沉浸式的心理健康教育活动，如团体成长活动、心理情景剧、心理知识竞赛等。另外，在双一流本科院校和双非公办本科院校，大学生参与5·25心理健康活动的比例最高，通过进一步调查得知5·25心理健康活动（心理健康周、月）在这两类院校中已经形成系列化、规范化、制度化的活动，已经对大学生产生了较大影响，而民办本科院校和高职大专院校5·25心理健康活动的影响力还不够。

表4-36 心理健康活动参与类型

教学方法	总体 人数（%）	双一流本科 人数（%）	双非本科 人数（%）	民办本科 人数（%）	高职大专 人数（%）
会议类	76（11.33%）	10（7.52%）	18（6.64%）	25（17.61%）	23（18.40%）
团体成长类	45（6.71%）	12（9.02%）	24（8.86%）	5（3.52%）	4（3.20%）

续表

教学方法	总体 人数（%）	双一流本科 人数（%）	双非本科 人数（%）	民办本科 人数（%）	高职大专 人数（%）
户外素质拓展	38（5.66%）	10（7.52%）	17（6.27%）	5（3.52%）	6（4.80%）
讲座类	113（16.84%）	14（10.53%）	25（9.23%）	43（30.28%）	31（24.80%）
心理情景剧	42（6.26%）	11（8.27%）	23（8.49%）	5（3.52%）	3（2.40%）
文艺活动类	36（5.37%）	9（6.77%）	16（5.90%）	4（2.82%）	7（5.60%）
心理游戏类	26（3.87%）	7（5.26%）	12（4.43%）	3（2.11）	4（3.20%）
宣传展览类	43（6.41%）	9（6.77%）	19（7.01%）	8（5.63%）	7（5.60%）
5·25系列活动	72（10.73%）	15（11.28%）	46（16.97%）	6（4.23%）	5（4.00%）
心理知识竞赛类	44（6.56%）	14（10.53%）	23（8.49%）	4（2.82%）	3（2.40%）
社会实践类	18（2.68%）	4（3.01%）	7（2.58%）	3（2.11）	4（3.20%）
课程类	15（2.24%）	2（1.50%）	4（1.64）	5（3.52%）	4（3.20%）
其他未具体说明	63（9.39%）	11（8.27%）	25（9.23%）	14（9.86%）	13（10.40%）
忘记不清楚	40（5.96%）	5（3.76%）	12（4.43%）	12（8.45%）	11（8.80%）
合计	671（100%）	133（100%）	271（100%）	142（100%）	125（100%）

注：大学生参与的心理健康活动类型为主观题，以填空形式呈现，可以填写多个；课程类严格意义上与心理健康教育活动是并列的心理健康教育方式，因调查中有学生填写课程，调查结果中仍然保留。

为了解哪些心理健康活动最受大学生欢迎，对最喜欢的心理健康活动进行调查，如图4-1所示：排在第一位的是户外素质拓展活动，选择人数为503人，占21.85%；排在第二位的是心理游戏，选择人数为495人，占21.50%；排在第三位的是心理知识竞赛，选择人数为357人，占15.51%；排在第四位的是心理情景剧，选择人数为323人，占14.03%；排在第五位的是社会实践活动，选择人数为205人，占8.91%；排在第六位的是讲座，选择人数为158人，占6.86%；排在第七位的是团体成长小组，选择人数为116人，占5.04%；排在第八位的是心理类课程，选择人数为58人，占2.52%；排在第九位的是宣传活动，选择人数为46人，占2.00%；排在第十位的是其他活动，选择人数为41人，占1.78%。

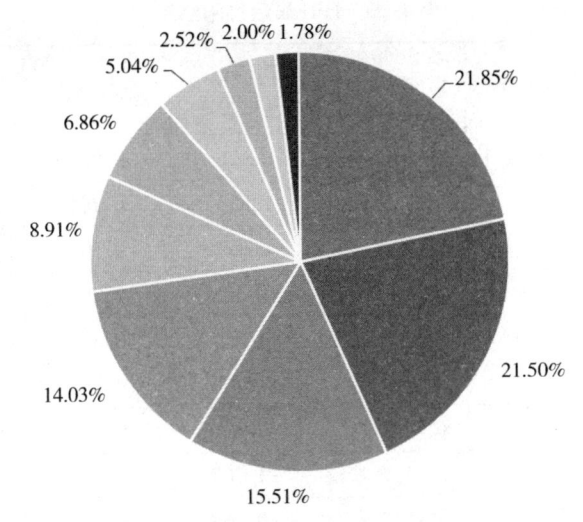

图 4-1 大学生最喜欢的心理健康活动

占比依次为：21.85%、21.50%、15.51%、14.03%、8.91%、6.86%、5.04%、2.52%、2.00%、1.78%

图例：户外素质拓展、心理游戏、心理知识竞赛、心理情景剧、社会实践活动、讲座、团体成长小组、心理类课程、宣传活动、其他活动

（三）教育介体要素的差异性分析

为了解不同院校类型的高校心理健康教育教育介体要素是否有统计学上的差异，以教育介体要素为因变量、院校类型为自变量，进行单因素方差分析，结果如表 4-37 所示：在大学生对教育介体要素的评价上，双一流本科>双非公办本科>高职大专>民办本科，且存在显著差异（p 值均小于 0.001）。

表 4-37　不同类型院校教育介体要素的单因素方差分析

因变量	学校类型	平均数	标准差	F 值	p
教育介体要素	双一流本科	26.294	4.896	28.438	0
	双非公办本科	26.169	4.123		
	民办本科	24.461	4.586		
	高职大专	24.626	3.973		

为了解哪类院校间的教育介体要素有统计学差异，采用 LSD 法进行事后检验，结果如表 4-38 所示：双一流本科显著性高于高职大专（$p<0.001$）、民办本科（$p<0.001$），双非公办本科显著性高于高职大专（$p<0.01$）、民办本科（$p<0.001$）。

143

表 4-38 LSD 事后检验结果

因变量	(I) 学校类型	(J) 学校类型	平均值差值 (I-J)	标准误差	显著性
教育介体要素评价	双一流本科	双非公办本科	0.126	0.269	0.640
		民办本科	1.833	0.284	0.000
		高职大专	1.669	0.306	0.000
	双非公办本科	双一流本科	-0.126	0.269	0.640
		民办本科	1.707	0.229	0.000
		高职大专	1.543	0.256	0.000
	民办本科	双一流本科	-1.833	0.284	0.000
		双非公办本科	-1.707	0.229	0.000
		高职大专	-0.164	0.272	0.546
	高职大专	双一流本科	-1.669	0.306	0.000
		双非公办本科	-1.543	0.256	0.000
		民办本科	0.164	0.272	0.546

四、教育环体要素现状

（一）调查问卷与调查对象基本情况

采用第三章编制的大学生心理健康教育过程要素量表中的有形教育环体要素维度进行调查，有形教育环体要素维度包括项目 1~4，主要是高校心理健康教育的硬件设施情况。量表以李克特 5 点方式计分，"非常不符合"记 1 分，"不符合"记 2 分，"不确定"记 3 分，"符合"记 4 分，"非常符合"记 5 分。为了解心理健康教育设施使用情况还补充了"你对于学校心理设施（如宣泄室、心理图书室、沙盘室、放松仪等）的使用程度"，为弥补过程要素量表中的有形教育环体要素维度主要考查物质环境，调查另外还补充了考查心理健康教育整体精神文化环境的题目"你认为本校心理健康教育的整体氛围怎样?"。调查时间为 2021 年 4—6 月，调查对象为湖南省、贵州省、河南省、辽宁省、广东省五省共计十二所高校。覆盖我国东部、中部、西部地区。所选取的高校包括：双一流院校、双非公办本科院校、民办本科院校、高职/大专院校。调查问卷与大学生积极心理品质量表一同发放，共回收有效问卷 2302 份，调查对象具体情况见表 4-16。

(二) 教育环体要素的总体状况

如表4-39所示：有形环体要素的平均数与标准差为13.323±2.628，平均数与满分之比为66.62%，说明大学生对于有形环体要素的评价处于合格水平。

表4-39 高校心理健康过程有形环体要素状况

项目	平均数	标准差	均数与满分之比（%）
P1. 学校心理咨询中心硬件设施完善（如有个体心理咨询室、宣泄室、沙盘室、放松室、团体活动室以及相关硬件等）	3.420	0.817	68.40%
P2. 我所在的二级学院具有条件良好的心理健康活动硬件设施（同上）	3.360	0.822	67.20%
P3. 宿舍区配备了心理健康活动场所或硬件设施（同上）	2.790	0.965	55.80%
P4. 学校提供了形式多样的获取心理健康知识的途径（如图书、报刊、官网、微信公众号、校园展窗等）	3.760	0.735	75.20%
环体要素总分	13.323	2.628	66.62%

为了解环体要素评价的具体情况，本书进一步对其项目进行描述性统计，结果如表4-40所示：对于"学校心理咨询中心硬件设施完善"，选择"符合""非常符合"的分别占39.10%、7.47%，合计46.57%，而选择"不确定"的为42.14%；对于"二级学院有条件良好的心理健康活动硬件设施"，选择"符合""非常符合"的分别占37.71%、6.34%，合计44.05%，而选择"不确定"的为40.14%；对于"宿舍区配备了心理健康活动场所或硬件设施"，选择"符合""非常符合"的分别占17.5%、4.08%，合计21.58%，而选择"不确定"的为43.18%，选择"不符合""非常不符合"的为29.80%、8.43%，合计38.23%。对于"学校提供了形式多样的获取心理健康知识的途径"，选择"符合""非常符合"的分别占60.56%、10.69%，合计71.25%。

表 4-40 有形教育环体要素各项目具体情况

项目	非常不符合 人数（%）	不符合 人数（%）	不确定 人数（%）	符合 人数（%）	非常符合 人数（%）
S1	28（1.22%）	232（10.08%）	970（42.14%）	900（39.10%）	172（7.47%）
S2	36（1.56%）	258（11.21%）	994（43.18%）	868（37.71%）	146（6.34%）
S3	194（8.43%）	686（29.80%）	924（40.14%）	404（17.5%）	94（4.08%）
S4	20（0.87%）	104（4.52%）	538（23.37%）	1394（60.56%）	246（10.69%）

为了解高校心理健康教育设施使用情况，对大学生进行心理设施（宣泄室、心理图书室、沙盘室、放松仪等）使用调查，结果如表 4-41 所示：从总体来看，"从未使用过"与"很少使用"累计占 78.88%，这表明高校心理设施使用率很低；从不同院校来看，"从未使用过"与"很少使用"累计率表现为高职大专（85.16%）>民办本科（81.84%）>双非公办本科（75.26%）>双一流本科（75.07%）。

表 4-41 对于学校心理设施的使用状况

教学方法	总体 人数（%）	双一流本科 人数（%）	双非本科 人数（%）	民办本科 人数（%）	高职大专 人数（%）
从未使用过	1219（52.95%）	173（45.89%）	391（45.20%）	370（59.49%）	285（65.07%）
很少使用	597（25.93%）	110（29.18%）	260（30.06%）	139（22.35%）	88（20.09%）
一般	435（18.90%）	84（22.28%）	191（22.08%）	100（16.08%）	60（13.70%）
经常使用	41（1.78%）	8（2.12%）	17（1.97%）	11（1.77%）	5（1.14%）
总在使用	10（0.43%）	2（0.53）	6（0.69%）	2（0.32%）	0（0%）
合计	2302（100%）	377（100%）	865（100%）	622（100%）	438（100%）

为了解高校心理健康教育的整体精神文化环境，对大学生进行心理健康教育整体氛围调查，结果如表 4-42 所示：从总体上看大学生认为本校心理健康教育整体氛围"一般"的有 1316 人，占 57.17%；认为"差"与"非常差"的累计 173 人，占 7.52%；认为"好"与"非常好"的累计 813 人，占 35.32%。从不同院校类型来看，双一流院校、双非公办本科院校认为心理健康教育整体氛

围"好"与"非常好"的比例分别是42.18%、40.23%,明显高于民办本科、高职大专的28.78%、29.00%;而民办本科、高职大专认为整体氛围"差"与"非常差"的比例是13.67%、9.59%,明显高于双一流院校、双非公办本科院校的4.24%、3.82%。这说明民办本科、高职大专院校心理健康教育整体氛围与双一流院校、双非公办本科院校有较大的差距。

表4-42 本校心理健康教育整体氛围状况

教学方法	总体 人数(%)	双一流本科 人数(%)	双非本科 人数(%)	民办本科 人数(%)	高职大专 人数(%)
非常差	35(1.52%)	2(0.53%)	6(0.69%)	22(3.54%)	5(1.14%)
差	138(5.99%)	14(3.71%)	27(3.12%)	60(9.65%)	37(8.45%)
一般	1316(57.17%)	202(53.58%)	484(55.95%)	361(58.04%)	269(61.42%)
好	705(30.63%)	132(35.01%)	299(34.57%)	161(25.88%)	113(25.80%)
非常好	108(4.69%)	27(7.16%)	49(5.66%)	18(2.89%)	14(3.20%)
合计	2302(100%)	377(100%)	865(100%)	622(100%)	438(100%)

(三)教育环体要素的差异性分析

为了解不同院校类型的高校心理健康教育教育环体要素是否有统计学上的差异,以教育环体要素为因变量,院校类型为自变量,进行单因素方差分析,结果如表4-43所示:在大学生对于有形教育环体要素评价上,双一流本科>双非公办本科>高职大专>民办本科,且存在显著差异(p值均小于0.001)。

表4-43 不同类型院校有形教育环体要素的单因素方差分析

因变量	学校类型	平均数	标准差	F值	p
有形教育环体要素	双一流本科	13.865	2.618	16.514	0
	双非公办本科	13.576	2.749		
	民办本科	12.896	2.509		
	高职大专	12.966	2.413		

为了解具体哪些类型的院校的有形教育环体要素评价有统计学差异,采用LSD法进行事后检验,结果如表4-44所示:双一流本科显著性高于高职大专

($p<0.001$)、民办本科（$p<0.001$），双非公办本科显著性高于高职大专（$p<0.01$）、民办本科（$p<0.001$）。

表 4-44 LSD 事后检验结果

因变量	（I）学校类型	（J）学校类型	平均值差值(I-J)	标准误差	显著性
有形教育环体要素	双一流本科	双非公办本科	0.289	0.161	0.072
		民办本科	0.969	0.170	0
		高职大专	0.899	0.183	0
	双非公办本科	双一流本科	-0.289	0.161	0.072
		民办本科	0.680	0.137	0
		高职大专	0.610	0.153	0
	民办本科	双一流本科	-0.969	0.170	0
		双非公办本科	-0.680	0.137	0
		高职大专	-0.070	0.162	0.665
	高职大专	双一流本科	-0.899	0.183	0
		双非公办本科	-0.610	0.153	0
		民办本科	0.070	0.162	0.665

第三节　高校心理健康教育与咨询中心现状

本章前两节从学生角度对高校心理健康教育结果实效性、过程实效性进行了现状调查分析，本节则是从学校角度对高校心理健康与咨询中心进行调查，目的是调查高校心理健康教育工作开展状况，为过程实效性现状研究提供补充；调查高校心理健康教育整体投入状况，为高校心理健康教育实效性影响因素分析奠定基础。

调查采用自主设计的问卷，内容包括以下三个部分。一是组织机构与经费状况，包括心理健康教育与咨询中心的机构设置与归属部门、学校是否成立心理健康工作领导小组、心理健康教育与咨询中心是否具有比较完善的工作考核机制和咨询师工作条例、心理健康教育与咨询中心生均工作经费、督导经费、学校规模与专职心理健康工作者人数、注册心理师人数；二是教师状况，包括专职心理教师岗位性质、职称晋升所走系列、职称晋升难度，个体心理咨询与团体辅导的工作量计算情况、心理咨询师接受督导的情况、咨询师年平均接受培训和督导的费用、辅导员接受心理培训的比例；三是工作开展状况，包括心理普查的频率、大学生心理健康教育课程的性质与开设学时、课程归属，是否有精神科医生坐诊、坐诊频次，一学年个体心理咨询人次，本校心理健康教育工作的经验与存在的问题。调查时间为2021年上半年，调查方式采用网络调查形式，调查对象为黑龙江、辽宁、吉林、山东、河北、上海、浙江、广东、陕西、重庆、甘肃、河南、新疆、安徽、江西十五省的105所高校心理健康教育与咨询中心，样本涵盖东部、中部、西部地区，包括双一流本科、双非公办本科、民办本科、高职大专院校，具体情况见表4-45。

表4-45 受调查高校基本情况表

	被试类别	样本数	百分比（%）
院校类型	双一流本科	3	2.86%
	双非公办本科	50	47.62%
	民办本科	16	15.24%
	高职/大专	36	34.29%
所属地区	东部地区	53	50.48%
	中部地区	32	30.48%
	西部地区	20	19.05%

一、高校心理健康教育与咨询中心组织机构与经费状况

高校心理健康教育与咨询中心机构与经费状况主要是从机构设置与归属部门、制度保障、人员配置、经费保障四个方面来考察。

（一）高校心理健康教育与咨询中心的机构设置与归属部门状况

为掌握高校心理健康教育与咨询中心的机构设置与归属部门状况，对学校是否成立心理健康工作领导小组，心理健康教育与咨询中心所属部门进行调查。结果显示（表4-46）：从总体上看，高校成立心理健康工作领导小组的占总体的比例为84.76%，而从不同院校类型成立领导小组所占比例来看，高职大专>民办本科>双非公办本科>双一流本科。

表 4-46　学校成立心理健康工作领导小组情况

教学方法	总体	双一流本科	双非本科	民办本科	高职大专
	人数（%）	人数（%）	人数（%）	人数（%）	人数（%）
是	89（84.76%）	1（33.33%）	42（84.00%）	14（87.50%）	32（88.89%）
否	16（15.24%）	2（66.67%）	8（16.00%）	2（12.50%）	4（11.11%）
合计	105（100%）	3（100%）	50（100%）	16（100%）	36（100%）

从表 4-47 可知：受调查高校心理健康教育与咨询中心属于学生处的累计占78.10%，其中设为学生处下辖一科室的比例最高，占总体的62.86%；其次是副处级，占总体的11.43%；另有3.81%的院校没有明确岗位，无级别；独立设置与学生处平级的占总体的7.62%；属于二级学院或者教学部的占总体的13.33%；属于其他设置（由二级学院和学生处共同管理等）的占总体的0.95%。从不同院校来看，双一流本科院校的心理健康教育与咨询中心全都隶属于学生处；双非公办本科隶属于学生处的累计占双非公办院校的90%，设置为独立部门的为4.00%，属二级学院管理的为4.00%，属其他（二级学院和学生处共同管理）的为2.00%；民办本科属于学生处的累计占民办院校的81.25%，设置为独立部门的为6.25%，属二级学院管理的为12.50%；高职大专隶属于学生处的累计占高职大专的58.34%，设置为独立部门的为13.89%，属二级学院管理的为27.78%（主要有思政部、马克思主义学院、体育艺术部、公共教学部）。

表 4-47　心理健康教育与咨询中心所属部门

教学方法		总体	双一流本科	双非本科	民办本科	高职大专
		院校数（%）	院校数（%）	院校数（%）	院校数（%）	院校数（%）
独立部门		8（7.62%）	0（0%）	2（4.00%）	1（6.25%）	5（13.89%）
学生处	科级	66（62.86%）	3（100%）	34（68.00%）	11（68.75%）	18（50%）
	副处	12（11.43%）	0（0%）	9（18.00%）	2（12.50%）	1（2.78%）
	无级别	4（3.81%）	0（0%）	2（4.00%）	0（0%）	2（5.56%）
二级院系教学部		14（13.33%）	0（0%）	2（4.00%）	2（12.50%）	10（27.78%）
其他		1（0.95%）	0（0%）	1（2.00%）	0（0%）	0（0%）
合计		105（100%）	3（100%）	50（100%）	16（100%）	36（100%）

（二）高校心理健康教育与咨询中心的制度保障状况

为了解高校心理健康教育与咨询中心的制度保障状况，对心理健康教育与咨询中心是否具有比较完善的工作考核机制和咨询师工作条例进行调查。结果如表4-48所示：从总体上看，具有比较完善的工作考核机制和咨询师工作条例的院校占总体比例为43.81%；从不同院校来看，民办本科略高于双非公办本科，双非公办本科大大高于高职大专，高职大专高于双一流本科（这可能是由于双一流本科样本少所致）。

表4-48 工作考核机制和咨询师工作条例状况

教学方法	总体	双一流本科	双非本科	民办本科	高职大专
	院校数（%）	院校数（%）	院校数（%）	院校数（%）	院校数（%）
是	46（43.81%）	1（33.33%）	24（48.00%）	8（50.00%）	13（36.11%）
否	59（56.19%）	2（66.67%）	26（52.00%）	8（50.00%）	23（63.89%）
合计	105（100%）	3（100%）	50（100%）	16（100%）	36（100%）

（三）高校心理健康教育与咨询中心的人员配置保障状况

为了解高校心理健康教育与咨询中心的人员配置情况，对学校规模（在校生人数）与专职心理健康教师（或专职心理咨询师）人数，注册心理师人数进行调查。因各受调查高校在校生人数不同，直接统计比较专职心理健康教师人数不恰当，故采取师生比是否符合教育部文件要求来统计（教党〔2018〕41号文件要求师生比不低于1∶4000）。师生比统计结果如表4-49所示：从总体上看，师生比符合教育部文件要求的占42.86%；而从不同院校来看，师生比符合教育部文件要求，所占比例由高到低排列为双非公办本科、民办本科、高职大专、双一流本科（双一流本科专职心理健康教师绝对数量高，但全日制在校生数量大，因此师生比小）。

表4-49 高校心理健康专职教师与学生师生比状况

教学方法	总体	双一流本科	双非本科	民办本科	高职大专
	院校数（%）	院校数（%）	院校数（%）	院校数（%）	院校数（%）
符合	45（42.86%）	1（33.33%）	22（44.00%）	7（43.75%）	15（41.67%）
不符合	60（57.14%）	2（66.67%）	28（56%）	9（56.25）	21（58.33%）
合计	105（100%）	3（100%）	50（100%）	16（100%）	36（100%）

注：采取四舍五入原则统计，凡师生比大于1∶4500即为符合。

注册心理师由中国心理学会临床与咨询心理学专业人员和机构学术性注册系统注册认证，它有较高的学历和培训资历等注册标准要求，需经过注册系统成员推荐、案例评审、伦理公示，这确保了心理咨询师的专业水平和伦理规范。因此，是否是注册系统的注册心理师可以作为衡量高校心理咨询师专业水平的重要参考标准。对高校注册心理师进行调查（对照中国心理学会临床与咨询心理学专业人员和机构学术性注册系统查证核实），结果如表4-50所示：从总体上看，注册心理师占专职心理咨询师比重为16.75%；从不同院校来看，比例最高的是双一流本科（58.33%），其次是双非公办本科（19.02%），再次是民办本科（13.56%），最后是高职大专（6.09%）。

表4-50 高校注册心理师占专职心理咨询师比重状况

教学方法	总体 人数（%）	双一流本科 人数（%）	双非本科 人数（%）	民办本科 人数（%）	高职大专 人数（%）
注册心理师	64（16.75%）	14（58.33%）	35（19.02%）	8（13.56%）	7（6.09%）
非注册心理师	318（83.25%）	10（41.67%）	149（80.98%）	51（86.44%）	108（93.91%）
专职人员合计	382（100%）	24（100%）	184（100%）	59（100%）	115（100%）
院校数	105	3	50	16	36

（四）高校心理健康教育与咨询中心的经费保障状况

高校心理健康教育的经费是心理健康教育各项活动得以顺利开展的重要保障，而生均经费是衡量高校心理健康教育经费保障的最关键标准，为了解高校心理健康教育与咨询中心生均经费情况，对105所高校的生均经费进行调查。结果如表4-51所示：从总体来看，受调查高校生均经费"5元以下"占29.52%，"5~10元"占32.38%，"10~15元"占19.05%，"15~20元"占15.24%，"20元以上"占3.81%。10元以下累计为61.90%，说明受调查高校生均经费总体低下。从不同院校类型看，10元以上生均经费累计所占比例表现为：双一流本科（66.67%）>双非公办本科（44.00%）>民办本科（31.25%）>高职大专（30.56%），而10元以下生均经费累计所占比例表现为：高职大专（69.44%）>民办本科（68.75%）>双非公办本科（56.55%）>双一流本科（33.33%）。这说明生均经费保障上，双一流本科优于双非公办本科，双非公办本科优于民办本科和高职大专。

表 4-51　生均经费状况

教学方法	总体 院校数（%）	双一流本科 院校数（%）	双非本科 院校数（%）	民办本科 院校数（%）	高职大专 院校数（%）
5元以下	31（29.52%）	0（0%）	10（20.00%）	8（50.00%）	13（36.11%）
5-10元	34（32.38%）	1（33.33%）	18（36.00%）	3（18.75%）	12（33.33%）
10-15元	20（19.05%）	0（0%）	12（24.00%）	3（18.75%）	5（13.89%）
15-20元	16（15.24%）	2（66.67%）	9（18.00%）	1（6.25%）	4（11.11%）
20元以上	4（3.81%）	0（0%）	1（2.00%）	1（6.25%）	2（5.56%）
合计	105（100%）	3（100%）	50（100%）	16（100%）	36（100%）

接受必要的培训和督导是提升教师专业水平，加强队伍建设的重要保证，而经费则是确保教师能够接受培训和督导的资金保障。为此，本书对高校心理健康教育专职教师（心理咨询师）接受培训和督导的费用进行调查。每学年专职心理咨询师人均接受培训和督导的费用调查结果如表 4-52 所示：从总体上看，"不能保证"占 35.24%，"5000 以下"占 32.38%，累计占 67.62，说明高校专职心理咨询师接受培训和督导的经费情况不理想；从不同院校类型看，经费 5000 以上的累计所占比例表现为：双一流本科（100%）＞双非公办本科（42.00%）＞高职大专（22.23%）＞民办本科（12.50%）。说明在培训和督导经费保障上双一流本科＞双非公办本科＞高职大专＞优于民办本科。

表 4-52　每学年专职心理咨询师人均接受培训和督导的费用状况

教学方法	总体 院校数（%）	双一流本科 院校数（%）	双非本科 院校数（%）	民办本科 院校数（%）	高职大专 院校数（%）
不能保证	37（35.24%）	0（0%）	13（26.00%）	7（43.75%）	17（47.22%）
5000以下	34（32.38%）	0（0%）	16（32.00%）	7（43.75%）	11（30.56%）
5000-10000	20（19.05%）	1（33.33%）	11（22.00%）	2（12.50%）	6（16.67%）
10000-20000	14（13.33%）	2（66.67%）	10（20.00%）	0（0%）	2（5.56%）
合计	105（100%）	3（100%）	50（100%）	16（100%）	36（100%）

专职心理健康教师（心理咨询师）是否有督导经费的调查结果如表 4-53 所示：从总体上看，无督导经费占 46.67%，说明专职心理健康教师的督导经费保障状况不乐观；从不同院校来看，有督导经费累计比例表现为双一流本科（100%）＞双非公办本科（64.00%）＞高职大专（44.44%）＞民办本科

(31.25%)。

表 4-53 专职心理健康教师督导经费状况

教学方法	总体 院校数（%）	双一流本科 院校数（%）	双非本科 院校数（%）	民办本科 院校数（%）	高职大专 院校数（%）
有一定专项费	11（10.48%）	2（66.67%）	6（12.00%）	0（0%）	3（8.33%）
和培训费一起	45（42.86%）	1（33.33%）	26（52.00%）	5（31.25%）	13（36.11%）
无督导费	49（46.67%）	0（0%）	18（36.00%）	11（68.75%）	20（55.56%）
合计	105（100%）	3（100%）	50（100%）	16（100%）	36（100%）

二、高校心理健康教育与咨询中心专职教师状况

（一）高校心理健康教育专职教师岗位与晋升状况

为了解高校心理健康教育与咨询中心专职教师岗位与晋升状况，对其岗位性质、职称晋升途径以及职称晋升难度进行调查。岗位性质调查如表 4-54 所示，总体上看，高校心理健康工作专职教师岗位性质被定位为教师岗的所占比例最大（45.71%），其次是行政管理岗（33.33%），再次是其他专业技术岗（13.33%），最少的是辅导员岗（7.62%）。

表 4-54 高校心理健康教育专职教师岗位性质

教学方法	总体 院校数（%）	双一流本科 院校数（%）	双非本科 院校数（%）	民办本科 院校数（%）	高职大专 院校数（%）
教师岗	48（45.71%）	1（33.33%）	20（40.00%）	11（68.75%）	16（44.44%）
其他专技岗	14（13.33%）	1（33.33%）	13（26.00%）	0（0%）	0（0%）
行政管理岗	35（33.33%）	0（0%）	12（24.00%）	4（25.00%）	19（52.78%）
辅导员岗	8（7.62%）	1（33.33%）	5（10.00%）	1（6.25%）	1（2.78%）
合计	105（100%）	3（100%）	50（100%）	16（100%）	36（100%）

职称晋升途径调查结果如表 4-55 所示：从总体上看，受调查高校职称晋升途径前三位累计所占比例为 83.82%，它们分别是思想政治教育系列（占 34.29%）、教师系列（占 26.67%）、辅导员系列（占 22.86%），需要注意的是回答"不清楚不好说"的占 6.67%，回答"不能评"的占 1.90%。

表 4-55　高校心理健康教育专职教师职称晋升途径

教学方法	总体 院校数（%）	双一流本科 院校数（%）	双非本科 院校数（%）	民办本科 院校数（%）	高职大专 院校数（%）
教师系列	28（26.67%）	1（33.33%）	7（14.00%）	6（37.50%）	14（38.89%）
辅导员系列	24（22.86%）	1（33.33%）	16（32.00%）	1（6.25%）	6（16.67%）
教师或辅导员系列	2（1.90%）	0（0%）	2（4.00%）	0（0%）	0（0%）
思想政治教育系列	36（34.29%）	1（33.33%）	18（36.00%）	6（37.50%）	11（30.56%）
实验系列	1（0.95%）	0（0%）	1（2.00%）	0（0%）	0（0%）
单独系列	5（4.76%）	0（0%）	1（2.00%）	3（18.75%）	1（2.78%）
不清楚不好说	7（6.67%）	0（0%）	3（6.00%）	0（0%）	4（11.11%）
不能评	2（1.90%）	0（0%）	2（4.00%）	0（0%）	0（0%）
合计	105（100%）	3（100%）	50（100%）	16（100%）	36（100%）

职称晋升难度调查结果如表4-56所示：从总体上看，"比普通教师困难""比辅导员困难""比普通教师困难同时比辅导员困难"累计占总体49.53%，而"比普通教师容易""比辅导员容易""比普通教师容易同时比辅导员容易"累计占总体11.42%，这说明受调查高校心理健康专职教师职称晋升整体上比较难；从不同院校看，"比普通教师困难""比辅导员困难""比普通教师困难同时比辅导员困难"累计比例表现为高职大专（55.56%）>双非公办本科（48.00%）>民办本科（43.75%）>双一流本科（33.33%），而"比普通教师容易""比辅导员容易""比普通教师容易同时比辅导员容易"累计比例表现为双非公办本科（22.00%）>高职大专（2.78%）>民办本科（0%）和双一流本科（0%）。综合上述调查结果可知，心理健康专职教师职称晋升上高职大专难度最大，其次是民办本科，再次是双非公办本科，最后是双一流本科。

表 4-56　高校心理健康教育专职教师职称晋升难度

教学方法	总体 院校数（%）	双一流本科 院校数（%）	双非本科 院校数（%）	民办本科 院校数（%）	高职大专 院校数（%）
比普通教师容易同时比辅导员容易	1（0.95%）	0（0%）	1（2.00%）	0（0%）	0（0%）

续表

教学方法	总体 院校数（%）	双一流本科 院校数（%）	双非本科 院校数（%）	民办本科 院校数（%）	高职大专 院校数（%）
比辅导员容易	2（1.90%）	0（0%）	2（4.00%）	0（0%）	0（0%）
比普通教师容易	9（8.57%）	0（0%）	8（16.00%）	0（0%）	1（2.78%）
比普通教师容易、比辅导员困难	2（1.90%）	1（33.33%）	1（2.00%）	0（0%）	0（0%）
比辅导员容易、比普通教师困难	4（3.81%）	0（0%）	1（2.00%）	0（0%）	3（8.33%）
比普通教师困难	32（30.48%）	0（0%）	12（24.00%）	5（31.25%）	15（41.67%）
比辅导员困难	8（7.62%）	0（0%）	4（8.00%）	1（6.25%）	3（8.33%）
比普通教师困难同时比辅导员困难	12（11.43%）	1（33.33%）	8（16.00%）	1（6.25%）	2（5.56%）
不好说	35（33.33%）	1（33.33%）	13（26.00%）	9（56.25%）	12（33.33%）
合计	105（100%）	3（100%）	50（100%）	16（100%）	36（100%）

（二）心理健康教育与咨询中心教师工作与专业成长状况

心理健康教育专职教师个体心理咨询与团体辅导是否计算为工作量或课时，直接关系到心理健康教育专职教师的工作积极性。为此，本书设计了对高校个体心理咨询与团体辅导是否计算工作量或者课时的调查。个体心理咨询是否计算工作量或课时调查结果如表4-57所示：从总体上看，"属本职工作不计算，做多做少一样"占71.43%；从不同院校看，"属本职工作不计算，做多做少一样"所占比例表现为双非公办本科（76.00%）＞民办本科（75.00%）＞高职大专（66.67%）＞双一流本科（33.33%）。

表4-57 高校心理健康教育专职教师个体心理咨询计入工作量或课时状况

教学方法	总体 院校数（%）	双一流本科 院校数（%）	双非本科 院校数（%）	民办本科 院校数（%）	高职大专 院校数（%）
每月固定津贴	1（0.95%）	0（0%）	1（2.00%）	0（0%）	0（0%）
算工作量	2（1.90%）	0（0%）	2（4.00%）	0（0%）	0（0%）
非工作时间算工作量	1（0.95%）	0（0%）	1（2.00%）	0（0%）	0（0%）

续表

教学方法	总体 院校数（%）	双一流本科 院校数（%）	双非本科 院校数（%）	民办本科 院校数（%）	高职大专 院校数（%）
算加班	1（0.95%）	0（0%）	0（0%）	0（0%）	1（2.78%）
算课时	22（20.95%）	2（66.67%）	6（12.00%）	4（25.00%）	10（27.78%）
非工作时间算课时	1（0.95%）	0（0%）	1（2.00%）	0（0%）	0（0%）
未定	2（1.90%）	0（0%）	1（2.00%）	0（0%）	1（2.78%）
属本职工作不计算，做多做少一样	75（71.43%）	1（33.33%）	38（76.00%）	12（75.00%）	24（66.67%）
合计	105（100%）	3（100%）	50（100%）	16（100%）	36（100%）

团体辅导是否计算工作量或课时调查结果如表4-58所示：从总体上看，"属本职工作不计算，做多做少一样"占75.24%；从不同院校看，"属本职工作不计算，做多做少一样"所占比例表现为双非公办本科（86.00%）>民办本科（81.25%）>高职大专（61.11%）>双一流本科（33.33%）。

表4-58　高校心理健康教育专职教师团体辅导计入工作量或课时状况

教学方法	总体 院校数（%）	双一流本科 院校数（%）	双非本科 院校数（%）	民办本科 院校数（%）	高职大专 院校数（%）
非工作时间算工作量	2（1.90%）	0（0%）	2（4.00%）	0（0%）	0（0%）
算加班	1（0.95%）	0（0%）	0（0%）	0（0%）	1（2.78%）
算课时	21（20.00%）	2（66.67%）	5（10.00%）	3（18.75%）	11（30.56%）
未定	2（1.90%）	0（0%）	0（0%）	0（0%）	2（5.56%）
属本职工作不计算，做多做少一样	79（75.24%）	1（33.33%）	43（86.00%）	13（81.25%）	22（61.11%）
合计	105（100%）	3（100%）	50（100%）	16（100%）	36（100%）

接受督导是高校专职教师（心理咨询师）专业技能提升、职业成长的必需途径和环节。为此，本书设计了对高校心理健康教育专职教师接受督导状况的调查，结果如表4-59所示：从总体上看，"学校聘请定期督导"累计比例为

32.38%,"无督导,学校不管"所占比例为 19.05%;从不同院校来看,"学校聘请定期督导"累计比例表现为双一流本科(100%)>双非公办本科(40.00%)>高职大专(25.00%)>民办本科(12.50%),"无督导,学校不管"所占比例表现为民办本科(25.00%)>高职大专(22.22%)>双非公办本科(16.00%)>双一流本科(0%)。

表 4-59 高校心理健康教育专职教师接受督导状况

教学方法		总体	双一流本科	双非本科	民办本科	高职大专
		院校数(%)	院校数(%)	院校数(%)	院校数(%)	院校数(%)
学校聘请定期督导	年 1~5 次	14(13.33%)	0(0%)	5(10.00%)	2(12.50%)	7(19.44%)
	年 6~10 次	12(11.43%)	1(33.33%)	10(20.00%)	0(0%)	1(2.78%)
	年 11~20 次	5(4.76%)	2(66.67%)	2(4.00%)	0(0%)	1(2.78%)
	年 20 次以上	3(2.86%)	0(0%)	3(6.00%)	0(0%)	0(0%)
教师个人自寻	年 1~5 次	40(38.10%)	0(0%)	19(38.00%)	8(50.00%)	13(36.11%)
	年 6~10 次	5(4.76%)	0(0%)	1(2.00%)	0(0%)	4(11.11%)
	年 11~20 次	4(3.81%)	0(0%)	1(2.00%)	2(12.50%)	1(2.78%)
	年 20 次以上	2(1.90%)	0(0%)	1(2.00%)	0(0%)	1(2.78%)
无督导,学校不管		20(19.05%)	0(0%)	8(16.00%)	4(25.00%)	8(22.22%)
合计		105(100%)	3(100%)	50(100%)	16(100%)	36(100%)

三、高校心理健康教育与咨询中心工作开展状况

高校心理健康教育与咨询中心工作开展状况主要从心理普查、心理健康教育课程、心理咨询、经验与问题四个方面进行调查。

(一)心理普查状况

心理普查是筛查大学生心理健康问题的重要方式,是有效预防干预大学生心理健康问题的重要方式,心理普查的频率是反映高校心理普查工作的重要指标,为此,本书对心理普查频率进行了调查。调查结果如表 4-60 所示:从总体

上看，所占比例最高的是"新生入学时开展"（48.57%），其次是"每学年全校开展"（25.71%）与"每学期全校开展"（25.71%）；从不同院校来看，"每学年全校开展"与"每学期全校开展"累计比例表现为双一流本科（66.67%）>民办本科（62.50%）>双非公办本科（56.00%）>高职大专（38.89%）。说明总体上心理普查的重视程度还不够，受调查高校对于心理普查的重视程度表现为双一流本科>民办本科>双非公办本科>高职大专。

表4-60　高校心理普查频率

教学方法	总体 院校数（%）	双一流本科 院校数（%）	双非本科 院校数（%）	民办本科 院校数（%）	高职大专 院校数（%）
入学开展（新生）	51（48.57%）	1（33.33%）	22（44.00%）	6（37.50%）	22（61.11%）
每学年开展（全校）	27（25.71%）	2（66.67%）	16（32.00%）	3（18.75%）	6（16.67%）
每学期开展（全校）	27（25.71%）	0（0%）	12（24.00%）	7（43.75%）	8（22.22%）
合计	105（100%）	3（100%）	50（100%）	16（100%）	36（100%）

（二）心理健康教育课程状况

《高等学校学生心理健康教育指导纲要》（教党〔2018〕41号）和《教育部办公厅关于加强学生心理健康管理工作的通知》（教思政厅函〔2021〕10号）均要求高校原则上应开设心理健康教育公共必修课程，应设置2个学分、32~36个学时。为了心理健康教育课程状况，对大学生心理健康教育课程的性质与开设学时进行调查。调查结果如表4-61所示：从总体上看，只有59.05%的高校符合教育部文件要求（必修32~36学时）；从不同院校类型看，双一流高校符合教育部要求的比例为33.33%，双非公办本科符合教育部要求的比例为44.00%，民办本科符合教育部要求的比例为68.75%，高职大专符合教育部要求的比例为77.78%。

表4-61　大学生心理健康教育课程的性质与开设学时

教学方法	总体 院校数（%）	双一流本科 院校数（%）	双非本科 院校数（%）	民办本科 院校数（%）	高职大专 院校数（%）
选修未报告学时	4（3.81%）	1（33.33%）	3（6.00%）	0（0%）	0（0%）
选修32学时	1（0.95%）	0（0%）	1（2.00%）	0（0%）	0（0%）

续表

教学方法	总体 院校数（%）	双一流本科 院校数（%）	双非本科 院校数（%）	民办本科 院校数（%）	高职大专 院校数（%）
选修16学时	2（1.90%）	0（0%）	0（0%）	1（6.25%）	1（2.78%）
必修32学时	62（59.05%）	1（33.33%）	22（44.00%）	11（68.75%）	28（77.78%）
必修16~32学时	9（8.57%）	0（0%）	4（8.00%）	3（18.75%）	2（5.56%）
必修16学时	24（22.86%）	0（0%）	19（38.00%）	1（6.25%）	4（11.11%）
暂未开设	3（2.86%）	1（33.33%）	1（2.00%）	0（0%）	1（2.78%）
合计	105（100%）	3（100%）	50（100%）	16（100%）	36（100%）

（三）心理咨询状况

为了解个体心理咨询状况，本书对一学年个体心理咨询总人次，有无精神科医生坐诊及坐诊频次进行调查。其中一学年个体心理咨询总人次调查如表4-62所示：从总体上看，500人次以下占67.62%，500~1000次占20.00%，1000~2000次占9.25%，这说明高校个体心理咨询开展量仍偏少；从不同院校类型看，500次以下所占比例表现为高职大专（88.89%）>民办本科（81.25%）>双非公办本科（52.00%）>双一流本科（0%），说明高职大专和民办本科个体心理咨询开展量偏低。

表4-62 一学年个体心理咨询总人次

人次	总体 院校数（%）	双一流本科 院校数（%）	双非本科 院校数（%）	民办本科 院校数（%）	高职大专 院校数（%）
500以下	71（67.62%）	0（0%）	26（52.00%）	13（81.25%）	32（88.89%）
500~1000	21（20.00%）	0（0%）	17（34.00%）	2（12.50%）	2（5.56%）
1000~2000	10（9.52%）	1（33.33%）	6（12.00%）	1（6.25%）	2（5.56%）
2000~3000	2（1.90%）	1（33.33%）	1（2.00%）	0（0%）	0（0%）
3000以上	1（0.95%）	1（33.33%）	0（0%）	0（0%）	0（0%）
合计	105（100%）	3（100%）	50（100%）	16（100%）	36（100%）

有无精神科医生坐诊、坐诊频次调查结果如表4-63所示：从总体来看"无精神科医生坐诊"占74.29%，说明大多数高校没有建立起医院学校协作的心理健康模式；从不同院校来看，"无精神科医生坐诊"所占比例表现为民办本科（93.75%）>高职大专（80.56%）>双非公办本科（66.00%）>双一流本科

(33.33%),说明在医校合作的心理健康模式上,双一流本科优于双非公办本科,双非公办本科优于高职大专,高职大专优于民办本科。

表4-63 精神科医生坐诊状况

精神科医生坐诊状况		总体	双一流本科	双非本科	民办本科	高职大专
		院校数(%)	院校数(%)	院校数(%)	院校数(%)	院校数(%)
有	1-5次/学期	10(9.52%)	1(33.33%)	4(8.00%)	0(0%)	5(13.89%)
	6-10次/学期	5(4.76%)	1(33.33%)	3(6.00%)	0(0%)	1(2.78%)
	1次/周	10(9.52%)	0(0%)	8(16.00%)	1(6.25%)	1(2.78%)
	有需要时请	2(1.90%)	0(0%)	2(4.00%)	0(0%)	0(0%)
无		78(74.29%)	1(33.33%)	33(66.00%)	15(93.75%)	29(80.56%)
合计		105(100%)	3(100%)	50(100%)	16(100%)	36(100%)

(四)心理健康教育工作的经验与问题

为总结受调查高校心理健康教育工作经验与存在的问题,本书采用开放式问题进行调查。对"好的经验"归纳总结,结果如表4-64所示:23.82%高校认为是四级心理健康网络建设(包括朋辈/社团队伍、二级辅导站、兼职队伍、四级网络),认为是"危机排查与干预""领导重视""课程建设"的高校各占5.71%,认为是"心理健康活动开展""教师工作敬业奉献团结"的高校各占4.76%;值得注意的是40.95%的高校回答"无或负面经验"。

表4-64 心理健康教育工作经验与好的做法归纳总结

经验与做法	总体	双一流本科	双非本科	民办本科	高职大专
	院校数(%)	院校数(%)	院校数(%)	院校数(%)	院校数(%)
危机排查与干预	6(5.71%)	0(0%)	4(8.00%)	2(12.50%)	0(0%)
心理健康活动丰富	5(4.76%)	0(0%)	3(6.00%)	1(6.25%)	1(2.78%)
医校协作	2(1.90%)	0(0%)	1(2.00%)	1(6.25%)	0(0%)
领导重视	6(5.71%)	0(0%)	2(4.00%)	2(12.50%)	2(5.56%)
朋辈/社团队伍建设	11(10.48%)	0(0%)	6(12.00%)	2(12.50%)	3(8.33%)
二级辅导站建设	7(6.67%)	0(0%)	4(8.00%)	0(0%)	3(8.33%)
兼职队伍建设	4(3.81%)	0(0%)	0(0%)	0(0%)	4(11.11%)
四级网络建设	3(2.86%)	0(0%)	2(4.00%)	0(0%)	1(2.78%)

续表

经验与做法	总体 院校数（%）	双一流本科 院校数（%）	双非本科 院校数（%）	民办本科 院校数（%）	高职大专 院校数（%）
课程建设	6（5.71%）	0（0%）	2（4.00%）	0（0%）	4（11.11%）
家校合作	1（0.95%）	0（0%）	0（0%）	0（0%）	1（2.78%）
经费保障	1（0.95%）	0（0%）	0（0%）	0（0%）	1（2.78%）
教师敬业奉献团结	5（4.76%）	0（0%）	4（8.00%）	0（0%）	1（2.78%）
覆盖面广	1（0.95%）	1（33.33%）	0（0%）	0（0%）	0（0%）
咨询算课时/工作量	3（2.86%）	0（0%）	3（6.00%）	0（0%）	0（0%）
制度建设	1（0.95%）	0（0%）	1（2.00%）	0（0%）	0（0%）
无或负面经验	43（40.95%）	2（66.67%）	18（36.00%）	8（50.00%）	15（41.67%）
合计	105（100%）	3（100%）	50（100%）	16（100%）	36（100%）

对"存在的问题"归纳总结，结果如表4-65所示：42.86%的高校回答"学校、领导不重视"（包括领导/学校不重视、应付检查），26.67%的高校回答"师资配备和队伍建设"，22.86%的高校回答"专职教师职业发展"（包括培训督导不够/缺失、教师专业发展受限、教师职称晋升困难），20%的高校回答"制度机制"（包括考核机制不健全、政策支持不够、领导机制不清、制度不完善），12.38%的高校回答"经费不足"，5.71%的高校回答"教师待遇"（包括专职教师绩效、咨询不计算课时/工作量），3.81%的高校回答"工作量大、杂"（包括工作量大、行政事务繁多），3.81%的高校回答设施不完善，0.95%高校回答"伦理问题"（咨询师与辅导员角色混乱）。

表4-65 心理健康教育工作存在的问题归纳总结

存在问题	总体 问题数（问题数与院校数之比）	双一流本科 问题数（问题数与院校数之比）	双非本科 问题数（问题数与院校数之比）	民办本科 问题数（问题数与院校数之比）	高职大专 问题数（问题数与院校数之比）
经费不足	13（12.38%）	0（0%）	9（18.00%）	3（18.75%）	1（2.78%）
设施不完善	4（3.81%）	0（0%）	3（6.00%）	1（6.25%）	0（0%）

续表

存在问题	总体 问题数（问题数与院校数之比）	双一流本科 问题数（问题数与院校数之比）	双非本科 问题数（问题数与院校数之比）	民办本科 问题数（问题数与院校数之比）	高职大专 问题数（问题数与院校数之比）
师资配备与队伍建设	28 (26.67%)	1 (33.33%)	14 (28.00%)	7 (43.75%)	6 (16.67%)
教师职业发展	24 (22.86%)	0 (0%)	13 (26.00%)	7 (43.75%)	4 (11.11%)
教师待遇	6 (5.71%)	0 (0%)	1 (2.00%)	1 (6.25%)	4 (11.11%)
学校/领导不重视	45 (42.86%)	0 (0%)	22 (44.00%)	6 (37.50%)	17 (47.22%)
机制制度	21 (20.00%)	1 (33.33%)	5 (10.00%)	4 (25.00%)	11 (30.56%)
工作量大、事务多	4 (3.81%)	0 (0%)	2 (4.00%)	2 (12.50%)	0 (0%)
伦理问题	1 (0.95%)	1 (33.33%)	0 (0%)	0 (0%)	0 (0%)
问题总数（问题数与院校数之比）	146 (139.05%)	3 (100%)	69 (138%)	31 (193.75%)	43 (119.44%)

注：同一所院校可反映多个问题

第四节 高校心理健康教育实效性现状调查的结论

本章前三节分别从学生视角对高校心理健康教育结果实效性、过程实效性进行现状调查分析，从学校视角对高校心理健康教育的投入和过程现状进行调查分析。本节在现状调查的基础上得出结论：我国高校心理健康教育实效性得以彰显，但也存在诸多不足。本节将对此展开详细阐述。

一、高校心理健康教育实效性的彰显

在党中央领导下，我国高校心理健康教育经过近四十年的发展取得了一定的成效，心理健康教育实效性得以彰显，具体表现为：大学生心理健康素养处于中等水平、心理健康问题有效性得以解决、大学生积极心理品质得以培育。

163

(一) 大学生心理健康素养整体上呈中等水平

大学生心理健康素养是指大学生促进自身心理健康所应具备的心理健康知识与技能、态度，是提升大学生心理健康水平、预防大学生心理健康问题的关键所在，是衡量高校心理健康教育结果实效性的重要指标。调查结果显示（见表4-2）：大学生心理健康素养总分的平均数与标准差为32.815±4.210，与满分之比为72.92%；知识与技能的平均数与标准差为21.264±3.259，与该维度满分之比为70.88%；态度的平均数与标准差为11.551±2.245，与该维度满分之比为77.01%。以教育实践中常用设定等级的标准（90%及以上为优，80%~90%为良，70%~80%为中，60%~70%为合格，60%以下为差）来评定心理健康素养水平，可以发现大学生心理健康素养总分、知识与技能、态度处于中等水平。心理健康教育课程是系统化提升心理健康素养的主要渠道，教育部相关文件曾多次要求高校规范心理健康教育课程设置、开设心理健康教育公共必修课。随着我国高校心理健康教育课程规范化、系统化、普及化，大学生的心理健康素养得到了有效提高。

(二) 大学生心理健康问题能得到解决

高校心理咨询中心的心理咨询、各二级学院心理辅导站的心理辅导、学校及各二级学院开展的团体辅导活动是当下解决大学生心理健康问题的主要形式。有研究表明近半数"00后"大学生存在不同程度心理健康问题[①]，而调查结果显示（见表4-10、表4-12、表4-14）：接受过心理咨询、心理辅导、团体辅导的大学生所占总体的比例分别10.02%、11.67%、11.95%，三者相加累计33.64%，这表明大部分大学生存在心理健康问题时能够得到心理帮助。调查结果还显示（表4-11、表4-13、表4-15）：61.54%的大学生认为本校心理咨询部分解决或完全解决了他们的心理问题，73.59%的大学生对于认为心理辅导部分或完全解决了他们的问题，74.19%的大学生认为团体辅导效果好或非常好，这说明大部分寻求心理帮助的大学生的心理健康问题能得到有效解决。

(三) 大学生积极心理品质呈中等水平

高校心理健康教育的发展性目标是培育大学生积极心理品质。因此，积极心理品质整体状况是衡量心理健康教育结果实效性的重要指标。调查结果显示（见表4-17）：大学生积极心理品质总分的平均数与标准差为194.006±22.515，与总体满分之比为70.55%，以教育实践中常用设定等级的标准（90%及以上为

---

① 马川. "00后"大学生心理健康水平的实证研究——基于近两万名2018级大一学生的数据分析 [J]. 思想理论教育, 2019 (03): 95.

优，80%~90%为良，70%~80%为中，60%~70%为合格，60%以下为差）来评定积极心理品质总体等级，大学生积极心理品质总体处于中等水平，从整体上看高校积极心理品质培育的结果与高校心理健康教育的发展性目标符合程度尚可，高校心理健康教育实效性得以彰显。

二、高校心理健康教育实效性的不足

高校心理健康教育实效性的不足集中体现在结果实效性上，具体表现为：心理健康素养与积极心理品质在具体内容、性别、不同年级、不同院校上发展不均衡。

（一）心理健康素养、积极心理品质的具体内容发展不均衡

从心理健康素养的具体内容来看（见表4-2），"知识与技能"与满分之比为70.88%，"态度"与满分之比为77.01%，说明相对于"态度"，大学生心理健康的"知识与技能"还有更大的提升空间。具体分析可以得知（见表4-4），在项目6（反映的是应对他人心理健康问题的技能）上，选择"非常不符合""不符合的大学生"累计17.19%，而选择"符合""非常符合"的大学生累计36.56%，说明大学生应对他人心理健康问题的技能存在很大的不足。从积极心理品质的具体内容上来看（见表4-17）：以平均数与满分之比来衡量各种积极心理品质的状况，既有感恩（80.80%）、利他（78.86%）这样超过或者接近80%的心理品质，也有宽恕（60.70%）、主观幸福感（61.17%）这样刚刚超过60%的心理品质，另外还有创造力（68.00%）、韧性（69.93%）这样处于60%~70%之间的心理品质，这说明大学生积极心理品质发展不均衡，亟需进一步加强对大学生宽恕、主观幸福感、创造力、韧性这些心理品质的培育。

（二）心理健康素养、积极心理品质在性别上存在差异

男大学生心理健康素养显著性高于女大学生（$p<0.01$）（见表4-5），具体来说在知识与技能维度上男大学生显著性高于女大学生（$p<0.001$）；男大学生在积极心理品质总分（$p<0.001$）、积极自我（$p<0.001$）、积极进取心（$p<0.01$）、宽恕（$p<0.05$）、韧性（$p<0.001$）、主观幸福感（$p<0.001$）、适应力（$p<0.01$）、创造力（$p<0.001$）、情商（$p<0.05$）上显著性高于女大学生，而女大学在感恩上显著性高于男大学生（$p<0.05$）（见表4-18）。这表明男女大学生心理健康教育效果不均衡，其中女大学生的心理健康知识与技能，以及积极自我、积极进取心、宽恕、韧性、主观幸福感、适应力、创造力、情商等积极心理品质不但需要重点关注，更重要的是要有针对性地开展心理健康教育。

（三）心理健康素养、积极心理品质在年级上存在差异

在心理健康素养上（见表4-6、表4-7）：从大一到大四，心理健康教育总分、知识与技能逐渐下降；不同年级大学生心理健康素养总分、知识与技能有显著性差异（$p<0.05$，$p<0.05$），而在态度上没有显著性差异（$p>0.05$）；在心理健康素养总分上大一、大二显著性高于大四（$p<0.01$），在知识与技能上大一、大二显著性高于大四（$p<0.01$）。这可能是因为心理健康教育课程是提升心理健康素养的主渠道，在目前心理健康教育实践中，心理健康教育课程一般开设在大一年级，随着课程结束，大二到大四知识与技能会逐渐遗忘与减退（特别是知识），而态度一旦形成不会轻易出现显著变化。因此，大二到大四仍需要采取多种方式提升大学生心理健康素养。在积极心理品质上（见表4-19、表4-20）：宽恕的心理品质由大一到大四逐渐升高，并且年级间有显著差异（$p<0.05$）；韧性的心理品质由大一到大四逐渐升高，并且年级间有显著差异（$p<0.01$）；主观幸福感表现为，大二>大四>大三>大一，并且年级间存在显著性差异（$p<0.01$）；利他的心理品质表现为：大三>大一>大四>大二，并且年级间存在显著差异（$p<0.01$）；适应力的心理品质由大一到大四逐渐增强，并且存在显著性差异（$p<0.01$）；创造力的心理品质表现为：大一>大三>大四>大二，并且存在显著性差异（$p<0.05$）。这表明：不同年级积极心理品质发展有差异，需要关注不同年级积极心理品质的发展，进行有针对性的培育。

（四）心理健康素养、积极心理品质在院校上存在差异

从不同院校大学生的心理健康素养来看（见表4-8、表4-9）：不同院校类型大学生心理健康素养总分、知识与技能有显著性差异（$p<0.01$，$p<0.01$），而在态度上没有显著性差异；具体表现为在心理健康素养总分上双一流本科院校显著性高于高职大专院校（$p<0.01$），双非公办本科院校显著性高于高职大专院校（$p<0.01$），民办本科院校显著性高于高职大专院校（$p<0.05$）；在知识与技能上双一流本科院校显著性高于高职大专院校（$p<0.01$），双非公办本科院校显著性高于民办本科院校、高职大专院校（$p<0.05$，$p<0.001$），民办本科院校显著性高于高职大专院校（$p<0.05$）。这表明不同院校大学生心理健康素养存在差异，民办院校、高职大专院校大学生心理健康素养亟需提高。从不同院校大学生的积极心理品质来看（见表4-21、表4-22）：在积极心理品质总分、积极自我、积极进取心、感恩上、幸福感上，双一流本科>双非公办本科>民办本科>高职大专，且存在显著差异（p值均小于0.001）；在宽恕、创造力上，双非公办本科>高职大专>民办本科>双一流本科，且存在显著差异（$p<0.001$，$p<0.001$）；在韧性、适应力上，双非公办本科>双一流本科>民办本科>高职大专，

且存在显著差异（$p<0.01$，$p<0.05$）；在利他上，双一流本科>双非公办本科>高职大专>民办本科，但不存在显著性差异；在乐观上，双非公办本科>双一流本科>高职大专>民办本科，且存在显著差异（$p<0.001$）；在情商上，双一流本科>双非公办本科>高职大专>民办本科，且存在显著差异（$p<0.001$）。综合可知，双一流本科和双非公办本科大学生的大部分积极心理品质（积极自我、积极进取心、感恩上、幸福感、韧性、适应力、乐观、情商）显著性高于民办本科和高职大专，双一流本科仅仅在宽恕和创造力上显著性低于民办本科和高职大专（可能的原因是本次调查的双一流本科均为一流学科建设高校，一流学科高校大学生主要靠刷题等应试教育手段来获得高考成功，这在一定程度上禁锢了创造力，而其他高校更偏重于应用，动手能力更强，创造性更强）。这提示我们：相比双一流和双非公办本科，民办本科和高职大专大学生积极心理品质的培育严重不足，而双一流本科大学生则需加强宽恕与创造力的培养。

第五章

高校心理健康教育实效性影响因素分析

上一章在现状调查基础上总结出了高校心理健康教育的实效性的彰显与不足，要提升高校心理健康教育实效性，就必须要全面分析其影响因素。因此，本章首先全面分析高校心理健康教育实效性彰显的原因，以便总结与推广好的经验；其次，对导致高校心理健康教育不足的原因进行深入探析，以便有针对性地改进不足。

第一节 高校心理健康教育实效性彰显的原因探析

高校心理健康教育实效性的彰显离不开党和国家对于高校心理健康教育事业的政策支持，离不开繁荣发展的心理学、思想政治教育学学科支持，也离不开高校落实文件精神认真开展心理健康教育工作，本节将从国家政策、学科发展、学校重视三个层面具体分析高校心理健康教育实效性彰显的原因。

一、国家教育政策的顶层设计

教育政策是由党和政府等政策主体制定的，是在一定时期内解决教育发展问题、分配和协调相关利益关系、实现教育发展目标、满足人们教育需求而采取的规范和引导教育相关机构及个人行为的准则和行动指南[1]，它对于教育具有导向、控制、协调功能[2]。高校心理健康教育的政策是党和国家为实现高校心理健康教育目标，指导心理健康教育发展，确保心理健康教育效果而制定的行动准则和指南，对于心理健康教育具有导向、协调、控制、分配、规范的功能，对于心理健康教育实效性产生积极影响，为高校心理健康教育实效性彰显提供

---

[1] 祁占勇. 教育政策学 [M]. 西安：陕西师范大学出版社，2019：35.
[2] 祁占勇. 教育政策学 [M]. 西安：陕西师范大学出版社，2019：44.

了良好的政策保障。党和国家在教育政策上对高校心理健康教育的支持主要表现在相关文件精神上，进入21世纪以来，国家有关部门先后颁布了多项与高校心理健康教育密切相关的文件（详见表5-1），这些文件精神确保了高校心理健康教育的发展，为提升高校心理健康教育的实效性提供了制度保障。

  对这些文件进行归纳与解读，我们发现关于高校心理健康教育的国家政策文件精神有三个方面的变化。一是文件精神密度越来越高，2000—2010年与高校心理健康教育有关的文件精神数量为5个，而2010—2020年为12个。这说明在国家政策的制定中高校心理健康教育越来越受到重视。二是发文部门从以教育部为主，逐渐转变为多部委联合。这说明国家已意识到高校心理健康教育不单是教育部门的事，而是需要多部门联合，教育、宣传、卫生健康等主管部门以及高校、社会形成合力，协同提高心理健康教育实际效果。三是文件精神内容逐渐由强调重要性、原则、开展工作、建立机构、配置师资朝着制度建设、保障措施、建设标准方向转变，指导方式由笼统、宏观的指导逐渐转变为具体、标准、可操作的指导。这说明有关高校心理健康教育的国家教育政策越来越科学化，越来越注重实效性。另外，国家卫生健康委员会还于2021年专门成立了国家心理健康和精神卫生防治中心，从国家层面统筹开展心理健康教育和精神卫生防治相关政策研究。综合看来，这些变化契合了新时代高校心理健康教育实际状况，为完善新时代高校心理健康教育工作、提升其实效性提供了政策保障。

表5-1　21世纪以来与高校心理健康教育有关的文件精神

年份	文件	颁发部门（发文字号）	有关高校心理健康教育的内容
2001	《教育部关于加强普通高等学校大学生心理健康教育工作的意见》	教育部（教社政〔2001〕1号）	要求认识重要性；明确工作主要任务和内容；明确工作的原则、途径和方法；加强队伍建设加强领导，规范心理健康教育工作的管理①。

---

① 中华人民共和国教育部. 教育部关于加强普通高等学校大学生心理健康教育工作的意见[EB/OL]. http://www.moe.gov.cn/s78/A12/szs_lef/moe_1407/moe_1411/s6874/s3020/201001/t20100117_76896.html, 2001-03-16.

续表

年份	文件	颁发部门（发文字号）	有关高校心理健康教育的内容
2002	《中国精神卫生工作规划（2002—2010年）》	卫生部、民政部、公安部、中国残疾人联合会	要求将心理健康教育、预防心理问题纳入学校日常工作，并要求落实保障措施①。
2004	《2003—2007年教育振兴行动计划》	教育部（国发〔2004〕5号）	要求加强心理健康教育，增强思想政治教育的针对性、实效性，提高大学生的心理素质②。
2004	《中共中央国务院关于进一步加强和改进大学生思想政治教育的意见》	中共中央国务院（中发〔2004〕16号）	要求重视心理健康教育，制定计划，确定相应的内容、方法，建立健全机构，配足师资，开展心理健康教育和心理咨询③。
2005	《教育部 卫生部 共青团中央关于进一步加强和改进大学生心理健康教育的意见》	教育部、卫生部、共青团中央（教社政〔2005〕1号）	要求进一步明确大学生心理健康教育的总体要求，提高工作水平，加强队伍建设，建立和完善领导体制与工作机制④。
2011	《普通高等学校学生心理健康教育工作基本建设标准（试行）》	教育部（教思政厅〔2011〕1号）	从体制机制、师资队伍、教学体系、活动体系、心理咨询服务体系、心理危机预防与干预体系、工作条件建设提出详细而具体的建设标准⑤。

---

① 中国精神卫生工作规划（2002—2010年）[J]. 上海精神医学, 2003（02）: 125-128.
② 中华人民共和国教育部. 国务院批转教育部2003—2007年教育振兴行动计划的通知[EB/OL]. http://www.moe.gov.cn/jyb_xxgk/gk_gbgg/moe_0/moe_1/moe_4/tnull_5323.html, 2004-02-10.
③ 中共中央国务院发出《关于进一步加强和改进大学生思想政治教育的意见》[N]. 人民日报, 2004-10-15.
④ 教育部 卫生部 共青团中央关于进一步加强和改进大学生心理健康教育的意见[J]. 中华人民共和国教育部公报, 2005（03）: 35-37.
⑤ 中华人民共和国教育部. 教育部办公厅关于印发《普通高等学校学生心理健康教育工作基本建设标准（试行）》的通知[EB/OL]. http://www.moe.gov.cn/srcsite/A12/moe_1407/s3020/201102/t20110223_115721.html, 2011-02-23.

续表

年份	文件	颁发部门（发文字号）	有关高校心理健康教育的内容
2012	中国共产党第十八次全国代表大会报告	胡锦涛	要求加强和改进思想政治工作，注重人文关怀和心理疏导①。
2016	《"健康中国2030"规划纲要》	中共中央、国务院	提出实施心理健康促进行动，要求高校将心理健康教育融入思想政治工作，为学生提供健康宣传、心理评估、教育培训、咨询辅导、心理疏导和援助②。
2016	《关于加强心理健康服务的指导意见》	国家卫生计生委、中宣部、中央综治办等22部门（国卫疾控发〔2016〕77号）	明确专业社会工作参与心理健康服务的路径和方法，强调专业社会工作在提供心理健康服务、完善心理健康服务体系中的作用，加强心理健康领域社会工作专业人才队伍建设③。
2016	全国高校思想政治工作会议	习近平总书记讲话精神	培育理性平和的健康心态，加强人文关怀和心理疏导④。
2017	《关于深化教育体制机制改革的意见》	中共中央办公厅国务院办公厅	要求建立促进学生身心健康、全面发展的长效机制，切实加强心理健康教育⑤。

---

① 胡锦涛．坚定不移沿着中国特色社会主义道路前进 为全面建成小康社会而奋斗——在中国共产党第十八次全国代表大会上的报告［M］．北京：人民出版社，2012，32．
② 印发《"健康中国2030"规划纲要》［N］．人民日报，2016-10-26（001）．
③ 中华人民共和国中央人民政府．22部门印发《关于加强心理健康服务的指导意见》［EB/OL］．http：//www.gov.cn/xinwen/2017-01/24/content_5162861.htm#1，2017-01-24．
④ 全国高校思想政治工作．习近平：把思想政治工作贯穿教育教学全过程［EB/OL］．https：//www.sizhengwang.cn/a/zyfwpt_xjpgygxsxzzgzdzyls/171022/539053.shtml，2016-12-08．
⑤ 中共中央办公厅国务院办公厅印发《关于深化教育体制机制改革的意见》［J］．中国民族教育，2017，220（10）：5．

续表

年份	文件	颁发部门（发文字号）	有关高校心理健康教育的内容
2017	中国共产党第十九次全国代表大会报告	习近平总书记	加强社会心理服务体系建设，培育自尊自信、理性平和、积极向上的社会心态①。
2018	《高等学校学生心理健康教育指导纲要》	中共教育部党组（教党〔2018〕41号）	从指导思想、总体目标、基本原则、主要任务、工作保障、组织实施对高校心理健康教育做了具体而细致的要求②。
2018	《关于印发全国社会心理服务体系建设试点工作方案的通知》	国家卫生健康委员会、中宣部、教育部等10部委（国卫疾控发〔2018〕44号）	从指导思想、工作目标、建立健全社会心理服务网络、加强心理服务人才队伍建设、保障措施提出要求，并开展全国社会心理服务体系试点申报③。
2019	《关于印发健康中国行动——儿童青少年心理健康行动方案（2019—2022年）的通知》	国家卫生健康委员会、中宣部、教育部等12部委（卫疾控发〔2019〕63号）	从行动目标、具体行动、保障措施上对于高校心理健康教育作出具体明确的要求④。
2020	《国家卫生健康委办公厅关于探索开展抑郁症、老年痴呆防治特色服务工作的通知》	国家卫生健康委办公厅（国卫办疾控函〔2020〕726号）	从防治知识宣教、开展筛查评估、提高早期诊断和规范治疗能力、加大干预力度、强化心理热线服务、开展心理干预六个方面对高校抑郁症防治提出要求⑤。

---

① 习近平. 决胜全面建成小康社会 夺取新时代中国特色社会主义伟大胜利——在中国共产党第十九次全国代表大会上的报告 [M]. 北京：人民出版社，2017，49.
② 中华人民共和国教育部. 中共教育部党组关于印发《高等学校学生心理健康教育指导纲要》的通知 [EB/OL]. http://www.moe.gov.cn/srcsite/A12/moe_1407/s3020/201807/t20180713_342992.html，2018-07-04.
③ 关于印发全国社会心理服务体系建设试点工作方案的通知 [J]. 中华人民共和国国家卫生健康委员会公报，2018，No.182 (11)：9-10.
④ 中华人民共和国中央人民政府. 关于印发健康中国行动——儿童青少年心理健康行动方案（2019—2022年）的通知 [EB/OL]. http://www.gov.cn/xinwen/2019-12/27/content_5464437.htm，2019-12-27.
⑤ 中华人民共和国卫生健康委. 国家卫生健康委办公厅关于探索开展抑郁症、老年痴呆防治特色服务工作的通知 [EB/OL]. http://www.gov.cn/zhengce/zhengceku/2020-09/11/content_5542555.htm，2020-08-31.

续表

年份	文件	颁发部门（发文字号）	有关高校心理健康教育的内容
2020	《教育部等八部门关于加快构建高校思想政治工作体系的意见》	教育部 中共中央组织部 中共中央宣传部等八部门（教思政〔2020〕1号）	对课程、师生比提出要求，强调发挥育人主体的作用，规范发展心理健康教育与咨询服务，强化预防干预[1]。
2021	《教育部办公厅关于加强学生心理健康管理工作的通知》	教育部办公厅（教思政厅函〔2021〕10号）	从加强源头管理、过程管理、结果管理、保障管理来全方位提升学生心理健康素养，提升及早发现能力和日常咨询辅导水平，提高心理危机事件干预处置能力，加大综合支撑力度[2]。

二、思想政治教育学、心理学学科的繁荣发展

（一）思想政治教育学、心理学学科的繁荣发展为高校心理健康教育实效性彰显提供了科学理论保障

思想政治教育学是指导思想政治教育者有效开展思想政治教育的学科，改革开放以来思想政治教育学学科的繁荣发展提出了许多新的教育理念、教育方法、管理方式，这为高校心理健康实效性彰显提供了理论借鉴和指导[3]。具体来说，思想政治教育学对于教育理念、教育方式方法的研究为心理健康教育实效性提升提供了理论指导，如主动开展教育的理念，理论教育法、正面榜样教育法等教育理念与方法都被用于心理健康教育实践中，并产生了较好的实际效果；思想政治教育学研究的全员育人、全员管理方式被借鉴用于心理健康教育中，形成了心理健康教育四级网络体系，极大地提升了高校心理健康教育实效性；

---

[1] 中华人民共和国教育部．教育部等八部门关于加快构建高校思想政治工作体系的意见［EB/OL］．http://www.gov.cn/zhengce/zhengceku/2020-05/15/content_5511831.htm，2020-04-22.

[2] 中华人民共和国教育部．教育部办公厅关于加强学生心理健康管理工作的通知［EB/OL］．http://www.moe.gov.cn/srcsite/A12/moe_1407/s3020/202107/t20210720_545789.html，2021-07-07.

[3] 马建青，石变梅.30年来高校思想政治教育对心理健康教育发展的影响探析［J］．思想理论教育，2018（01）：99.

而思想政治教育与心理健康教育的融合研究为创新机制、提升高校思想政治教育与心理健康教育的实效性，最终实现育人目标提供了理论基础[1]。

心理学是研究人的心理现象的学科，是心理健康教育的母体，是高校心理健康教育的理论之源。进入21世纪，我国心理学进入了快速发展时期，它的各分支学科得到了极大的发展，收获了丰硕成果，这为高校心理健康教育实效性彰显提供了科学理论的指导。如：教育心理学对于心理健康教育中关于教学心理的研究，为高校心理健康教育课程教学效果提升提供了指导。研究表明："集中释疑、互相解疑、个别辅导"的课程教学模式有利于提升教学效果[2]，高校心理健康教育体验式教学方式效果优于纯讲授式教学[3][4]，这些都为高校心理健康教育教学效果提升提供了指导。健康心理学对于心理健康的影响因素、怎样提高心理健康水平的研究，丰富了高校心理健康教育的内容，为培育大学生良好的心理品质提供了指导。例如，心理健康双因素理论提示高校心理健康教育不应只关注心理障碍等消极心理健康，更应关注主观幸福感等积极心理健康方面的内容[5]；心理健康素养理论为预防大学生心理健康问题提供了理论指导。咨询心理学和临床心理学的研究则为高校心理咨询与团体辅导效果提升提供了实证支持和技术指导。例如，关于感恩、宽恕、韧性等团体辅导的研究[6][7][8]，为提高大学积极心理品质提供了具体的可操作化的指导；关于心理咨询的临床研究为提升高校心理咨询效果提供了技术指导。心理测量学的发展则为高校心理健康教育提供了科学有效的测评工具。

---

[1] 石变梅，马建青. 协同创新：高校心理健康教育与思想政治教育结合的发展之路 [J]. 学校党建与思想教育，2018（11）：29.

[2] 刘海燕. 大学生心理健康教育教学模式的构建与实践研究 [J]. 心理学探新，2003（01）：47.

[3] 邱小艳，宋宏福. 大学生心理健康教育课程体验式教学的实验研究 [J]. 湖南师范大学教育科学学报，2013，12（01）：95.

[4] 吴禹，魏红娟，厉红，赵阿勐. 体验式教学模式在大学生心理健康教育课程中的应用 [J]. 教育理论与实践，2018，38（18）：49.

[5] 王鑫强，谢倩，张大均，刘明矾. 心理健康双因素模型在大学生及其心理素质中的有效性研究 [J]. 心理科学，2016，39（06）：1296.

[6] 蒲清平，朱丽萍，赵楠. 团体辅导提升大学生感恩认知水平的实证研究 [J]. 学校党建与思想教育，2012，425（18）：48.

[7] 孙卉，张田，傅宏. 团体宽恕干预在恋爱受挫群体中的运用及其对大学生心理健康教育的启示 [J]. 心理与行为研究，2018，16（04）：541.

[8] 王奕冉. 积极团体心理辅导对贫困大学生就业能力和心理韧性的干预效果 [J]. 教育与职业，2016，874（18）：103.

（二）心理学学科的繁荣发展为高校心理健康教育实效性彰显提供了人才保障

首先，心理学学历教育的大发展培养了大批心理健康教育人才。一是心理学硕士研究生招生规模不断扩大，为高校心理健康教育队伍输送了大批具有专业背景的人员。例如：2010年全国（不含港澳台）有99所高校招收心理学研究生（全部为学术型研究生，心理学专业硕士于2012年开始招生），合计招收2275人[1]。而对中国研究生招生信息网2022年心理学硕士研究生招考信息进行总结可知：2022年全国（不含港澳台）有100所高校招收心理学学术硕士研究生，共招生1653人（不含推免生）；有97所高校招收应用心理专业硕士，共招收3178人（不包含推免生）；86所高校招收心理健康教育教育硕士，共招收1521人（不包含推免生）；三者合计6352人。受益于心理学硕士研究生学历教育的大发展，目前高校心理健康教育教师学科背景由20世纪90年代其他专业背景为主过渡到心理学专业背景为主。二是从心理学学术型研究生的培养逐渐过渡到应用型研究生培养，越来越注重心理健康教育应用型人才的培养。例如从2012年开始招收专业学位的应用心理硕士，到2022年应用心理硕士招生规模已经大大超过心理学学术型硕士（学硕为1653人，应用心理专硕为3178人）。另外，心理健康教育人才培养专业化程度不断提高，教育硕士设置了专门的心理健康教育方向，应用心理专硕中，临床与咨询心理开设的院校也逐渐增多。

其次，学术性社会团体为高校心理健康教育教师专业能力提升提供了规范性要求与专业支持。例如：中国心理学会的临床与咨询注册系统，其注册心理师认证、其制定的《中国心理学会临床与咨询心理学专业机构和专业人员注册标准》[2]《中国心理学会临床与咨询心理学工作伦理守则》[3]，对高校心理健康教育教师提出严格的标准与约束；其制定的高校心理咨询中心规范性文件，如《高校心理咨询知情同意书》《高校心理危机干预工作指南》《咨询师工作守则》等为高校心理健康工作者规范化开展心理咨询工作提供了指导；其制定的注册心理师培养方案为高校心理健康工作者提供了规范化的成长方案，如北京大学、北京师范大学、西南大学、西北师范大学、华中师范大学等高校的临床与咨

---

[1] 魏爱云.2010年我国心理学硕士研究生招生现状的调查与分析［J］.厦门科技，2010，94（06）：31.

[2] 中国心理学会临床与咨询心理学专业机构和专业人员注册标准［J］.心理学报，2018，50（11）：1303.

[3] 中国心理学会临床与咨询心理学工作伦理守则［J］.心理学报，2018，50（11）：1314.

心理学专业硕士培养标准与中国心理学会的临床与咨询注册系统培养方案挂钩，毕业后可以直接被认定为中国心理学会注册助理心理师；其注册心理师督导系统，为高校心理健康工作者提供了规范、有效的督导。

三、学校重视相关文件精神的落实工作

国家教育政策为高校心理健康教育实效性彰显提供了良好了政策环境，思想政治教育学与心理学学科繁荣发展为高校心理健康教育实效性彰显提供了理论指导与人才保障，但高校心理健康教育实效性彰显离不开高校重视文件精神落实心理健康教育工作。根据上一章调查结果，我们可以发现84.76%的受调查高校成立了领导小组（见表4-46）；85.72%的受调查高校设置了专门的心理健康教育与咨询中心的行政机构（属于学生处或独立部门）（见表4-47）；绝大部分受调查高校配置了师资，并有一定的心理健康教育经费（见表4-51）；心理普查已成为受调查高校必不可少的重要工作（见表4-60）；97.14%的受调查高校开设了心理健康教育课程（见表4-61）；受调查高校学生心理咨询工作稳步开展（见表4-62）并取得了较好的效果（见表4-11），部分院校甚至安排了精神科医生坐诊形成医校联动模式（见表4-63）；受调查学生认为高校心理健康教育活动广泛开展（见表4-34）；92.49%的受调查学生认为心理健康教育氛围在一般及以上（见表4-42）。综合可知，高校重视落实文件要求，加强心理健康教育与咨询中心建设，加强队伍建设，开展各项心理健康教育工作，完善四级心理健康网络，营造心理健康教育的氛围，这些都是高校心理健康教育实效性彰显的重要原因。

第二节 高校心理健康教育实效性不足的原因探析

高校心理健康教育实效性重点体现在结果实效性上，即心理健康教育结果对于心理健康教育目标的实现程度。心理健康教育过程要素对心理健康教育结果产生直接影响，而高校心理健康教育的投入则是通过影响过程要素对心理健康教育结果产生间接影响。本节将从过程四要素以及投入来详细分析高校心理健康教育实效性不足的原因。

从思想政治教育过程要素作用的原理上来看，教育过程要素合理配置、协同作用是教育实效性产生的必要条件，过程要素保持空间的一致性和实践的连

续性，思想政治教育就有效①。按照此观点，高校心理健康教育过程诸要素对心理健康教育结果实效性产生直接影响。如果教育过程要素不能合理有效配置，就会造成实效性不足，这亦可以通过实证研究来证实。发展性目标（培育积极心理品质）是高校心理健康教育的核心目标，它的表现直接体现心理健康教育的结果实效性。以心理健康教育过程诸要素为自变量，积极心理品质为因变量，进行相关分析和多元回归分析可以揭示高校心理过程要素对结果实效性的影响。

相关系数可以描述两个或多个变量间相关方向和密切程度，相关系数绝对值越大，变量之间的密切程度越大，相关分析研究是探索因果关系的第一步②。使用 SPSS 24.0 进行积差相关分析（变量为连续变量，总体为正态分布或接近正态分布，变量数据一一对应，变量呈线性关系③）以 95% 为置信区间双侧检验。结果显示：高校心理健康教育过程诸要素（教育主体、教育客体、教育介体、有形教育环体）与积极心理品质总分相关显著（p 值均小于 0.01），相关系数分别为：0.454、0.459、0.480、0.362，这说明教育过程诸要素与大学生积极心理品质关系密切。

为进一步了解自变量对因变量的预测关系，本书进行了多元回归分析。多元回归分析可以帮助研究者建立有效预测模型，用以解释和预测自变量对因变量的影响④。以教育过程要素诸要素为自变量，积极心理品质为因变量，使用 SPSS 24.0 进行多元回归分析。共线性诊断显示 VIF 值均小于 5（见表 5-2），表明自变量间不存在严重共线性问题，回归模型不受共线性问题影响⑤。回归分析结果如表 5-2 所示：主体要素、客体要素、介体要素预测效应显著性（p 值均小于 0.01），而有形环体要素预测效应不显著（$p>0.01$）。这可能是因为在诸要素协同作用中，有形环体要素并不能单独直接作用于心理健康教育结果，而是通过其他三要素起作用的。根据表 5-2 的结果，教育过程要素对于积极心理品质的回归方程可以表达为：积极心理品质=117.316+主体要素*0.864+客体要素*0.546+介体要素*1.147+环体要素*0.313。如图 5-1 所示，各要素的作用表现：在其他要素不变的情况下，介体要素每增加一个标准差，积极心理品质增加 0.226 个标准差；在其他要素不变的情况下，主体要素每增加一个标准差，

---

① 陈秉公. 思想政治教育学基础理论研究 [M]. 长春：吉林大学出版社，2007：220.
② 邵志芳. 心理统计学（第二版）[M]. 北京：中国轻工业出版社，2012：241-245.
③ 邵志芳. 心理统计学（第二版）[M]. 北京：中国轻工业出版社，2012：245-246.
④ 董奇，申继亮. 心理与教育研究法 [M]. 杭州：浙江教育出版社，2005：208-209.
⑤ 邱皓政. 量化研究与统计分析-SPSS（PASW）数据分析范例解析 [M]. 重庆：重庆大学出版社，2013：244.

积极心理品质增加 0.179 个标准差；在其他要素不变的情况下，客体要素每增加一个标准差，积极心理品质增加 0.130 个标准差。各要素作用大小表现为：介体要素（0.226）＞主体要素（0.179）＞客体要素（0.130）＞有形环体要素（0.037）。这说明影响高校心理健康教育实效性的直接原因中，最重要的是教育介体因素，即在心理健康教育目标指导下开展多种方式的心理健康教育（课程、活动、咨询服务等）；其次是教育主体因素，即高校心理健康教育主体胜任力和工作态度；再次是教育客体因素，即了解大学生需求对的大学生的需求及时作出回应；最后是教育环境因素。如果这四个要素不能合理有效配置则会导致高校心理健康教育实效性不足。

表 5-2 积极心理品质的多元回归分析

	回归方程					共线性	模型汇总		
	B	标准误差	Beta	t	显著性	VIF	R^2	调整后R^2	标准误差
（常量）	117.316	2.779		42.211	0		0.262	0.261	19.353
有形环体要素	0.313	0.212	0.037	1.475	0.14	1.914			
客体要素	0.546	0.138	0.130	3.964	0	3.328			
介体要素	1.147	0.161	0.226	7.117	0	3.141			
主体要素	0.864	0.133	0.179	6.514	0	2.356			

注：＊＊＊表示 $p<0.001$

上述分析表明了教育过程四要素直接影响心理健康教育结果实效性，是实效性不足的直接原因。而高校心理健康教育的投入则是通过影响教育过程要素进而对心理健康教育实际效果产生影响。CIPP 模式认为教育评估由背景（Context）、输入（Input）、过程（Process）、结果（product）四个层面组成[1]，教育背景、输入合称为教育投入。如果高校心理健康教育投入不足，那么将会导致高校心理健康教育过程实效性不足，进而影响结果实效性。因此，高校心理健

---

[1] 肖远军.CIPP 教育评价模式探析［J］.教育科学，2003（03）：42.

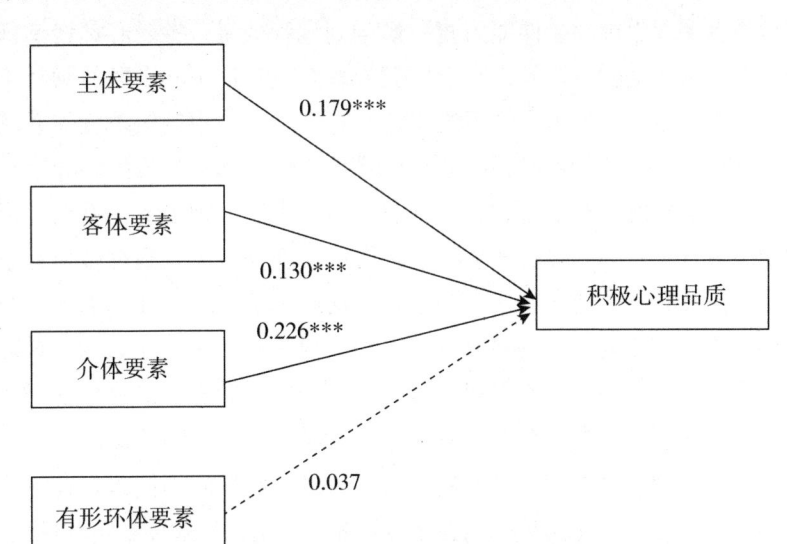

康教育投入不足是导致高校心理健康教育实效性不足的根本原因。

图 5-1　心理健康教育过程要素对积极心理品质的作用

综上，高校心理健康教育实效性的影响因素有教育主体因素、教育客体因素、教育环体因素、教育介体因素、投入因素。以下将从这五个因素来分析高校心理健康教育实效性不足的原因。

一、教育主体上师资配备不足、教师胜任力不高

高校心理健康教育的主体是四级心理健康教育队伍体系，主要包括心理健康教育与咨询中心专职教师或心理咨询师（专职）、各二级学院心理辅导员（兼职）、班级心理委员、宿舍心情联络员。他们的配备情况、胜任力、工作态度等都会对心理健康教育的结果实效性产生影响。

从调查结果来看（见表4-25）：大学生对主体要素总体评价上双一流本科>双非公办本科>高职大专>民办本科，这是不同类型院校心理健康教育结果实效性产生差异、发展不均衡的重要原因。调查结果还表明，仅有42.86%的高校师生比符合教育部文件要求（见表4-48）；注册心理师所占比例过低（见表4-50），其占专职心理咨询师比重仅为16.75%（双一流本科为58.33%，双非公办本科为19.02%，民办本科为13.56%，高职大专为6.09%）。师资配备不足影响了心理健康教育工作的顺利开展，是导致结果实效性不高（大学生心理健康素养、积极心理品质不高）的重要原因，也是不同类型院校结果实效性出现差异的重要原因。

高校心理健康教育主体的胜任力直接影响到心理健康教育效果。具体来说，心理健康教育课程教师的授课能力直接影响到课程效果；专职心理咨询师的专业技能影响心理咨询的直接效果；心理健康教育与咨询中心专职教师对于四级心理健康教育队伍体系的领导管理组织能力直接影响心理健康教育体系的有效运行；心理辅导员的助人技能影响心理辅导效果，心理辅导员的领导策划组织能力影响到二级学院心理健康教育活动的开展；班级心理委员的胜任力影响班级心理健康教育工作的开展；宿舍心情联络员的胜任力关系到宿舍异常心理健康状况是否能及时有效地得到发现和干预。从调查结果来看（见表4-24）：仅65.86%的大学生认为心理老师的授课水平高，59.95%的大学生认为心理委员的工作能力强，66.37%的大学生认为二级学院心理辅导员的工作能力强，62.55%的大学生认为学校心理中心心理老师（心理咨询师）具有胜任力，52.13%的大学生认为宿舍心理信息员能发现问题。由此可见，高校心理健康教育主体的胜任力并不高，根据图5-1高校心理健康过程要素对结果实效性影响的模型可知，教育主体胜任力不高是导致结果实效性不足的重要原因之一。

二、教育介体上教育方式方法存在不足

教育方式方法是将教育目标与内容作用于教育客体的桥梁，不同教育方式方法的选择影响心理健康教育的结果实效性。从调查结果来看，心理健康教育课程教学方法、心理健康教育活动开展方式、心理咨询工作存在不足是导致高校心理健康教育结果实效性不足的重要原因。

（一）心理健康教育课程教学方法单一

心理健康教育课程是以课程的方式向大学生传授心理健康知识、提高心理健康素养、发展积极心理品质，它在高校心理健康教育中扮演非常重要的作用，是高校心理健康教育的主渠道。心理健康教育课程所采用的教学方法直接影响到心理健康教育效果，适宜的教学方法可以激发大学生学习主动性，提高大学生对于心理健康教育内容的接受度。从调查结果来看（见表4-33），心理健康教育课程教学方法较为单一："完全采用讲授法"占46.52%，"讲授法为主，少量活动体验法"占39.14%，并且不同院校表现出差异，在讲授法所占比例上民办本科>高职大专>双非公办本科>双一流本科。而研究表明：课程体验式教学方法是发挥学生的主体作用，实现教学目标的有效途径[①]，在培育大学生积极心

---

① 于成文，史立伟，王艳. 体验式教学在大学生心理健康教育课程中的探索与应用[J]. 思想理论教育导刊，2018（05）：136.

理品质、提升心理健康水平上更有效①。结合图5-1的模型，本书认为，教学方法单一是导致高校心理健康教育结果实效性不足的重要原因，不同院校教学方法的差异是导致不同院校结果实效性出现差异的重要原因。另外，目前心理健康教育课程开设在大一，而大二至大四缺乏心理健康教育类课程是导致心理健康教育结果实效性（心理健康素养、积极心理品质）在不同年级上存在差异的原因之一。

（二）心理健康教育活动开展少、参与率低、未能符合学生需求

心理健康教育活动是为实现心理健康教育目标所开展的有计划有组织的活动，是对心理健康教育课程的重要补充，是培育积极心理品质的重要方式。以活动形式开展大学生心理健康教育，可以提升心理健康教育实际效果。首先，通过活动的方式开展心理健康教育，有利于大学生将课程中学习到的心理健康知识内化为自身的积极心理品质。其次，活动具有轻松的氛围、丰富多彩的内容和活泼的形式，有利于激发学生兴趣和投入动机，提高心理健康教育的接受度。最后，不同活动方式有各有其优点，应灵活应用。如文化活动可以潜移默化地改变大学生不合理的思维方式，向大学生传递正确的价值观念，培育学生的审美情趣、陶冶情操；而竞赛活动可以培养大学生坚持、积极进取、战胜困难等良好的心理品质。因此，采取合适的心理健康教育方式是提升心理健康教育效果的有效途径。

调查表明，目前高校心理健康教育活动存在的主要问题有：开展的活动少（见表4-34），学生对于一年中开展活动回答"不清楚"和"0次"占23.41%，回答"1-3次"占50.61%；参与率低（见表4-35），参与过心理健康教育活动的大学生比例仅为27.37%（双一流本科为31.03%，双非公办本科为30.17%，高职大专为26.03%，民办本科为22.19%）；活动开展方式未能符合大学生需求（见表4-36与图4-1），学校开展的活动与大学生喜爱的活动契合程度不高。另外调查还表明（见表4-36）：相比于民办本科和高职大专院校，双一流本科与双非公办本科能开展更多丰富多彩的体验式沉浸式心理健康教育活动（如团体成长活动、心理情景剧、心理知识竞赛等），开展系列化、规范化、制度化的5·25心理健康活动（心理健康周、月）；民办本科与高职大专的活动形式则仍然以会议与讲座为主（其讲座、会议合计所占比例分别是43.20%、47.89%）。这是导致不同院校大学生积极心理品质出现差异（表4-21所示：双一流本科>

---

① 邱小艳，宋宏福. 大学生心理健康教育课程体验式教学的实验研究 [J]. 湖南师范大学教育科学学报，2013，12（01）：95.

双非公办本科>民办本科>高职大专）的原因之一。以上这些问题制约了高校心理健康教育实效性，是导致高校心理健康教育结果实效性不足的重要原因之一。

（三）心理普查频率低、心理咨询开展量偏少、预约及时性不足、医校协作不够

心理普查是心理危机预防的重要手段之一，能否正确合理开展心理普查工作，影响到高校心理健康教育预防性目标的实现，是影响心理健康教育结果实效性的重要因素。调查结果表明（见表4-60）："新生入学时开展"的高校占48.57%，"每学年全校开展"的高校占25.71%，"每学期全校开展"占25.71%；从不同院校来看，"每学年全校开展"与"每学期全校开展"累计比例表现为双一流本科（66.67%）>民办本科（62.50%）>双非公办本科（56.00%）>高职大专（38.89%）。这说明：在心理普查上存在普查频率低、重视性不够的问题，这是导致高校心理健康教育结果实效性不足的原因之一。

心理咨询与辅导是解决大学生心理健康问题的重要方式。调查结果（见表4-62）显示：在年咨询量上，67.62%的受调查高校500人次以下，20.00%的高校500~1000次，9.25%的受调查高校1000~2000次，这说明高校个体心理咨询开展量仍偏少，这在高职大专和民办本科上表明得尤为明显（500次以下所占比例表现为高职大专为88.89%，民办本科为81.25%，双非公办本科为52.00%，双一流本科为0%）。在"能及时预约到心理咨询"的调查上（见表4-28），只有53.51%的大学生选择"符合"与"完全符合"，说明心理咨询预约的及时性不高。调查还表明（见表4-63）：74.29%的高校"无精神科医生坐诊"（民办本科为93.75%，高职大专为80.56%，双非公办本科为66.00%，双一流本科为33.33%），说明大多数高校并没有建立起医院学校协作的心理健康模式。

根据图5-1教育过程要素对结果实效性影响模型，综合以上可知，心理普查、心理咨询、医校协作上存在的问题是导致高校心理健康教育结果实效性不足的重要原因之一。

三、教育环体上教育设施、教育氛围不足

高校心理健康教育的环体，即影响心理健康教育效果的高校环境因素。心理健康教育的环境因素主要包括物质环境和精神文化环境①。心理健康教育的物

---

① 陈万柏，张耀灿主编．思想政治教育学原理（第三版）[M]．北京：高等教育出版社，2015：120-121．

质环境主要包括：心理健康教育的硬件设施，如心理健康教育的场所、团体辅导室、宣泄室、放松室与放松治疗仪、沙盘室、心理图书阅览室等。心理健康教育的物质环境是指心理健康教育得以进行的物质基础，这种物质基础本身就是心理健康教育过程的重要因素，如果能得以优化，那么将为心理健康教育实效性提升创造有利的条件，如果存在问题，那么将会影响心理健康教育的实效性。心理健康教育的精神文化环境主要包括：①课堂教学环境；②积极向上的育人环境，如教职工的育人氛围等；③班风校风，主要是指影响心理健康成长的班风校风；④丰富多彩的第二课堂活动。心理健康教育的精神文化环境是由无形的因素构成的复杂环境系统，尽管它看不见、摸不着，但是积极精神文化环境可以形成良好心理健康教育氛围，激发教师心理健康热情、学生接受心理健康教育的主动性，从而提升心理健康教育整体效果，而消极精神文化环境则会削弱心理健康教育实效性。

本次调查表明（见表4-39），大学生对于环体要素的评价仅仅处于及格水平（平均数为13.323，平均数与满分之比为66.62%），进一步具体分析可知（见表4-40）：大学生认为心理健康硬件设施并不是很完善，尤其是宿舍生活区域的心理健康活动场所和设施不完善。调查还显示：在心理健康设施利用上（见表4-41），52.95%的大学生表示"从未使用过"，25.93%的大学生表示"很少使用"，二者累计占78.88%（高职大专为85.16%，民办本科为81.84%，双非公办本科为75.26%，双一流本科为75.07%），说明高校心理健康教育设施使用率很低。调查还显示（见表4-42）：57.17%的大学生认为心理健康教育整体氛围"一般"，7.52%的大学生认为整体氛围"差"和"非常差"（双一流本科为4.24%，双非公办本科为3.82%，民办本科为13.67%，高职大专为9.59%）。这表明：高校心理健康教育整体氛围还存在一定的不足，还有很大的优化空间。以上高校心理健康教育出现的环体要素问题都成为影响高校心理健康教育实效性的负面因素，是造成其结果实效性不足的原因之一。

四、教育客体上"心理健康服务供需失衡"

高校心理健康教育的客体是大学生，他们是高校心理健康教育效果的直接体现者，这种效果体现在他们的心理健康素养、积极心理品质上。这种效果不但取决于教育主体、教育介体、教育环体，还和教育客体自身因素有关。高校心理健康教育应是以大学生为中心的教育，不应机械地执行心理健康教育的任务，应始终把大学生心理发展需要作为落脚点。高校心理健康教育目标的实现，实际上就是将教育目标与内容的要求内化为大学生心理健康素养、积极心理品质的过程。在这个过程中大学生的自主性状况以及个性化需求是否得到满足直接影响到内化效果。而要提升内化效果，进而提升心理健康教育的实效性，那么就要关注大学生的自主性、个性化需求。如果在心理健康教育中教育客体的需求未能较好地满足，那么将不利于调动大学生接受心理健康教育的主动性、积极性，不利于心理健康教育的内化，从而影响心理健康教育的实效性。

调查显示（见表4-27）：客体要素平均分为32.149（双一流本科>双非公办本科>高职大专>民办本科），平均数与满分之比为71.44%，表明客体要素处于中等还有较大的提高余地。调查结果还显示（见表4-28）：对于"二级学院了解学生心理需求"，仅有47.96%大学生选择"符合"和"非常符合"；对于"学校了解学生对哪些心理健康活动感兴趣"，50.83%的大学生选择"符合"和"非常符合"；对于"学生在心理健康课遇到的问题教师能迅速回应"，58.04%的大学生选择"符合"和"非常符合"；对于"遇到心理困扰的时，心理委员或辅导员能及时发现并提供帮助"，51.61%的大学生选择"符合"和"非常符合"；对于"学生危机事件，学校能及时采取行动"，55.26%的大学生选择"符合"和"非常符合"；对于"出现突发公共事件时学校能迅速开展有针对性的心理健康服务"，67.68%的大学生选择"符合"和"非常符合"。这些都表明：教育客体对于心理健康教育的需求未能得到很好地满足，教育主体提供的服务与教育客体需求仍有一定的差距。而这些问题影响了心理健康教育的实效性，是导致高校心理健康教育结果实效性不足的原因之一。

五、高校心理健康教育投入不足

根据CIPP理论，结合高校心理健康教育实践，高校心理健康教育投入应包括高校心理健康教育的组织构架、组织制度、经费保障、场地设施（在上第一节教育环体不足中已论述），以下将从这几个方面具体分析心理健康教育投入不足对高校心理健康教育实效性的制约。

（一）组织构架不完善的制约

高校心理健康教育的组织构架是指，在一定教育管理体制下，为实现心理健康教育目标而形成的机构、结构及其管理体系。高校心理健康教育的组织结构一般可以分为三个层次：决策层（分管校领导主导的心理健康教育领导小组）、协调层（心理健康教育与咨询中心）、操作层（四级心理健康网络）。良好的组织构架是心理健康教育过程要素得以有效运行的重要保障，它对高校心理健康教育过程要素的影响表现为：一是凝聚作用，使教育主体团结一致对心理健康教育形成统一认识，在统一目标下有效开展心理健康教育活动；二是分解作用，根据心理健康教育目标要求，对目标任务进行分类，使心理健康教育网络各层级明确自身目标任务，以目标为导向开展各项心理健康活动；三是协调管理作用，针对心理健康教育过程中出现的问题和弊端进行管理，有效管理各部门之间的矛盾，消除教育主体间的隔阂，合理分配心理健康教育资源；四是强化作用，强化对心理健康教育主体的领导，加强心理健康教育的渗透，增强心理健康教育组织机构内外沟通交流。

从具体层面来看，心理健康教育工作领导小组通过决策对心理健康教育主体、客体、介体、环体产生影响。现状调查表明（见表4-25、表4-29、表4-37、表4-43），大学生对于心理健康教育主体要素、客体要素、介体要素、环体要素的评价均表现为：双一流本科>双非公办本科>高职大专>民办本科。领导小组及领导的重视性是这一现象产生的原因之一。调查表明，84.76%的受调查高校成立了领导小组，不同院校类型成立领导小组所占比例有差异，具体表现为：高职大专>民办本科>双非公办本科>双一流本科（见表4-46）。这与心理健康教育过程要素评价形成的强烈反差，导致这一现象的原因之一是民办本科、高职大专虽然成立心理健康教育领导小组比例较高，但实际上一些高校的领导小组流于形式上，领导重视性不够（表4-65显示47.22%高职大专、37.50%民办本科反映领导重视性不够）导致领导小组没有发挥应有的作用。

大学生心理健康教育与咨询中心是开展心理健康教育的专门机构，是四级心理健康教育网络的发起者，对教育过程要素产生直接影响。首先，高校心理健康教育与咨询中心的部门定位关系到心理健康教育活动的有序开展。现状调查表明（见表4-47）：27.78%的高职大专、12.50%的民办本科将心理健康教育与咨询中心挂靠在教学部门，而双非公办本科这一比例为4%，双一流本科这一比例为0%。教学部门是以开展教学为主要任务的部门，挂靠于此而不是学生处或独立的行政机构，容易导致教学部门与行政职能部门定位模糊、权责难分、组织构架不清、体制不顺等问题的出现，这显然影响了对心理健康教育主体（如四级心理健康教育网络）的管理，影响了具体各项活动的开展，这也是高职大专与民办本科过程要素评价比双一流本科与双非公办本科低的原因之一。其次，大学生心理健康教育与咨询中心人员配备关系到心理健康活动能否有效开展。现状调查发现（表4-49）：受调查高校师生比符合教育部文件要求的仅占42.86%，从不同院校来看，仅有33.33%的双一流高校符合要求（心理健康教育专职教师绝对数量多，但学生数量大而导致师生比低），44.00%的双非公办本科符合要求，43.75%的民办本科、41.67%的高职大专符合要求（考虑到数量不少的民办本科与高职大专心理健康教育与咨询中心挂靠教学部门，有不少任课部门教师兼任，实际上的专职教师与学生的"师生比"可能更低）。人员配备的不足直接导致了不同院校类型大学生对于教育介体评价出现差异（见表4-37）：双一流本科（26.294）>双非公办本科（26.169）>高职大专（24.626）>民办本科（24.461）。

四级心理健康网络是各项心理健康教育活动的具体执行者，对心理健康教育客体和介体要素产生直接影响。现状调查表明（见表4-64）：高校总结好的经验中有关四级心理健康教育网络建设仅占23.82%，这表明大部分高校并没有认识到四级心理健康网络这一组织构架在开展心理健康教育中的重要性，这可能是导致教育过程实效性不足的一个原因。

（二）组织制度不完善的制约

组织制度是与组织活动有关的行为规范，是组织成员在组织活动中必须遵守的规章制度。高校心理健康教育组织制度就是心理健康教育过程中规范的、稳定的、可操作的、可考核的一整套规章制度，具体地说包括职业成长制度、个人晋升与发展制度、工作考核制度。

职业成长制度对专职心理健康教育教师（心理咨询师）专业能力产生影响，完善的专业成长制度是确保专职心理健康教育教师专业技能提升的重要保障。高校专职心理健康教育教师专业成长制度主要表现在培训进修制度、接受督导制度上。培训与督导需要经费来保障，培训与督导经费使用情况反映了培训与督导机制是否完善。对于"一学年培训与督导经费"的现状调查发现（见表4-51）：总体上有35.24%的高校"不能保证"，有32.38%的高校在"5000以下"，二者累计占67.62，说明高校专职心理咨询师接受培训和督导的经费情况不理想；从不同院校类型看，"不能保证"的情况表现为：高职大专（47.22%）>民办本科（43.75%）>双非公办本科（26.00%）>双一流本科（0%），经费5000以上的累计所占比例表现为：双一流本科（100%）>双非公办本科（42.00%）>高职大专（22.23%）>民办本科（12.50%），这与不同院校大学生对于教师专业能力的评价情况基本一致（将反映教师能力的项目S24、S26、S27分数加总，其平均分表现为：双一流本科为11.67>双非公办本科为11.52>民办本科为10.85>高职大专为10.81），经费越不能保证，教师专业能力得分越低。现状调查还发现（见表4-59）总体上有32.38%的高校定期聘请督导来开展督导，而19.05%的高校"无督导，学校不管"，其余高校督导为教师个人行为，也就是说，67.62%的高校没有形成督导制度。从不同院校来看，"学校聘请定期督导"累计比例表现为双一流本科（100%）>双非公办本科（40.00%）>高职大专（25.00%）>民办本科（12.50%），"无督导，学校不管"所占比例表现为民办本科（25.00%）＞高职大专（22.22%）＞双非公办本科（16.00%）＞双一流本科（0%），这同样与不同院校大学生对于教师专业能力的评价情况基本一致（平均值表现为：双一流本科为11.67＞双非公办本科为11.52＞民办本科为10.85＞高职大专为10.81），督导制度越缺乏，教师专业能力得分越低。综合可知，培训与督导制度的不完善或缺乏影响到了教师专业能力，已成为制约专职心理健康教育教师专业能力提升的重要因素。

健全的个人晋升与发展制度是心理健康教育专职教师保持积极乐观工作状态获得职业成就感的重要保障。健全的心理健康教育教师职称晋升与发展制度，能使教师通过晋升来增加经济收入，能使教师的社会地位提升，实现自我价值，还能使教师获得心理上的需要，提升教师心理健康教育工作积极性与工作价值感。现状调查表明（见表4-55）：高校心理健康教育专职教师晋升的三个最主要途径分别是思想政治教育系列（34.29%）、教师系列（26.67%）、辅导员系列（22.86%），累计占总体比例的83.82%。现状调查还发现（见表4-56）：在职称晋升上，比普通教师困难、比辅导员困难、比普通教师困难同时比辅导员困难累计为49.53%，而"比普通教师容易""比辅导员容易""比普通教师容易同时比辅导员容易"累计为11.42%；而从不同院校看，"比普通教师困难""比辅导员困难""比普通教师困难同时比辅导员困难"累计比例表现为高职大专（55.56%）＞双非公办本科（48.00%）＞民办本科（43.75%）＞双一流本科（33.33%），而"比普通教师容易""比辅导员容易""比普通教师容易同时比辅导员容易"累计比例表现为双非公办本科（22.00%）＞高职大专（2.78%）＞民办本科（0%）＝双一流本科（0%），这与不同院校大学生对于主体要素态度评价的状况表现一致（将代表教育主体工作态度的项目S21、S22、S23加总，其平均值表现为：双一流本科为12.11＞双非公办本科为11.70＞民办本科为11.28＞高职大专11.15），教师晋升难度越大工作态度得分越低。综合来看，心理健康教育专职教师岗位定位不清、晋升难度大已成为影响高校心理健康教育主体要素发挥效用的一个重要因素。

公平合理的工作考核制度对心理健康教育主体起激励作用，同时也对心理健康教育工作起督促作用。在心理健康教育实践中，心理咨询和团体辅导是心理健康教育教师的日常工作，它们是否计算工作量与课时是教师最现实最关心的问题，最能反映工作考核制度是否合理。现状调查发现（见表4-48、4-57、4-58）：43.81%的受调查高校没有完善的工作考核机制和咨询师工作条例，71.43%的受调查高校个体心理咨询不计算工作量或者课时，75.24%的受调查高校团体辅导不计算工作量或者课时，而是"属本职工作不计算，做多做少一样",工作得不到认可和回报,这无疑将损害心理健康教育教师心理咨询和团体辅导的工作积极性,不利主体要素发挥效用,影响心理健康教育整体氛围,制约高校心理健康教育的实效性。

(三) 经费缺乏保障的制约

高校心理健康教育硬件设施的完善、课程的建设、心理健康活动的开展、队伍的建设以及医校合作模式构建、甚至科研活动的开展都需要充足的经费保障,经费保障直接影响到教育主体、介体、环体要素的有效运行。生均经费是衡量高校心理健康教育经费的重要指标,现状调查发现(见表4-51):29.52%的高校生均经费5元以下,32.38%高校5~10元,19.05%的高校10~15元,15.24%的高校15~20元,3.81%的高校20元以上,而10元以下累计占61.90%,这表明受调查高校生均经费总体低下;在不同院校类型上10元以下累计经费所占比例表现为高职大专(69.44%)>民办本科(68.75%)>双非公办本科(56.55%)>双一流本科(33.33%),10元以上表现为双一流本科(66.67%)>双非公办本科(44.00%)>民办本科(31.25%)>高职大专(30.56%),这表明双一流本科经费保障优于双非公办本科,双非公办优于高职大专、民办本科(尤其是民办本科,生均经费在5元以下占比为50%,大大高于高职大专的36.11%)。不同院校在经费保障上的差距直接反映大学生对于教育主体要素、教育介体要素、教育环体要素的评价上(见表4-25、4-37、4-43),从大学生对于教育主体、介体、环体要素评价的平均数来看,教育主体要素评价表现为双一流本科(31.215)>双非公办本科(30.407)>高职大专(28.904)>民办本科(29.000);教育介体要素评价表现为双一流本科(26.294)>双非公办本科(26.169)>高职大专(24.626)>民办本科(24.461);教育环体要素评价表现为双一流本科(13.865)>双非公办本科(13.576)>高职大专(12.966)>民办本科(12.896)。综合可知,高校经费保障越差,教育主体、介体、环体要素的评价越低,经费保障直接影响到教育主体、介体要素、客体要素的有效运行,最终导致高校心理健康教育实效性不足。

第六章

高校心理健康教育实效性提升的策略

上一章我们从国家教育政策、学科繁荣发展、高校自身出发总结了高校心理健康教育实效性彰显的原因,从教育过程要素和教育投入出发总结了导致高校心理健康教育实效性不足的原因。高校心理健康教育实效性提升是一个系统工程,必须抓住影响高校心理健康教育实效性的主要矛盾和因素。本章我们将根据高校心理健康教育实效性现状调查结果以及上一章得出的影响实效性的主要因素,从队伍建设、方式方法、受教育者、教育环境、保障机制入手提出相关建议与对策。

第一节 加强高校心理健康教育队伍建设

《教育部 卫生部 共青团中央关于进一步加强和改进大学生心理健康教育的意见》(教社政〔2005〕1号)明确要求高校要建设一支以专职教师为骨干,专兼结合、专业互补、相对稳定、素质较高的心理健康教育队伍。目前,高校心理健康教育的主体主要由专兼职教师、心理辅导员、朋辈心理辅导员(心理委员、心理社团成员等)组成。心理健康教育队伍的胜任力状况直接关系到高校心理健康教育工作成效,建设一支高素质的心理健康教育工作队伍是全面加强高校心理健康教育工作、提升其实效性的必然要求。要加强心理健康教育队伍建设,就要配齐配优专兼职人员,提升心理健康教育队伍胜任力,加强专兼职队伍的考核与激励。

一、配齐配优专兼职人员

(一)配齐配优专职教师

美国高校心理咨询协会规定,必须按1∶1000~1500的师生比配备专职心理健康教育人员①。《高等学校学生心理健康教育指导纲要》（教党〔2018〕41号）明确要求我国高校按照师生比不低于 1∶4000，每校至少 2 名配备专职心理健康教师。现状调查表明：仅有 42.86% 的受调查高校师生比符合教育部文件的要求，高校专职心理健康教育教师不足严重影响心理健康教育工作的顺利开展。因此，高校应认真执行教育部文件要求，配齐专职教师，有条件的高校，还应在满足要求之外以校聘合同制的形式招聘专职人员。心理健康教育专职教师不但需要配齐，还需要配优。在配齐心理健康教育专职教师过程中，还应严把招聘关，选拔优质人才。一是坚持德才兼备的招聘和选拔原则，招聘和选拔思想政治素质高、师风师德好、热爱心理健康教育工作、专业水平高、活动组织能力强、管理能力强的人员进入高校心理健康教育队伍；二是严格规范招聘程序，应成立招聘领导小组严把招聘流程，考核方式应笔试与面试结合，笔试考查专业知识，面试考查思想政治素质与专业技能。

（二）把好兼职队伍选拔关

首先，要制定心理辅导员选拔标准。目前，高校心理辅导员一般由二级学院从辅导员队伍里直接推荐，存在随意性、不稳定性、专业匹配性低等不足，不利于二级学院心理健康教育工作开展。在此情况下，非常有必要制定心理辅导员招募工作标准。应实行辅导员自愿申请，二级学院推荐，心理健康教育与咨询中心培训考核后上岗制。心理辅导员遴选的标准应是心理健康、具有积极人格特质、富有工作热情、热爱心理健康教育事业，能长期从事心理健康教育兼职工作的辅导员。其次，要制定朋辈心理辅导员选拔标准。心理委员应破除任命制，由大学生向辅导员申请，由二级学院心理辅导站统一考核遴选（采取心理测试与面试结合的方式）后任命。心理社团朋辈心理辅导员应由心理健康教育与咨询中心招募（采取心理测试与面试结合的方式），考核合格后上岗。朋辈心理辅导员选拔标准是心理健康、热情、有奉献精神、具有一定沟通能力、组织能力、能遵守保密原则、能协助二级学院心理辅导站或心理健康教育与咨询中心开展工作的大学生。最后，严把兼职心理咨询师准入门槛。兼职心理咨询师应有教育学、心理学或医学相关学历教育背景，应持有中国心理学会注册系统认证的注册心理师证书，或持有卫计委颁发的心理治疗师证书，或长期在高校、社会、医疗机构从事心理咨询工作，应严守职业道德与心理咨询伦理规范。

---

① 赖海雄，张虹. 中美大学生心理健康教育比较及其借鉴［J］. 思想理论教育，2016（09）：95.

二、提升心理健康教育队伍胜任力

由于高校心理健康教育队伍具有层次性，心理健康教育工作对于不同层次的教育队伍的胜任力各有要求，以下将分别从专职心理健康教师、心理辅导员、朋辈心理辅导员三个层次论述。

（一）提升专职心理健康教师的胜任力

依据我国高校心理健康教育工作实际，心理健康教育专职教师的胜任力应包括三个方面：一是专业技术能力，包括课堂教学能力、开展第二课堂活动的能力、心理咨询与辅导能力、科研能力；二是组织管理能力，包括宏观上把握心理健康教育工作的能力（如为心理健康教育工作计划、评估方案的制定提供参考意见），组织和管理二级学院心理辅导员、心理社团等兼职心理健康队伍能力；三是优良的心理健康状态、工作态度，积极的人格品质，正确的价值观念。

心理健康教育专职教师胜任力的培养应从以下几个方面进行：首先，应将心理健康教育专职教师纳入高校整体人才培养体系当中，积极开展专职教师培训、督导。要保证心理健康教育专职教师按其专业成长方向与工作实际定期接受系统培训（建议每人一学年不少于两次或40学时）和督导（建议至少一月一次团体督导），提升其专业水平与职业道德。其次，加强经验交流，提升工作能力。应定期参加全国性或省域性心理健康工作会议，定期走访参观心理健康教育先进示范性高校，交流经验，借鉴其他院校特色有效的工作方式方法，提升自身管理组织能力、工作开展能力。最后，反思总结，实践提升。专职教师应不断总结心理健康教育工作经验，形成成果与体系，并重新投入工作实践中指导心理健康教育工作，以此提升自身各种工作能力。

（二）提升兼职心理辅导员的胜任力

兼职心理辅导员应具备以下胜任力：首先，应具备心理辅导的专业能力。应具备基本的心理学素养以及心理问题识别的能力，掌握心理危机识别和评估的技能，应掌握心理辅导的基本技能，掌握解决学生发展性问题的技能与方法。其次，应具备组织开展心理健康活动的能力，具备开展本学院的心理拓展、团体辅导活动的能力。再次，应具备建设和管理心理委员、心情联络员等朋辈心理辅导员队伍的能力。最后，应具备倾听、责任心、工作热情等积极人格特质，以及自我觉察能力、调节自身情绪维护心理健康的能力。

兼职心理辅导员胜任力的培养应从两个方面进行：首先，应由学校心理健康教育与咨询中心制定和执行培训计划、方案。其中培训方案可以分为四步进行：第一步（第一学期开始），在心理辅导员正式上岗前完成基本的心理学知识、大学生心理问题与心理危机识别知识教育，并进行考核；第二步（第一学期期中），开展系统的心理辅导员日常工作能力提升培训，包括开展团体活动，二级学院心理委员与心情联络员等朋辈心理辅导员的管理与建设；第三步（第二学期开始），开展心理辅导技术培训，使心理辅导员掌握基本的心理咨询技术，如认知行为疗法、焦点短期治疗等高效、适合大学生群体的咨询技术。第四步（第二学期期中），开展大学生心理危机预防干预培训。其次，应促进心理辅导员成长，加强督导。保证心理辅导员的个人成长，确保心理辅导员定期接受督导。应与专职心理健康教师一起接受团体督导，应由心理健康教育与咨询中心成立心理辅导员成长小组，定期开展（建议一周到两周一次）同辈督导与案例讨论。

（三）提升朋辈心理辅导员的胜任力

朋辈心理辅导员应具备以下胜任力：首先，要具备热情、自信、乐观、乐于助人、团队意识等良好的心理品质。其次，要具备一定的专业知识和技能，如调整自身情绪困扰的能力，自我探索和成长的能力，发现和识别心理问题的能力，尊重、共情等助人技能，以及支持性技巧和一定的心理咨询知识技能。最后，要具备协助心理辅导员以及心理健康教育与咨询中心专职教师开展心理健康教育活动的相关能力，策划组织学生心理活动的能力。

在朋辈心理辅导员培养上，心理健康教育与咨询中心与各二级学院应制定朋辈心理辅导员（心理委员、心理社团成员等）培养方案，包括培训学习、实践、督导、考核三部分。培训学习每学期至少集中开展两次，学习内容是发现和识别心理问题、助人技能、心理咨询基础知识、心理危机应对方法，并应完成相应的学习考核；实践应安排在二级学院或心理健康教育与咨询中心值班实习，以便在实践中不断磨炼自身的专业能力；督导应采用团体与个体结合的形式进行，主要由二级学院心理辅导站定期组织；考核应安排在每学年第二学期中期，以便督促朋辈心理委员能力提升。

三、保持心理健康教育队伍稳定性

稳定的心理健康教育队伍能使高校心理健康教育工作保持延续性，提升心理健康教育实效性。而高校心理健康教育实践中往往出现心理辅导员随意更换等影响队伍稳定性的现象。因此，高校应从长远规划角度考虑心理健康教育队伍建设，将心理健康教育队伍建设纳入学校整体师资队伍建设中，促进心理健康教育队伍的稳定发展。具体来说，应该做到以下几个方面：首先，兼职教师、朋辈心理辅导员应长期担任，不得随意更换。应适当减轻心理辅导员其他学生事务工作量,确保心理辅导员能有精力真正投入到心理健康教育工作中。其次,应对专兼职心理健康教育队伍进行考核表彰、激励,使其保持饱满的工作热情。专职心理健康教师心理咨询、团体辅导应纳入工作量和课时计算,心理辅导员的心理健康教育工作应纳入年度绩效考核工作之中。对于考核优秀的专兼职心理教师、心理辅导员、朋辈心理辅导员,应给予相应的荣誉表彰和物质奖励,给予其参加各种竞赛、评奖、课题申报的渠道。最后,应完善专业发展晋升的路径,为心理健康专兼职教师提供进修、培训等学习机会,创造其开展科研、学术交流的条件,并努力推动其实现职称或职务晋升。

第二节 完善和创新高校心理健康教育的方式方法体系

《高等学校学生心理健康教育指导纲要》(教党〔2018〕41号)将高校心理健康教育主要方式总结为教育教学、实践活动、咨询服务、预防干预"四位一体"。而近年有省份提出在"四位一体"的基础上,加上"平台建设"构成五位一体的工作体系。本节将从完善和创新教学、活动、咨询、预防干预的方式方法,推动平台建设入手探讨提升高校心理健康教育实效性的路径。

一、完善课程设置和创新课程方式方法

(一)完善课程设置

心理健康教育课程是高校心理健康的主渠道,在提升心理健康素养,培育积极心理品质上起极其重要的作用。为此教育部多次下达相关文件(教党〔2018〕41号、教思政厅函〔2021〕10号等)要求课程设置为2个学分,学时设置为32~36。但现状调查表明只有59.05%的高校将课程设置为必修32~36学时,课时明显不足。因此,高校应把心理健康教育课程纳入学校整体教学计划,必须确保向大一新生开设32~36学时的必修课程。同时,调查还表明,大学生心理健康素养、积极心理品质存在年级差异,如心理健康素养由大一到大四缓慢下降,其可能的原因是心理健康课程集中于大一,其他年级缺乏相应课程。因此,应根据大二、大三、大四学生的心理特点、发展规律、面临的问题有针对性地开设心理健康选修课和辅修课,使心理健康教育课程相互衔接形成体系,贯穿整个大学阶段。为确保课程内容科学性、实效性,还应对教材内容开展研究,组织编写示范教材,有条件的高校还应根据自身特点与实际科学添加教学内容。

(二)创新课程方式方法

心理健康教育课程所采用的方式方法直接影响到心理健康教育效果,适宜的教学方式方法可以激发大学生学习主动性,提高大学生对于心理健康教育内容的接受度。因此,应进行课程改革,对心理健康教育课程的方式方法进行创新,以此提升高校心理健康教育实效性。具体来说可以从以下两个方面进行。

一是有效利用在线课程、慕课、微课等课程方式提升心理健康教育课程实效性。在线课程具有不受时空限制、最大限度地模拟现场教学、传播方便、形式多样等优点。使用在线课程的形式进行心理健康教育应注意:首先,应做好课程整体准备,包括教学内容、教学设计、资源、设备等;其次,应做好课程互动、答疑和考评;最后,在线课程应与线下课程接轨,提高大学生心理健康素养与积极心理品质。慕课具有开放性、共享性、规模性、资源海量性、精品性的特点,对心理健康教育线下课程起到了很好的补充作用。使用慕课提升心理健康教育课程实效性要注意:首先,要根据学生的特点、需求选择合适的课程,以激发学生学习的自主性;其次,要充分利用慕课搭建的桥梁,促进师生交流互动,营造良好的教学氛围,提升心理健康教育课程的实效性;最后,要利用慕课的反馈系统,及时指导学生解决学习问题和实际困扰,利用慕课的测评系统有效进行课程管理。微课具有针对性强、吸引力强、时间短、精辟等特点,是提升心理健康教育课程实效性的有效方式。使用微课应注意:首先,要运用多种表达方式及素材提升微课的吸引力;其次,要了解微课适用范围,微课较为适合用于教学导入、重点难点解释、示范等教学环节;再次,要建设好微课资源库,如与微课匹配的教案、作业、课件、分析、总结等;最后,要从教学过程、学习效果两方面做好微课评价,以便进一步改进微课效果。

二是构建体验式教学课程体系。应加大体验活动在心理健康课程中的比例,在课程中设置专门的体验活动课,以激发学生学习主动性、积极性,提升课程效果。体验式教学体系应包含课堂体验、课后实践、自我实践三部分。在理论课之后专门安排体验活动课开展课堂体验,延续理论课的主题和内容,例如在"大学生的自我意识"理论课后的体验活动课安排"我的自画像""生命曲线"等与探索积极自我有关的课堂体验活动。课后实践是理论课或体验活动课结束后安排给学生的任务,目的是强化课程效果,如完成"三件好事"、自我成长报告等。自我实践是促使学生在生活中主动将心理健康理论知识完成内化,或者促使学生将心理健康知识转变为技能。如运用"五栏表"调整自身情绪困扰,规划自己大学生生涯,提高人际交往技能等。

二、完善活动设计和创新活动方式

（一）完善活动设计

调查表明，心理健康教育活动存在参与率不高、活动不能契合学生需求的问题，同时有关研究还表明心理健康教育活动存在流于形式、缺乏考评的问题。对此，可以从完善活动设计入手，解决问题，提高心理健康教育活动实效性。

第一，明确活动目标、内容。心理健康教育活动不是为了活动而活动，绝不是基于完成工作考核对于活动数量的要求。因此，活动开展前要明确活动目标、内容。比如开展心理情景剧比赛，一定要把握好主题与内容，要紧紧围绕主题组织，通过比赛促成学生心理品质形成与发展，防止活动离开主题与内容变成娱乐表演活动。

第二，科学选用活动方式。要根据学生的心理特点、发展规律、需求选用学生喜闻乐见的方式开展活动，提升心理健康教育活动吸引力。如感恩、宽恕等积极人际关系心理品质的培育以讲座、开会的活动方式开展，会存在吸引力不足、缺乏体验等问题，而以户外素质拓展、心理游戏的活动方式开展则更具有吸引力、体验性，实际效果更好。

第三，加强宣传，给予奖励，提升参与率。应采用形式多样的方式进行宣传，应给予实际奖励（如第二课堂加分、小礼品等），以此鼓励学生走出宿舍，走下网络，参与活动。

第四，强化教师指导，鼓励学生策划活动。要强化心理健康专职教师的专业指导，引导活动按主题要求进行，确保活动有序开展；要充分发挥朋辈心理辅导员、社团骨干等学生群体的创造性和积极性，鼓励他们策划组织活动。

第五，完善活动的评价指标。当前，高校心理健康教育活动存在缺乏评价的现象，既不利于对活动效果进行评估，也不利于总结经验。因此，应尽快完善心理健康教育活动评价体系，加强对心理健康教育活动的考评。

（二）创新活动方式

调查表明高校心理健康教育存在活动方式相对单一（开会与讲座所占比例过高、体验式沉浸式活动相对较少）的问题。创新心理健康教育活动方式是解决这一问题，提升活动实效性的有效途径。具体来说可以从以下几方面创新。

一是开展主题教育系列活动。如开展"世界精神卫生日""世界睡眠日""5·25大学生心理健康日/月"等活动，将其打造成系列化的活动，形成品牌效应，提高学生参与率，提高大学生关注心理健康的意识，提升大学生心理健康素养，培育大学生积极心理品质。

二是以文艺体育方式开展心理健康教育活动。可以开展心理情景剧、微电影创作、音乐舞蹈、风筝节等文艺活动，以便发挥文艺活动表现形式丰富多彩、感染力强、潜移默化育人的特点，促进大学生人格健康发展。此外，还可以开展彩虹跑、心理运动会、户外素质拓展等体育活动，发挥体育活动增强人际交往、培养韧性、乐观等积极心理品质、提升心理健康水平的作用。

三是以竞赛的方式开展心理健康教育活动。如开展心理健康知识竞赛、征文比赛、摄影大赛等，培养大学生的创造力、正当竞争意识、团队精神的积极心理品质。

四是以网络新媒体的方式开展心理健康教育活动。以网络方式开展心理健康教育活动主要体现在宣传教育活动上，如高校心理健康教育与咨询中心开设公众号、微博、短视频等，可以有效利用大学生的碎片化时间进行心理健康教育。

五是以社会实践方式开展活动。如志愿活动、公益活动等，培养大学生奉献、利他、亲和等积极心理品质，通过社会实践使大学生将学到的知识、观点完成升华，形成积极的人生观、价值观。

三、完善和创新心理咨询与辅导方式方法

（一）完善心理咨询与辅导工作

一是要做好宣传教育工作。应以橱窗、海报、公众号、通知、小手册、现场参观等多种方式加强大学生心理健康教育与咨询中心、各二级学院心理辅导站的宣传，提供预约电话和其他联系方式，引导学生正确认识心理咨询与辅导，消除学生对心理问题与疾病的"污名化"，降低病耻感，形成对心理咨询与辅导的正确态度，增强学生心理咨询与辅导使用意愿。

二是完善咨询预约制，合理安排心理咨询与辅导时间。应安排朋辈心理辅导员课后在心理咨询预约接待室值班。针对大学生上课时间与专职教师上班时间冲突问题，应适当安排专职教师晚上和下班时间心理咨询，安排兼职教师周末心理咨询。

三是建立咨询与辅导分流制度。在咨询预约登记时分流，支持性问题应安排朋辈心理辅导，一般心理问题和发展性心理问题应安排二级学院心理辅导站心理辅导，严重心理问题应安排心理健康教育与咨询中心心理咨询，以便最大限度利用好心理咨询与辅导资源，合理安排咨询服务。

四是开展二级学院心理辅导与朋辈心理辅导工作。首先，应在心理健康教育与咨询中心指导下完善二级学院心理辅导工作，在二级学院开设心理辅导室

(或者学生成长室),安排心理辅导员值班,解决学生一般心理问题和发展性心理问题。心理辅导员应遵守保密性原则,为避免伦理冲突及价值冲突,还应采取回避制度,避免辅导员给本班学生做心理辅导。其次,应在二级学院心理辅导站指导下,针对需要理解和支持的大学生开展朋辈心理辅导工作。朋辈心理辅导的主要内容有朋辈支持、朋辈示范。朋辈支持是向求助者进行安慰、关怀、鼓励等,帮助求助者渡过难关。朋辈示范是向求助者提供榜样,进行积极的行为示范,帮助其改变不恰当的行为。

五是合理安排团体辅导活动。心理健康教育与咨询中心应安排专人负责团体辅导,二级学院心理辅导站应在心理健康教育与咨询中心指导下开展团体辅导。团体辅导的主题既应包含情绪管理、学业规划、自我探索、团体辅导、人际交往等大的方面,也应包括常见心理问题矫治、特定积极心理品质培育等特殊和细致的方面。应做好分工协作,心理健康教育与咨询中心团体辅导应更专业化,偏重于常见不良心理问题团体矫治,如社交焦虑、抑郁等;二级学院心理辅导站应偏重于促进学生积极心理的发展,如心理韧性、感恩、幸福感、宽恕、希望等积极心理品质的培育。

(二)创新心理咨询与辅导方式方法

一是建设高校在线心理咨询服务平台。建设在线测评系统,使大学生能客观的认识自身的状态;提供在线预约,使大学生能根据自己的时间与个性化需求选择合适的咨询师;提供文字、语音、视频等必要的在线咨询服务。

二是应推广计算机化辅助心理咨询系统。如基于手机 APP 或网页的计算机化认知行为治疗,具有高度结构化、能随时监控进展及疗效的特点,被证明能有效改善青少年情绪困扰与障碍[1],适合因各种原因不愿意或不方便接受面询的大学生,能对大学生起很好的帮助。

三是推进虚拟现实技术在大学生心理咨询中的应用。虚拟现实技术应用于心理咨询具有安全可控、治疗迁移效果好、经济效益高等优点[2],非常适合于大学生社交焦虑、特定恐惧、创伤等常见焦虑类问题或障碍的矫治。如 VR 能很好地模拟现实生活中演讲、交谈等社交场景,能为大学生提供分级暴露,使大学生逐步克服社交焦虑。

---

[1] 成荫,张燕红,朱姝芹,王兆芹.计算机认知行为疗法降低青少年抑郁发生的 Meta 分析[J].护理学报,2021,28(17):46.

[2] 段姗姗,王静,范崇菲.虚拟现实心理治疗的应用进展[J].长春师范大学学报,2020,39(02):176.

四、完善和创新危机预防干预体系

（一）进一步完善危机预防干预体系

应每学期开展一次心理普查，对筛查出的学生进行及时干预与分级预警，有针对性地加强对新生、毕业生、贫困生群体的心理关注，重视对情感恋爱问题、创伤问题、行为异常问题学生心理援助。应加强心理档案建设，除心理健康教育与咨询中心建立学生心理档案之外，各二级学院心理辅导站还应根据本学院学生的家庭情况、个性特点建立心理档案。应充分发挥四级心理健康网络（心理咨询中心—二级学院—班级—宿舍）危机预防的基础性作用。应建立心理咨询中心、二级学院、保卫处等相关职能部门协作的危机干预制度，形成危机干预预案。

（二）创新危机预防干预体系

一是构建"守门人"危机预防干预体系。"守门人"是指与自杀等危机事件人群有生活上的联系，容易发现危机事件的人。"守门人"培训是公认的有效预防干预自杀等危机事件的有效方法，已在美国等发达国家高校中广泛开展[1]。具体来说可以从以下几个方面构建"守门人"危机预防干预体系：首先，要建立教职工、班干部（心理委员）、宿舍管理员为主体的"守门人"（危机预防）队伍；其次，要实施"守门人 QPR 培训"，即教会"守门人"通过提问澄清和发现问题，通过倾听和说服阻止自杀等危机事件发生，通过转介使危机者获得专业的帮助；最后，要加强管理与沟通，各部门形成合力。二是建立"校—医"合作的干预模式。首先，高校心理健康教育与咨询中心应聘请精神科医生坐诊，指导精神疾病的诊疗；其次，完善高校—医院的对口转介，以便处于严重心理危机的学生得到及时专业的治疗；再次，推动高校与医疗系统人员交流，使高校心理健康教育工作人员掌握一定的精神医学知识，使精神科医生更好地了解大学生的心理特点，以提升危机干预的效果。三是加强与非营利性社会团体或公益性组织的合作。如搭建学校—社会心理健康服务平台，共同建设 24 小时危机干预心理热线。

五、推进高校心理健康教育平台建设

（一）搭建"大思政"心理健康教育平台

"大思政"是一种整合的教育模式，是指有效利用教师队伍、课堂教学、实

---

[1] 赵燕利，赵伟．校园自杀守门人培训效果的 Meta 分析［J］．中国学校卫生，2021，42（01）：77．

践活动等一切可以利用的教育资源来进行思想政治教育活动。心理健康教育是思想政治教育的重要内容，应利用"大思政"的教育模式，搭建"大思政"心理健康教育平台，以提升心理健康教育实效性。具体来说可以从两个方面进行。

1. 形成"大思政"心理健康教育的队伍，提升其心理健康教育的能力

首先，要打破高校思想政治教育队伍与心理健康教育队伍的壁垒。高校心理健康教育不应只是四级心理健康网络的事，应将思想政治教育专职教师、辅导员等"大思政"教职工纳入到心理健康教育队伍中来。其次，要提高"大思政"队伍心理健康教育的意识，使其明白心理健康教育是思想政治教育的重要内容，是心理育人的重要途径，使其在日常思想政治教育中自发地开展心理健康教育。最后，应对思想政治教育专职教师、辅导员等"大思政"教育队伍进行相应的培训，使其掌握必备的心理健康知识，形成培育学生积极心理品质的技能。

2. 搭建心理健康教育学科融合平台

为达到心理健康教育的目的，应搭建心理健康教育学科教育融合平台，指导各学科教学在各教学环节进行心理健康教育。首先，要在教学目标上融合。要在积极心理学理论指导下科学合理地设置教学目标，实现学科目标与学生积极心理品质提升结合，在促进学生学科知识提升的同时又促进心理发展。其次，要在教学内容与教学活动中融合，不断挖掘心理健康教育资源。如挖掘人文社科课程中的典型人物事例，引导学生塑造积极向上的性格品质，利用自然科学课程提升大学的认知能力、创造力等智能方面的心理品质，利用艺术类课程舒缓调试大学生不良心理状态。最后，要在教学评价中融合。在评价内容上要注意对于积极心理品质发展的评价，在评价方式上要注意积极正面引导，关注学生积极的人格特质，以提升学生自尊、自我效能感。

（二）构建家庭—学校—社会协同的心理健康教育平台

要在防治心理健康问题、培育积极心理品质的共同目标下，以高校为核心搭建家庭—高校—社会通力合作、相互促进、互为补充的心理健康教育平台。具体来说可以从三个方面进行。

1. 构建家庭—学校—社会合作的心理健康教育平台

首先，构建家校合作心理健康教育平台。应发挥高校的主导作用，建立家校沟通渠道，通过家校合作指导家长开展家庭心理健康教育，指导家长采用正确的家庭教育方式，营造良好的家庭教育环境，改善亲子关系，以促进学生心理健康成长。其次，构建学校社会合作心理健康教育平台。高校要加强与宣传、新闻、文化、公安、医疗等部门的密切联系，为高校学生心理健康教育提供良

好的宣传舆论环境和心理文化服务；高校应加强与基层社区联系，通过专兼职心理健康教育教师组织心理健康教育志愿服务队伍，走进社区开展活动，帮助完善社区心理服务，促进家庭—学校—社区心理健康教育通力合作。

2. 家长树立家庭心理健康教育的责任意识

家长应树立正确的教育观念，营造温暖、和谐的家庭氛围，为孩子心理健康成长提供有利环境；家长应通过家校合作等多种渠道主动学习和掌握心理健康教育知识与方法，挖掘孩子的积极心理品质，根据孩子的个性特点开展有针对性的心理健康教育；家长还应努力提高自身心理健康素养，提升自身心理健康水平，为孩子提高心理健康水平做好示范作用。

3. 发挥社区心理服务的作用

应加快基层社区心理健康服务站建设，开展社区心理健康教育活动，营造良好的社区心理健康教育氛围，培育自尊、自信、理性平和、积极向上的社会心态；应有效利用社区心理健康服务对家庭教育进行指导，促进家庭、高校、社会相互协作、互为补充。

第三节 优化高校心理健康教育的环境

高校心理健康教育的环境是指对高校心理健康教育产生影响的各种有形（物质环境）和无形（精神文化环境）的环境因素总和，通过优化高校心理健康教育的环境提供良好硬件设施，营造良好的氛围能有效促进大学生积极心理品质的形成，提升心理健康教育的实效性。

一、优化高校心理健康教育的物质环境

高校心理健康教育的物质环境是指各种物质要素，包括基础设施、自然环境等。良好的物质环境可以为高校心理健康教育提供坚实的物质基础，增强学生学习体验，提高学生心理健康教育的接受度，进而提升心理健康教育的实效性。心理健康教育的物质环境的优化应以下两个方面进行。

（一）优化心理健康教育硬件设施

首先，应加强高校心理健康教育与咨询中心场地设施建设。要配齐和优化个体心理咨询室（根据学校实际确定，至少应保证两间）、接待室、团体辅导室、沙盘游戏室、宣泄室、放松室、心理图书阅览室、心理热线室等。与此同时，还应安排朋辈心理辅导员值班，确保各功能室开放，使设施得到充分利用。

其次，应加强二级学院心理健康教育场地设施建设。二级学院应有专门的个体心理辅导室以及单独的团体辅导室，以确保二级学院有开展心理健康教育活动的场地和设施。再次，应加强宿舍区的心理健康教育场地设施建设。宿舍区是大学生的主要生活场所，可以通过与学工、团委等职能部门合作，在宿舍区建设心理辅导室（安排心理辅导员值班）、心理健康活动室等功能室，为大学生提供便利的心理调适和活动场所。最后，应完善心理健康教育的教学、宣传等硬件设施。如完善教学器材、校园展厅、展板等器材设施，为教学和活动开展提供必要的工具。

（二）优化校园自然环境

自然环境，如气候、地形、植被等通过影响大学生的生活以及教育方式对心理健康教育产生间接影响。因此，要提升高校心理健康教育实效性，就应优化自然环境，合理利用自然环境。首先，应做好校园建设整体规划，合理布置人工湖、花园、草地、树林等绿化用地，为心理健康教育提供优美的自然环境。其次，应因地制宜有效利用自然环境开展心理健康教育。如可以利用多山的校园环境，开展登山等户外素质拓展活动。

二、优化高校心理健康教育的精神文化环境

心理健康教育的精神文化环境是一种体现师生态度、观念、人际关系的精神文化氛围，它包括课堂教学环境、人际关系、班风校风、各种活动等。良好的精神文化环境是保证心理健康教育工作顺利有效开展的前提。应从以下几个方面来优化心理健康教育的精神文化环境：

（一）优化信息环境

校园作为一个开放的系统，易受到各种信息的冲击，不良信息会对大学生的心理健康造成负面影响。因此，高校宣传、网络管理等部门等应做好信息净化工作，营造积极向上的信息环境，还应提高学生鉴别各种信息的能力，最大限度地降低不良社会信息对大学生心理健康的负面影响。

（二）优化人际关系环境

大学生的人际关系直接影响其心理健康，因此，应优化校园人际关系环境，确保大学生心理健康成长。首先，要优化学生之间的关系。教师应利用教学和活动的机会帮助大学生建立起良好的人际关系。对于人际交往有困难的学生，应帮助其提升人际交往技能。其次，要优化师生关系。教师应建立起民主、平等的师生关系，在课堂教学中营造热烈而友好的氛围。

(三) 优化组织环境

在高校组织环境中，对心理健康教育工作影响最大的是校风和班风。因此，学校领导和教师要以良好的工作作风和教风做示范，以促进良好校风的形成；辅导员和班主任应加强管理，正向引导，促进良好班风的形成。

(四) 优化活动环境

心理健康教育与咨询中心、二级学院心理辅导站、班级应举办丰富多彩、健康有益的校园文化活动，形成精品活动，寓心理健康教育于文化活动中，营造优良的心理健康教育整体氛围。另外，教师也要积极参与到校园文化活动中来，在活动中起到榜样示范作用，促进良好校园心理健康教育氛围的形成。

第四节 促进教育客体自我教育

目前在高校心理健康教育过程中存在教育客体的需求未能较好地得到满足，由此导致教育客体缺乏主动性，教育客体自我教育不够的问题。为解决这个问题提升高校心理健康教育的实效性，高校心理健康教育就要以教育客体为中心，满足教育客体心理发展的需求，优化教育客体的内环境，促进教育客体开展自我教育。

一、以教育客体为中心

高校心理健康教育的客体是大学生，他们对于心理发展有着迫切的需求，要促进他们进行自我教育，就要满足他们对于心理发展的需求，以他们为中心开展心理健康教育。

(一) 把大学生对于心理发展的需求当作心理健康教育工作的落脚点

高校心理健康教育以解决大学生的现实心理问题和培育良好心理品质为目标，而不是满足于完成开设的课时和规定的活动等任务。因此，应充分做好调研，了解大学生有哪些需要解决的问题，了解大学生渴望在哪些心理品质上得到发展，以便将这些需求融合进心理健康教育工作的目标与计划之中。

(二) 把握好大学生的心理与行为特点，有针对性地开展心理健康教育

大一阶段主要面临适应问题，要通过多种手段有效帮助大学生在学习、人际关系、生活适应等方面适应；大二、大三阶段是大学生的人生观、世界观、价值观逐渐形成阶段，要通过心理健康教育使大学生形成正确的婚恋观，培养大学生的情商、创新能力、职业准备能力等；大四阶段面临的主要问题是就业

和升学压力问题，要进行升学就业指导，帮助大学生树立正确的就业择业观念，进一步培育积极心理品质，为其适应社会、融入社会做好准备。

（三）建立反馈机制，重视大学生对于心理健康教育的反馈

要在高校心理健康教育主要开展方式中建立反馈机制，充分接受大学生的意见。如在课程上建立课程反馈机制，以便提升课程实效；在心理健康教育活动上建立反馈机制，了解大学生对于活动的需求，以增强活动接受度与效果；在心理咨询与辅导上建立咨询反馈制，了解大学生对于心理咨询与辅导的看法、建议，以便有效提升心理咨询与辅导的疗效。

二、优化教育客体内环境

促进教育客体的自我教育应从优化大学生的内环境和外环境两个方面进行。外环境的优化主要是指优化物质环境与精神文化环境，包括优化硬件设施、自然环境、信息环境、人际关系环境、组织环境、活动环境，因上一节已详细分析，本节不再进行分析。内环境的优化，即优化大学生自我教育的心理环境。心理环境是个体在对外环境认知的基础上形成的态度、观念，它对于自我教育起决定作用。应从以下两个方面来优化大学生自我教育的心理环境。

（一）激发大学生自我教育的动机

首先，要加强大学生对心理健康教育重要性的认识，树立大学生自我心理健康教育的意识。其次，要使大学生掌握必要的心理健康知识，以便正确认识自身的心理健康状态。最后，要帮助大学生掌握自我认识的途径，正确认识自己的心理特点，以便有针对性地扬长补短。应帮助大学生通过自我观察、他人评价、社会比较、社会实践等途径有效认识自己的兴趣、爱好、气质、性格、能力、人生观、世界观，以便有针对性地培育自身积极心理品质。

（二）提升大学生自我监控的能力

自我监控是在自我认识与自我体验基础上产生的自我调节与自我控制，它是大学生自我心理健康教育能持续进行的心理保障。首先，应帮助大学生对于自我心理健康教育过程中的教育目标进程进行自我监控，应帮助大学生学会合理分解自我心理健康教育的目标，并在实现目标的过程中不断接受反馈并修正；其次，应帮助大学生在自我心理健康教育中学会自我激励。教师应对学生的进步给予适当的鼓励、表彰，以此增强学生自信心，帮助学生自我激励。同时，学生自身也应对于自己的进步进行自我肯定，激励自己进一步进行自我心理健康教育。

第五节　构建和完善心理健康教育的保障机制

输入、背景等教育投入因素是影响高校心理健康教育的根本原因，高校心理健康教育实效性的提升，从源头上来看应是完善保障机制，以此确保教育投入。本节将从构建和完善心理健康教育保障机制入手提出提升心理健康教育实效性的策略。

一、转变认识、明确目标

（一）转变心理健康教育的认识

高校领导对于心理健康教育的认识，决定其重视程度以及投入程度，影响教育过程诸要素的发挥，并制约心理健康教育的成效。《高等学校学生心理健康教育指导纲要》（教党〔2018〕41号）明确指出心理健康教育是思想政治教育的重要内容，《高校思想政治工作质量提升工程实施纲要》（教党〔2017〕62号）中明确提出，心理育人是"十大育人"体系中的第六大育人体系。然而，高校心理健康教育工作实践中存在太多的有文件精神却不执行的情况，呈现出对于高校心理健康教育的定位认识不清，重思想政治工作轻心理健康教育工作而割裂二者，甚至思想政治教育工作会议及工作部署很少甚至没有提及心理健康教育工作，这无疑制约了心理健康教育工作的开展，影响了心理健康教育的实效性。因此，高校领导迫切需要认真学习执行教育部等部门相关文件精神，转变对于心理健康教育定位的认识，把心理健康教育真正纳入思想政治工作体系、高校育人体系、发展规划，定期考核评估，坚持育人与育心结合，切实发挥心理健康教育的作用。

（二）明确心理健康教育目标体系

将以防治心理健康问题为核心的目标体系转变为以心理发展为核心、培育积极心理品质的目标体系。在相当长一段时间内，高校心理健康教育目标体系不清，将心理健康教育目标定位于防治心理健康问题，将重点放在少数有心理健康问题的学生身上，满足于"不出事"即好。但事实上，存在严重心理健康问题的大学生是少数，大多数学生面临的是学业、恋爱情感、情绪管理等成长问题，更多的大学生有心理发展（发展积极心理品质）的迫切需要。积极心理品质的发展与形成，能使大学生对自身有合理积极的认识，能够使大学生具有良好的心态来应对各种生活事件，能有效预防心理健康问题，能增强大学生主观幸福感,促进自身人格发展。因此,高校要明确心理健康教育目标体系。根本目标应是防治心理健康问题,培育积极心理品质,为大学生塑造符合社会要求的健康人格,促进大学生的全面发展。其中,防治性目标(提升心理健康素养,解决心理健康问题)是基础,发展性目标(培育积极心理品质)是核心,高校应将心理健康教育的重点放在培育大学生积极心理品质上。

二、完善组织机构

(一)完善心理健康教育领导小组组织结构,发挥其领导作用

《普通高等学校学生心理健康教育工作基本建设标准(试行)》(教思政厅〔2011〕1号)明确提出高校要成立主管校领导负责的心理健康教育专门工作领导小组。目前,绝大部高校成立了心理健康教育领导小组(现状调查为84.76%),但是心理健康教育实践中领导小组没有发挥应有的功能,关键原因在于领导小组组织结构不完善,未发挥其功能,形同虚设。因此,高校心理健康教育领导小组应从以下几方面完善:首先,领导小组应由主管学生工作的校领导挂帅,以便在管理上发挥行政保障作用、统筹作用,营造有利的政策环境,排除工作阻力。其次,副组长应由高校心理健康教育与咨询中心负责人担任,以便在工作中发挥业务能力,发挥专业指导作用,具体指导全校心理健康教育工作开展。再次,高校有关职能部门(如团委、宣传部、教务处、学生处、保卫处)领导或副职领导,各二级学院主管学生工作的领导以及马克思主义学院领导或副职领导应加入心理健康领导小组,以便协调组织,保障心理健康教育覆盖面、高效性。最后,心理健康教育领导小组应制定工作部署会议、评估考核会议制度,加强领导小组成员之间的联系,充分发挥领导小组的领导和组织优势,促使各级部门配合与支持,防止领导小组变成空架子。

(二)厘清高校心理健康教育与咨询中心定位,发挥其核心作用

《高等学校学生心理健康教育指导纲要》(教党〔2018〕41号)指出有条件的高校要建立相对独立的心理健康教育与咨询机构。目前只有极少数高校将心理健康教育与咨询中心设置为独立部门(现状调查为7.62%),大多数挂靠在学生处(现状调查为78.10%),甚至还有一部分挂靠二级学院教学部(现状调查为13.33%)。挂靠二级学院存在由任课教师兼任,权责不清、定位模糊的问题。而挂靠学生处具有依托学生处开展学生工作的便利,但实践中也存在其他事务繁多(学生处的其他工作,如招生、迎新、征兵等都会涉及)、行政级别低于二级学院不利于工作开展的不足,长此以往不利于心理健康教育本职工作和科研的发展。因此,高校心理健康教育与咨询中心应定位为与学生处、二级学院平

级的教辅部门（或服务机构），以便执行心理健康领导小组的决策，负责全校心理健康教育课程、心理咨询与团体辅导、各项心理健康教育活动、危机预防干预，负责对二级学院心理辅导站管理和督查，对朋辈心理辅导员（心理委员、心理社团）的指导，充分发挥四级心理健康网络的效用。

（三）建立和完善二级学院心理辅导站，发挥其基础性作用

二级学院心理辅导站是在各高校心理健康教育与咨询中心的指导下，由各二级学院设置的学生心理健康教育与辅导机构，其站长应由二级学院分管学生工作领导担任，主持日常心理健康工作的副站长应从心理辅导员中选拔，其接受高校心理健康教育与咨询中心与二级学院的双重管理和考核。它的建立可以使各二级学院结合实际情况有效地开展心理健康教育，落实高校心理健康教育工作计划；可以及时解决学生发展性问题，预防、发现、甄别和转介学生的障碍性心理问题，进行心理危机的防范和初步干预；可以进一步推动高校心理健康教育工作重心由面向少数学生的防治性目标转向面向全员的发展性目标，扩大心理健康教育的覆盖面，实现心理健康教育全员育人、全程育人、全方位育人。二级学院心理辅导站应由二级学院分管学生工作的领导、心理辅导员、辅导员、班级心理委员、二级学院学生会心理部、宿舍心情联络员组成。

三、健全规章制度

毛泽东曾指出：人是生活在制度中的，同样是那些人，施行这种制度，人们就不积极，施行另外一种制度，人们就积极了。制度对了头，就会促进生产积极性和创造性，开展思想政治工作就有效多了①。制度具有规范性、保证性、可操作性、稳定性的特点，依靠完善的规章制度开展高校心理健康教育就能做到有据可依、有章可循，就能使心理健康教育发挥实效性。具体来说高校应完善以下心理健康教育制度。

（一）建立完善工作制度

首先，要完善各级心理健康教育体系的工作职责，明确心理健康教育与咨询中心及各科室、二级学院心理辅导站、朋辈心理辅导员（心理委员、学生心理社团）、宿舍心情联络员的工作职责与任务。其次，要完善心理咨询与辅导工作制度，如心理咨询预约工作制度、心理热线工作制度、个案转介制度、团体心理辅导制度、二级学院心理辅导制度、朋辈心理辅导制度、心理咨询伦理守

---

① 薄一波．若干重大决策与事件的回顾（修订本）下卷［M］．北京：中共中央党史出版社，1998：809-810.

则、心理档案管理制度。最后，要建立危机预防干预制度，如心理普查制度、二级学院学生心理预警制度、突发事件应激处理制度、危机事件应激联络制度、危机干预应激预案、家校医联动制度等。

（二）建立完善专业发展制度

建立和完善心理健康教育专职教师定位与晋升、专业培训、督导、专业能力发展等方面的制度是心理健康教育专职教师专业成长的保障。为确保心理健康教育专职教师的工作积极性，首先应明确专职人员的定位。应按《高等学校学生心理健康教育指导纲要》（教党〔2018〕41号）的要求，将其定位为思想政治教育系列或者专业技术系列，并制定和落实其职务（职称）评聘制度。其次，应建立专职教师培训、督导制度，保证心理健康教育专职教师按其专业成长方向与工作实际定期接受系统培训和督导，确保其专业水平提升。

（三）建立完善激励制度

高校心理健康教育实效性的提升，离不开专兼职队伍的共同努力，应制定相应的激励制度来确保专兼职队伍保持连续的热情、活力与动力。现状调查表明，专职教师心理咨询、团体辅导工作量大而得不到认可是制约其工作热情的重要因素。因此，应制定制度将教师开展心理健康讲座、个体咨询与团体辅导计算工作量，在职称评聘时给予课时认定，激发其工作热情。在心理健康教育实践中，二级学院心理辅导站的心理辅导员由辅导员兼任，其工作也应得到认可和体现，因此也应制定相关激励制度。朋辈心理辅导员与宿舍心情联络员是四级心理健康最基层的环节，应制定相关表彰制度，以调动其工作积极性。

（四）建立完善考核制度

当前高校心理健康教育工作容易掉入形式主义的一个重要原因就是，考核仅仅是从教育主体角度进行，以工作开展情况来衡量，考核变成了工作有没有开展，开展数量如何，有没有出事。因此，应完善考核标准、考核制度，对各种心理健康教育工作开展方式进行考评，如对心理健康教育课程、心理健康活动、心理咨询与辅导、危机预防干预进行考评；将反映心理健康教育实效性的指标纳入考核，即将学生心理健康素养水平、学生积极心理品质培育状况、学生对于心理健康教育满意度纳入考核。另外，二级学院心理辅导站属于二级学院和心理健康教育与咨询中心双重管理，其人员属于兼职性质。因此，要对二级学院以及心理辅导员形成考核制度，以考核促进其工作开展。具体来说二级学院心理健康工作应纳入到二级学院年度目标考核之中，心理辅导员考核应纳入辅导员目标考核中给予额外加分以及奖励。

四、确保心理健康教育经费投入

长期、稳定、有效的资金投入是高校心理健康教育得以有效实施的物质保障，经费投入直接影响到心理健康教育各项工作的开展。现状调查表明，61.90%受调查高校总体生均经费在10元以下，远远不能满足心理健康工作需要。目前大多数省份教育厅文件要求高校心理健康教育生均经费为不低于15元（如湖南省、黑龙江省、安徽省等），而北京等发达地区双一流高校在生均经费实际在88元以上。因此，高校至少应按15元标准设置心理健康教育生均经费，有条件的高校更应该提高经费标准。经费应从两个方面保障使用。首先，要保障心理健康教育环境建设经费。高校心理健康教育需要一定的场所、设施。从现状调查来看大学生对于学校心理健康教育与咨询中心、二级学院、宿舍区域心理健康活动设施的评价不高。因此，应保证学校心理健康教育与咨询中心、二级学院、宿舍区域有足够的硬件设施建设经费，来建设心理健康活动场所、各功能室（心理图书阅览室、放松室、宣泄室、沙盘室等），添置各种必要的仪器，以保证心理健康教育有良好的环境场所。其次，要保障心理健康教育工作经费投入。具体来说：要保障日常工作经费投入，包括日常办公、各类宣传教育、新媒体建设经费；要保障教师接受系统培训经费、定期接受督导经费、外出学术交流经费；要保障教师报酬经费，包括兼职咨询师报酬、外聘专家补助等；还要保障专题专项活动经费投入，如5·25心理健康活动节、心理情景剧大赛、心理知识竞赛等大型活动专项以及专家讲座、户外素质拓展等专题活动经费。

结　语

本书在参考思想政治教育学、心理学、教育学等相关学科理论和结合高校心理健康教育实践上界定了高校心理健康教育实效性的内涵，构建了高校心理健康教育的目标体系，明确了高校心理健康教育的具体内容，在教育目标与内容基础上设计了实效性评估的工具，依据设计的评估工具进行了现状调查，测评结果反映了当前高校心理健康教育实效性的彰显与不足。随后，深入探究和归纳了影响高校心理健康教育实效性的因素。在上述研究结论的基础上，提出了高校心理健康教育实效性提升的策略。

一、结论与创新

（一）建构了高校心理健康教育的目标体系

本书在把握党和国家教育方针政策、积极心理学等心理学前沿研究和高校心理健康教育的实践基础上构建了高校心理健康教育的目标与内容。其中根本性目标是防治心理健康问题，培育积极心理品质，旨在塑造符合社会要求的健康人格大学生，促进大学生的全面发展。而具体目标分为防治性目标（提高心理健康素养、解决心理健康问题）和发展性目标（培育积极心理品质）。其中心理健康素养是教育部文件中出现的新内容（《教育部办公厅关于加强学生心理健康管理工作的通知》（教思政厅函〔2021〕10号文件）），也是国内心理健康教育研究正在兴起的话题。

（二）设计了高校心理健康教育实效性评估工具

依据高校心理健康教育目标、内容，结合积极心理学，编制成《大学生心理健康素养量表》《大学生积极心理品质量表》，为高校心理健康教育结果实效性研究和评估提供了科学有效的工具；在思想政治教育过程论基础上结合高等教育服务质量理论编制成《高校心理健康教育过程要素量表》，揭示了高校心理健康教育的过程要素。

（三）揭示了高校心理健康教育实效性现状

通过问卷调查发现：大学生心理健康素养处于中等水平、心理健康问题有效得以解决、大学生积极心理品质得以培育、心理健康教育过程要素有效运行。但同时高校心理健康教育实效性也存在不足，主要问题有：心理健康素养、积极心理品质的具体内容发展不均衡，心理健康素养、积极心理品质在不同性别、不同年级、不同院校类型上存在显著差异。

（三）揭示了影响高校心理健康教育实效的因素

参考 CIPP 理论，本书分析了教育背景、投入（组织构架、组织制度、经费保障）对心理健康教育过程实效性的影响，分析了教育过程要素（教育主体要素、教育客体要素、教育介体要素、教育环体要素，以及四要素协同作用）以及四要素协同作用对高校心理健康结果实效性的影响。并采用多元回归分析的方式，揭示了教育过程四要素在协同作用中各自的影响效应。

（四）提出了提升高校心理健康教育实效性的策略

在调查研究的基础上，本书从加强心理健康教育队伍建设、完善创新心理健康教育方式方法、优化教育环境、促进自我教育、构建和完善心理健康教育保障机制五大方面提出了提升高校心理健康教育实效性的策略。本书的结果可为高校心理健康教育实效评估提供参考，可为高校大学生心理健康素养提升、积极心理品质培育提供参考。

二、研究的局限性

尽管本书在遵循社会科学研究范式下力求设计严谨、全面，但仍然存在一些不足。首先，本书所调查的大学生样本仅来自西南、中部、华南、东北五省十二所高校。另外，由于调查内容比较全面，题量较大，容易使调查对象产生倦怠。因此，本书的结论可能会存在一定的局限性。其次，《高校心理健康过程要素量表》是根据思想政治教育过程论与高等教育服务质量理论结合为基础编制的，为量化考虑，环体要素中的精神文化环境内容并没有单独设置题目来反映，而是在量表之外通过补充一个题目来反映。最后，本书的调查为横断面研究，不能追踪大学生心理发展的动态变化。因此，在后续研究中，需要进一步探究大学生心理发展的动态变化。

三、未来展望

本书围绕高校心理健康教育实效性问题展开了系统研究，能为后续本领域的研究提供不少价值的参考。但仍然有不少可以优化和进一步深入展开研究的地方：首先，我国幅员辽阔，不同地区不同大学生的情况不一，应扩大调查样本，使得研究更具有代表性。其次，横断面研究难以反映大学生心理的动态发展，未来可以考虑纵向研究的方式对大学生心理发展开展追踪。最后，积极心理品质的培育是高校心理健康教育的核心目标，应在理论、实践方法上创新，进一步开展大学生积极心理品质培育的研究与实践。

参考文献

一、中文著作类

[1] 马克思,恩格斯. 中共中央马克思恩格斯列宁斯大林著作编译局编译. 马克思恩格斯选集 第1卷 [M]. 北京:人民出版社,2012.

[2] 马克思,恩格斯. 马克思恩格斯文集(第1卷)[M]. 北京:人民出版社,2009.

[3] 毛泽东. 毛泽东选集(第1-3卷)[M]. 北京:人民出版社,1991.

[4] 邓小平. 邓小平文选(第3卷)[M]. 北京:人民出版社,1993.

[5] 习近平. 决胜全面建成小康社会 夺取新时代中国特色社会主义伟大胜利——在中国共产党第十九次全国代表大会上的报告 [M]. 北京:人民出版社,2017.

[6] 习近平. 习近平谈治国理政 [M]. 北京:外文出版社,2014.

[7] 习近平. 把思想政治工作贯穿教育教学全过程 [EB/OL]. https://www.sizhengwang.cn/a/zyfwpt_xjpgygxsxzzgzdzyls/171022/539053.shtml,2016-12-08.

[8] 中共中央宣传部. 习近平总书记系列重要讲话读本:2016 [M]. 北京:学习出版社、人民出版社,2016.

[9] 胡锦涛. 坚定不移沿着中国特色社会主义道路前进 为全面建成小康社会而奋斗——在中国共产党第十八次全国代表大会上的报告 [M]. 北京:人民出版社,2012.

[10] 薄一波. 若干重大决策与事件的回顾(修订本)下卷 [M]. 北京:中共中央党史出版社,1998.

[11] 陈秉公. 思想政治教育学基础理论研究 [M]. 长春:吉林大学出版社,2007.

[12] 陈家麟. 学校心理健康教育:原理、操作与实务(修订版)[M]. 北京:教育科学出版社,2010.

[13] 陈万柏,张耀灿主编. 思想政治教育学原理(第三版)[M]. 北京:高等教育出版社,2015.

［14］陈选华编著．大学生心理健康教育［M］．合肥：中国科学技术大学出版社，2018．

［15］董奇，申继亮．心理与教育研究法［M］．杭州：浙江教育出版社，2005．

［16］封希德．大学生日常思想政治教育实效性研究［M］．成都：西南财经大学出版社，2010．

［17］傅小兰，张侃主编．中国国民心理健康发展报告（2017—2018）［M］．北京：社会科学文献出版社，2019．

［18］顾明远主编．中国教育大百科全书 第3卷［M］．上海：上海教育出版社，2012．

［19］焦雨梅，苏元元，赵立成主编．大学生心理健康教育［M］．上海：上海交通大学出版社，2017．

［20］李国毅主编．大学生心理健康教育［M］．北京：国家行政学院出版社，2019．

［21］李维昌、盛美真．增强高校思想政治教育实效性的多维透视［M］．昆明：云南人民出版社，2010．

［22］李曙华．从系统论到混沌学：信息时代的科学精神与科学教育［M］．桂林：广西师范大学出版社，2002．

［23］刘苍劲．新时期大学生心理健康教育实效性研究［M］．北京：北京师范大学出版社，2017．

［24］刘川生．大学生日常思想政治教育实效性研究［M］．北京：北京师范大学出版社，2009．

［25］刘和忠．大学生思想政治教育实效性问题研究［M］．长春：吉林人民出版社，2014．

［26］刘俊学．高等教育服务质量论［M］．长沙：湖南大学出版社，2002．

［27］刘翔平．积极心理学（第2版）［M］．北京：中国人民大学出版社，2018．

［28］马建青．高校心理健康教育与思想政治教育结合30年的研究［M］．杭州：浙江大学出版社，2017．

［29］彭聃龄主编．普通心理学（第5版）［M］．北京：北京师范大学出版社，2019．

［30］邱皓政．量化研究与统计分析——SPSS（PASW）数据分析范例解析［M］．重庆：重庆大学出版社，2013．

［31］祁占勇．教育政策学［M］．西安：陕西师范大学出版社，2019．

[32] 孙宏伟, 冯正直主编. 心理健康教育学 (第三版) [M]. 北京: 人民卫生出版社, 2018.

[33] 邵志芳. 心理统计学 (第二版) [M]. 北京: 中国轻工业出版社, 2012.

[34] 王斌华. 学生评价: 夯实双基与培养能力 [M]. 上海: 上海教育出版社, 2010.

[35] 王景英. 教育评价学 [M]. 长春: 东北师范大学出版社, 2005.

[36] 吴明隆. 结构方程模型: AMOS 的操作与应用 [M]. 重庆: 重庆大学出版社, 2009.

[37] 吴明隆. 问卷统计分析实务——SPSS 操作与应用 [M]. 重庆: 重庆大学出版社, 2010.

[38] 肖汉仕. 学校心理教育研究 [M]. 北京: 科学出版社, 2000.

[39] 徐辉. 当代大学生心理健康教育探析 [M]. 北京: 首都经济贸易大学出版社, 2014.

[40] 肖汉仕主编. 大学生心理健康教育 [M]. 长沙: 中南大学出版社, 2008.

[41] 肖汉仕. 应用社会心理学 [M]. 长沙: 湖南师范大学出版社, 2008.

[42] 辛自强. 社会治理心理学与社会心理服务 [M]. 北京: 北京师范大学出版社, 2020.

[43] 杨玲主编. 学校心理学: 理论与实践 [M]. 北京: 教育科学出版社, 2017.

[44] 杨兆山. 教育学——培养人的科学与艺术 [M]. 长春: 东北师范大学出版社, 2006.

[45] 杨芷英, 王希永, 田国秀, 郎琦. 思想政治教育心理学 (第二版) [M]. 北京: 中国人民大学出版社, 2019.

[46] 张国文. 大学生心理危机预防与干预 [M]. 长春: 吉林大学出版社, 2019.

[47] 张伟江, 陈效民. 学校教育评估指标设计概论 [M]. 北京: 高等教育出版社, 2011.

[48] 张禧, 毛平, 尹媛媛. 大学生思想政治教育实效性探索 [M]. 成都: 西南交通大学出版社, 2014.

[49] 张耀灿, 郑永廷, 吴潜涛, 骆郁廷. 现代思想政治教育学 [M]. 北京: 人民出版社, 2001.

[50] 中国教育科学研究院. 办好人民满意的教育 全国教育满意度调查报

告［M］．北京：教育科学出版社，2019．

［51］中国就业培训技术指导中心，中国心理卫生协会．心理咨询师基础知识［M］．北京：民族出版社，2015．

［52］（爱尔兰）卡尔．积极心理学：有关幸福和人类优势的科学（第2版）［M］．丁丹等译．北京：中国轻工业出版社，2013．

［53］（美）斯奈德，（美）洛佩斯．积极心理学：探索人类优势的科学与实践［M］．王彦，席居哲，王艳梅，译．北京：人民邮电出版社，2013．

［54］（美）伯尔·E.吉利兰．危机干预策略（第7版）［M］．肖水源，周亮等译．北京：中国轻工业出版社，2019．

［55］（美）理查德·格里格，菲利普·津巴多．心理学与生活（第19版）［M］．王垒等译．北京：人民邮电出版社，2016．

二、中文期刊论文类

［1］安雪玲，常志娟．我国高校心理健康教育模式的构建［J］．教育与职业，2015（24）．

［2］白汉平，肖卫东．个人成长主动性、专业心理求助态度与大学生心理健康的关系研究［J］．学校党建与思想教育，2018（05）．

［3］陈凯．高校图书馆开展大学生心理健康教育工作初探［J］．教育与职业，2011（12）．

［4］陈嵘，秦竹，马定松，杨玉芹．少数民族贫困大学生综合心理健康教育效果观察［J］．中国学校卫生，2008（08）．

［5］成荫，张燕红，朱姝芹，王兆芹．计算机认知行为疗法降低青少年抑郁发生的Meta分析［J］．护理学报，2021，28（17）．

［6］段善君．发挥价值导向功能，优化大学生心理健康教育［J］．思想教育研究，2016（04）．

［7］段姗姗，王静，范崇菲．虚拟现实心理治疗的应用进展［J］．长春师范大学学报，2020，39（02）．

［8］付大同．学校心理咨询实效性问题研究［J］．山西财经大学学报，2009（S1）．

［9］冯廷勇，苏缇，胡兴旺，李红．大学生学习适应量表的编制［J］．心理学报，2006（05）．

［10］付伟，张绍波，李欣，韩毅初．宽恕与心理健康关系的Meta分析［J］．中国心理卫生杂志，2016，30（05）．

［11］郭洪芹，罗德明．创业教育满意度及其提升策略研究——基于浙江省

10所地方本科高校的实证分析［J］．高等工程教育研究，2020（05）．

［12］高爽，张向葵，徐晓林．大学生自尊与心理健康的元分析——以中国大学生为样本［J］．心理科学进展，2015，23（09）．

［13］龚燕，张明志，陈娟．我国现阶段高校大学生心理健康教育实践路径的选择［J］．教育理论与实践，2016，36（24）．

［14］高云山，张丽娜，马晓玲，魏寒冰，白雪燕．大学生社会适应能力研究综述［J］．学校党建与思想教育，2015（17）．

［15］何进，秦涛．高校心理健康教育课程建设探析［J］．学校党建与思想教育，2013（18）．

［16］韩立敏．朋辈心理辅导对军校男生心理健康教育效果评价［J］．中国学校卫生，2011，32（09）．

［17］侯典牧，刘翔平，李毅．基于优势的大学生乐观干预训练［J］．中国临床心理学杂志，2012，20（01）．

［18］胡成玉，陈翠荣，王艳银．研究生教学质量满意度调查研究［J］．黑龙江高教研究，2018，36（11）．

［19］胡凯．马克思主义的人学思想对大学生心理健康教育的启示［J］．思想理论教育导刊，2010（03）．

［20］胡永．论大学生心理健康教育的多维参与［J］．教育探索，2008（09）．

［21］胡子祥．高等教育顾客感知服务质量的实证研究［J］．西安：西南大学学报（人文社会科学版），2006（01）．

［22］季芳．大学生心理健康教育探讨［J］．中国成人教育，2013（19）．

［23］江光荣，李丹阳，任志洪，闫玉朋，伍新春，朱旭，于丽霞，夏勉，李凤兰，韦辉，张衍，赵春晓，张琳．中国国民心理健康素养的现状与特点［J］．心理学报，2021，53（02）．

［24］江光荣，任志洪．基于CIPP模式的学校心理健康教育评价指标构建［J］．教育研究与实验，2011（04）．

［25］江光荣，赵春晓，韦辉，于丽霞，李丹阳，林秀彬，任志洪．心理健康素养：内涵、测量与新概念框架［J］．心理科学，2020，43（01）．

［26］姜永杰，谭顶良．大学生宽恕与主观幸福感的关系：人际关系的中介作用［J］．南通大学学报（社会科学版），2016，32（01）．

［27］蒋丽华．大学生心理素质训练课教学中存在的问题探析［J］．教育探索，2014（01）．

［28］焦岚．注重评价，提高心理健康教育工作效果［J］．中国高等教育，

2014 (Z2).

[29] 教育部 卫生部 共青团中央关于进一步加强和改进大学生心理健康教育的意见 [J]. 中华人民共和国教育部公报, 2005 (03).

[30] 邝国富. 论高校体育教学对实施大学生心理健康教育的作用 [J]. 中国成人教育, 2009 (13).

[31] 寇彧, 洪慧芳, 谭晨, 李磊. 青少年亲社会倾向量表的修订 [J]. 心理发展与教育, 2007 (01).

[32] 赖海雄, 张虹. 中美大学生心理健康教育比较及其借鉴 [J]. 思想理论教育, 2016 (09).

[33] 李丹琳, 胡婕, 黄雪雪, 薛艳妮, 陈思娴, 汪姗姗, 万宇辉, 陶芳标, 张诗晨.《青少年心理健康素养评定量表》编制及在医学生中的应用 [J]. 中国学校卫生, 2021, 42 (07).

[34] 李红锋. 高校心理健康教育存在的问题及对策 [J]. 教育探索, 2014 (04).

[35] 李惠云. 影响心理健康教育效果的因素分析 [J]. 成人教育, 2011, 31 (10).

[36] 李立杰, 吕晶红. 美国高校心理健康服务体系的研究与进展 [J]. 高等农业教育, 2013, 266 (08).

[37] 李毅, 杨文圣, 杰弗里·普林斯. IACS 鉴定标准及应用对中国高校心理咨询中心建设的启示——以加州大学伯克利分校心理咨询中心为例 [J]. 清华大学教育研究, 2015, 36 (02).

[38] 李燕. 美国高校学生指导与咨询的专业化发展 [J]. 福建论坛（社科教育版）, 2010 (06).

[39] 李勇. 加强和改进高校心理咨询的几点思考 [J]. 黑龙江高教研究, 1998 (01).

[40] 梁爱丽, 曲晓辉. 提高高职院校心理健康教育实效性的探索 [J]. 当代教育科学, 2010 (11).

[41] 刘彩虹, 安悦. MPA 教育感知服务质量实证研究——以武汉地区四所高校为例 [J]. 学位与研究生教育, 2014 (10).

[42] 刘晓华. 心理社团在高职心理健康教育中的作用 [J]. 职教论坛, 2012 (20).

[43] 刘治宇. 卫校学生心理健康互助教育效果评价 [J]. 中国学校卫生, 2006 (08).

[44] 罗鸣春, 孟景, 路晓宁. 关于职业学校心理健康教育的功能定位

[J].中国职业技术教育,2008(35).

[45]马川."00后"大学生心理健康水平的实证研究——基于近两万名2018级大一学生的数据分析[J].思想理论教育,2019(03).

[46]马晓红.美国高校心理健康工作的管理探析[J].徐州师范大学学报,2011,37(6).

[47]马祥林.心理健康教育的实效性与文化背景[J].教育与职业,2011(12).

[48]马志强,吴万民.试析大学生就业准备[J].吉林工学院学报(高教研究版),2001,(01).

[49]马建青,石变梅.30年来高校思想政治教育对心理健康教育发展的影响探析[J].思想理论教育,2018(01).

[50]明志君,陈祉妍.心理健康素养:概念、评估、干预与作用[J].心理科学进展,2020,28(01).

[51]聂国东,梁媛,鞠茵妮.积极心理学视域下的工科大学生心理健康教育体系构建研究[J].黑龙江高教研究,2016(12).

[52]宁顺颖.高职院校积极心理学取向的心理健康教育目标和模式[J].当代教育科学,2011(17).

[53]欧阳河,贺璐,袁东敏,邓少鸿,卢谢峰.学生评价高等教育服务质量实证研究——以湖南高校2008届毕业生满意度调查为例[J].现代大学教育,2008(06).

[54]潘柳燕,黄宪怀.心理健康教育与思想政治教育协同作用探析[J].学校党建与思想教育,2016(17).

[55]潘小军.课外活动在大学生心理健康课教育中的应用研究[J].教育与职业,2013(15).

[56]彭彪,肖汉仕,何壮,向伟,张春叶,姚振东,禹辉映.父母拒绝对中学生抑郁的影响:自尊与心理僵化的链式中介作用[J].中国临床心理学杂志,2021,29(04).

[57]蒲清平,朱丽萍,赵楠.团体辅导提升大学生感恩认知水平的实证研究[J].学校党建与思想教育,2012,425(18).

[58]钱小龙,仇江燕.基于用户满意度的慕课质量评价研究——以人工智能专业为例[J].四川轻化工大学学报(社会科学版),2020,35(01).

[59]钱北军.论体育教育对高职生健康心理培养的作用[J].职教论坛,2013(23).

[60]邱小艳,宋宏福.大学生心理健康教育课程体验式教学的实验研究

[J].湖南师范大学教育科学学报,2013,12(01).

[61]阮碧辉.汶川地震灾区籍大学生心理健康教育的效果研究——基于引入社会支持干预的视角[J].黑龙江高教研究,2012,30(10).

[62]邵海燕,胡芳.大学生就业机会:内涵的回归与就业准备[J].中国青年研究,2005,02.

[63]沈瑜君,王立伟.精神疾病病耻感的相关研究进展[J].上海精神医学,2010,22(02).

[64]石变梅,马建青.协同创新:高校心理健康教育与思想政治教育结合的发展之路[J].学校党建与思想教育,2018(11).

[65]石国兴.论积极心理健康教育目标结构[J].教育研究与实验,2010(02).

[66]石祥.大学生心理危机及心理辅导站建设研究[J].教育探索,2014(10).

[67]施晶晖.构建高职院校心理健康教育的目标体系[J].江西教育科研,2007(04).

[68]宋歌.大学生心理素质教育体系的构建及效果评估[J].黑龙江民族丛刊,2011(05).

[69]宋改敏,何慧星,李智敏.地域环境对民族地区大学生心理健康教育的效果探析[J].学校党建与思想教育,2011(20).

[70]孙卉,张田,傅宏.团体宽恕干预在恋爱受挫群体中的运用及其对大学生心理健康教育的启示[J].心理与行为研究,2018,16(04).

[71]唐春生,蒋伟,龙艳.广西高职高专学生心理健康教育现状调查研究[J].中国职业技术教育,2015(25).

[72]王才康,胡中锋,刘勇.一般自我效能感量表的信度和效度研究[J].应用心理学,2001(01).

[73]王钢,张大均,江琦.大学生人际适应性量表的初步研制[J].心理发展与教育,2010,26(06).

[74]王佳利.大学生网络心理健康教育积极模式研究[J].学校党建与思想教育,2016(24):58-60.

[75]王琪,李颖晖,张博皓,李恒超.大学生行动体验式心理健康教育课效果分析[J].中国学校卫生,2017,38(08).

[76]王滔,张大均,陈建文.大学生心理素质量表的编制[J].西南大学学报(社会科学版),2008(01).

[77]王鑫强,张大均.心理健康双因素模型述评及其研究展望[J].中

国特殊教育, 2011, 136 (10).

[78] 王鑫强, 谢倩, 张大均, 刘明矾. 心理健康双因素模型在大学生及其心理素质中的有效性研究 [J]. 心理科学, 2016, 39 (06).

[79] 王奕冉. 积极团体心理辅导对贫困大学生就业能力和心理韧性的干预效果 [J]. 教育与职业, 2016, 874 (18).

[80] 王永, 王振宏. 大学生的心理韧性及其与积极情绪、幸福感的关系 [J]. 心理发展与教育, 2013, 29 (01).

[81] 韦嘉, 张进辅, 毛秀珍. 修订版罗森博格自尊量表在中学生群体中的试用 (英文) [J]. 中国临床心理学杂志, 2018, 26 (04).

[82] 魏昶, 吴慧婷, 孔祥娜, 王海涛. 感恩问卷 GQ-6 的修订及信效度检验 [J]. 中国学校卫生, 2011, 32 (10).

[83] 温磊, 七十三, 张玉柱. 心理资本问卷的初步修订 [J]. 中国临床心理学杂志, 2009, 17 (02).

[84] 吴继红. 大学生心理健康教育课程实效性探究 [J]. 江苏师范大学学报 (教育科学版), 2013, 4 (S1).

[85] 吴建斌. 高职心理健康课程改革与探索 [J]. 中国职业技术教育, 2013 (08).

[86] 吴先超. 学校心理健康教育目标体系探讨 [J]. 学校党建与思想教育, 2005 (10).

[87] 吴禹, 魏红娟, 厉红, 赵阿勐. 体验式教学模式在大学生心理健康教育课程中的应用 [J]. 教育理论与实践, 2018, 38 (18).

[88] 席居哲, 左志宏, WU Wei. 心理韧性研究诸进路 [J]. 心理科学进展, 2012, 20 (09).

[89] 向凯, 党喜灵. 关于高职心理健康教育实效性的反思 [J]. 职教论坛, 2012 (05).

[90] 肖汉仕. 关于心理素质教育体系的探讨 [J]. 教育科学, 1996 (03).

[91] 肖汉仕. 论心理素质教育的目标构建及要求 [J]. 中国教育学刊, 1997 (02).

[92] 肖汉仕. 我国学校心理健康教育需要注意的问题研究 [J]. 当代教育论坛, 2005 (02).

[93] 肖汉仕. 全民健心工程的目标与任务探讨 [J]. 健康教育与健康促进, 2016, 11 (02).

[94] 肖远军. CIPP 教育评价模式探析 [J]. 教育科学, 2003 (03).

[95] 熊承清, 许远理. 生活满意度量表中文版在民众中使用的信度和效度 [J]. 中国健康心理学杂志, 2009, 17 (08).

[96] 许海元. 大学生心理资本发展现状的评估与分析 [J]. 中国高教研究, 2015 (07).

[97] 徐杰. 高校心理健康教育有效性的思考与探索 [J]. 中国成人教育, 2015 (03).

[98] 颜丽玉. 论高校图书馆在大学心理素质教育中的作用 [J]. 图书馆论坛, 2005 (04).

[99] 杨贵英. 大学生心理健康教育课程实效性分析 [J]. 中国学校卫生, 2009, 30 (04).

[100] 杨晶晶, 杨熙. 新时期青年大学生更需加强积极心理健康教育 [J]. 中国特殊教育, 2017 (05).

[101] 杨娇丽, 陈建香. 大学生心理健康教育功能透析与实施策略 [J]. 思想教育研究, 2008 (02).

[102] Y 喻承甫, 张卫, 李董平, 肖婕婷. 感恩及其与幸福感的关系 [J]. 心理科学进展, 2010, 18 (07).

[103] 于成文, 史立伟, 王艳. 体验式教学在大学生心理健康教育课程中的探索与应用 [J]. 思想理论教育导刊, 2018 (05).

[104] 俞国良, 王浩, 赵凤青. 心理健康教育: 高等学校专兼职教师的认知与评价 [J]. 黑龙江高教研究, 2017 (10).

[105] 俞国良, 王浩, 赵凤青. 心理健康教育: 高职院校专兼职教师的认知与评价 [J]. 黑龙江高教研究, 2017 (06).

[106] 余天佐, 韩映雄. SERVQUAL 在高等教育服务质量评价中的应用研究述评 [J]. 现代大学教育, 2010 (06).

[107] 苑璞, 张岱. 提升大学生心理健康教育教学效果的研究 [J]. 教育探索, 2009 (09).

[108] 苑璞. 大学生心理健康教育特性与影响教育效果因素的分析 [J]. 黑龙江高教研究, 2005 (06).

[109] 岳童, 王晓刚, 黄希庭. 心理疾病自我污名: 心理康复的一个高危因子 [J]. 心理科学进展, 2012, 20 (09).

[110] 曾韬. 澳门高等教育服务质量与启示——对澳门两所高校旅游专业学生感知数据的分析 [J]. 高教探索, 2019 (07).

[111] 张大均, 冯正直, 郭成, 陈旭. 关于学生心理素质研究的几个问题 [J]. 西南师范大学学报 (哲学社会科学版), 2000 (03).

[112] 张大均. 加强学校心理健康教育培养学生健全心理素质 [J]. 河北师范大学学报（教育科学版），2002（01）.

[113] 张大均. 论人的心理素质 [J]. 心理与行为研究，2003（02）.

[114] 张大均，王鑫强. 心理健康与心理素质的关系：内涵结构分析 [J]. 西南大学学报（社会科学版），2012，38（03）.

[115] 张大均，李晓辉，龚玲. 关于心理素质及其形成机制的理论思考（一）——基于文化历史活动理论的探讨 [J]. 西南大学学报（社会科学版），2013，39（02）.

[116] 张珊珊，李晖，吴真，肖艳丽，胡媛艳. 大学生人际宽恕发展趋势及其反刍思维的作用 [J]. 心理科学，2017，40（02）.

[117] 张晓旭. 高校大学生心理健康教育之理性审视 [J]. 社会科学家，2014（11）.

[118] 张燕，梁慧敏，王焕，张华，赵岳. 医学院校学生心理健康教育模式改革效果评价 [J]. 中国学校卫生，2014，35（11）.

[119] 张艳萍，朱琦. "大学生心理健康教育"课程的实效性探索 [J]. 教育与职业，2013（09）.

[120] 张引凤. 以爱为核心的大学生心理健康教育课程内容体系构建 [J]. 教育理论与实践，2020，40（09）.

[121] 张玉杰. 论大学生思想政治教育与心理健康教育的关系 [J]. 黑龙江高教研究，2017（10）.

[122] 张智昱，张华东，蔡续. 高校辅导员心理健康教育功能探析 [J]. 教育与职业，2009（05）.

[123] 张智昱. 高校学生社团的心理健康教育功能 [J]. 社会科学家，2010（11）.

[124] 赵红，李飞. 高师院校实效性心理健康教育课程的内涵探析 [J]. 现代教育科学，2010（11）.

[125] 赵平. 创新高职生心理健康教育路径的实践与探索 [J]. 教育与职业，2019（20）.

[126] 赵燕利，赵伟. 校园自杀守门人培训效果的Meta分析 [J]. 中国学校卫生，2021，42（01）.

[127] 郑丽. 增强大学生心理健康教育实效性的策略研究 [J]. 中国成人教育，2009（14）.

[128] 中国精神卫生工作规划（2002—2010年）[J]. 上海精神医学，2003（02）.

[129] 中共中央办公厅国务院办公厅印发《关于深化教育体制机制改革的意见》[J]. 中国民族教育, 2017, 220 (10).

[130] 钟贞山, 孙梦遥. 专业学位研究生教育服务质量满意度及改进策略的实证研究 [J]. 教育学术月刊, 2016 (05).

[131] 周文波, 陈伍郎, 范端阳. 影响大学毕业生心理健康教育实效性要素的实证研究 [J]. 教育学术月刊, 2010 (12).

三、中文学位论文类

[1] 符俊. 未成年人思想道德教育实效性研究 [D]. 武汉: 湖北大学, 2015.

[2] 李晓虹. 新媒体环境下大学生思想政治教育实效性研究 [D]. 大连: 大连理工大学, 2016.

[3] 刘文革. 思想政治理论课教学实效性研究 [D]. 北京: 首都师范大学, 2011.

[4] 马晓欣. 心理健康素养量表的汉化及信效度研究 [D]. 杭州: 杭州师范大学, 2019.

[5] 邵宏润. 基于学生感知的博士生教育服务质量研究 [D]. 大连: 大连理工大学, 2018.

[6] 田文文. 大学生心理健康教育课程的实效性调查研究——基于积极心理学视角 [D]. 西安: 西安电子科技大学, 2019.

[7] 王金霞. 大学生宽恕心理及其影响因素的实证研究 [D]. 兰州: 西北师范大学, 2006.

[8] 杨洪泽. 当代大学生思想政治教育实效性研究 [D]. 长春: 东北师范大学, 2013.

[9] 严春红. 思想政治教育实效研究 [D]. 北京: 中国矿业大学（北京）, 2013.

[10] 甄启枝. 新北市幼教业服务质量影响家长选择的实证研究 [D]. 武汉: 华中科技大学, 2015.

四、报纸类

[1] 印发《"健康中国2030"规划纲要》[N]. 人民日报, 2016-10-26 (001).

[2] 中共中央国务院发出《关于进一步加强和改进大学生思想政治教育的意见》[N]. 人民日报, 2004-10-15.

[3] 中华人民共和国精神卫生法 [N]. 人民日报, 2013-02-06 (014).

五、电子文献类

[1] 中华人民共和国国家健康委员会. 国家卫生健康委办公厅关于印发精神障碍诊疗规范（2020年版）的通知 [EB/OL]. http://www.nhc.gov.cn/yzygj/s7653p/202012/a1c4397dbf50 4e1393b3d2f6c263d782.shtml, 2020-11-23.

[2] 中华人民共和国教育部. 关于加强中小学心理健康教育若干意见 [EB/OL]. http://www.gov.cn/gongbao/content/2000/content_60601.htm, 1999-08-13.

[3] 中华人民共和国教育部. 教育部关于加强普通高等学校大学生心理健康教育工作的意见 [EB/OL]. http://www.moe.gov.cn/s78/A12/szs_lef/moe_1407/moe_1411/s6874/s3020/201001/t20100117_76896.html, 2001-03-16.

[4] 中华人民共和国教育部. 国务院批转教育部2003—2007年教育振兴行动计划的通知 [EB/OL]. http://www.moe.gov.cn/jyb_xxgk/gk_gbgg/moe_0/moe_1/moe_4/tnull_5323.html, 2004-02-10.

[5] 中华人民共和国教育部. 教育部办公厅关于印发《普通高等学校学生心理健康教育工作基本建设标准（试行）》的通知 [EB/OL]. http://www.moe.gov.cn/srcsite/A12/moe_1407/s3020/201102/t20110223_115721.html, 2011-02-23.

[6] 中华人民共和国教育部. 教育部关于加强学生心理健康管理工作的通知 [EB/OL]. http://www.moe.gov.cn/srcsite/A12/moe_1407/s3020/202107/t20210720_545789.html, 2017-07-07.

[7] 中华人民共和国教育部. 中共教育部党组关于印发《高等学校学生心理健康教育指导纲要》的通知 [EB/OL]. http://www.moe.gov.cn/srcsite/A12/moe_1407/s3020/201807/t201807 13_342992.html, 2018-07-04.

[8] 中华人民共和国教育部. 教育部办公厅关于加强学生心理健康管理工作的通知 [EB/OL]. http://www.moe.gov.cn/srcsite/A12/moe_1407/s3020/202107/t20210720_545789.html, 2021-07-07.

[9] 中华人民共和国卫生健康委. 关于印发全国社会心理服务体系建设试点工作方案的通知 [EB/OL]. http://www.nhc.gov.cn/jkj/s5888/201812/f305fa5ec9794621882b8bebf1090ad9.shtml, 2018-11-16.

[10] 中华人民共和国卫生健康委. 国家卫生健康委办公厅关于探索开展抑郁症、老年痴呆防治特色服务工作的通知 [EB/OL]. http://www.gov.cn/zhengce/zhengceku/2020-09/11/content_5542555.htm, 2020-08-31.

[11] 中华人民共和国中央人民政府. 22部门印发《关于加强心理健康服务的指导意见》[EB/OL]. http://www.gov.cn/xinwen/2017-01/24/content_5162861.htm#1, 2017-01-24.

[12] 中华人民共和国中央人民政府. 关于印发健康中国行动——儿童青少年心理健康行动方案（2019—2022年）的通知[EB/OL]. http://www.gov.cn/xinwen/2019-12/27/content_ 5464437.htm, 2019-12-27.

[13] 中华人民共和国中央人民政府. 习近平主持召开学校思想政治理论课教师座谈会[EB/OL]. http://www.gov.cn/xinwen/2019-03/18/content_5374831.htm, 2019-03-18.

[14] American College Counseling Association [EB/OL]. http://www.collegecounseling.org/Mission-Statement, 2009-03-22.

[15] American School Counselor Association. Ethical standards for school counselors [EB/OL]. https://www.schoolcounselor.org/getmedia/f041cbd0-7004-47a5-ba01-3a5d657c6743/Ethical-Standards.pdf, 2016-12-25.

六、英文著作类

[1] Baumeister R F. *Identity, self-concept, and self-esteem: The self lost and found* [M] //Handbook of personality psychology. Academic Press, 1997.

[2] Carr A. Positive *psychology: The science of happiness and human strengths* [M]. Routledge, 2013.

[3] Cormier S, Nurius P S, Osborn C J. *Interviewing and change strategies for helpers* [M]. Cengage Learning, 2016.

[4] Hodgetts D, Stolte O, Sonn C, et al. *Social psychology and everyday life* [M]. Red Globe Press, 2020.

[5] Linden W, Hewitt P L. *Clinical psychology: A modern health profession* [M]. Psychology Press, 2015.

[6] Feldman R S. *Discovering the life span* [M]. Pearson Education India, 2016.

七、英文期刊类

[1] Atkins M S, Frazier S L. Expanding the toolkit or changing the paradigm: Are we ready for a public health approach to mental health? [J]. *Perspectives on Psychological Science*, 2011, 6 (5).

[2] Bandura A. Self-efficacy: toward a unifying theory of behavioral change

[J]. *Psychological review*, 1977, 84 (2).

[3] Becker T D, Torous J B. Recent developments in digital mental health interventions for college and university students [J]. *Current Treatment Options in Psychiatry*, 2019, 6 (3).

[4] Blanco C, Okuda M, Wright C, et al. Mental health of college students and their non – college-attending peers: results from the national epidemiologic study on alcohol and related conditions [J]. *Archives of general psychiatry*, 2008, 65 (12).

[5] Bohon L M, Cotter K A, Kravitz R L, et al. The theory of planned behavior as it predicts potential intention to seek mental health services for depression among college students [J]. *Journal of American college health*, 2016, 64 (8).

[6] Boynton R E. The first fifty years. A history of the American College Health Association [J]. *Journal of the American College Health Association*, 1971, 19 (5).

[7] Brijnath B, Protheroe J, Mahtani K R, et al. Do web-based mental health literacy interventions improve the mental health literacy of adult consumers? Results from a systematic review [J]. *Journal of Medical Internet Research*, 2016, 18 (6).

[8] Burns, J. R., Rapee, R. M. Adolescent mental health literacy: Young people's knowledge of depression and help seeking [J]. *Journal of Adolescence*, 2006, 29 (2).

[9] Choi J S. Mental health services via Skype: meeting the mental health needs of community college students through telemedicine [J]. *S. Cal. Rev. L. & Soc. Just.*, 2015, 25.

[10] Coles M E, Coleman S L. Barriers to treatment seeking for anxiety disorders: initial data on the role of mental health literacy [J]. *Depression and anxiety*, 2010, 27 (1).

[11] Conley C S, Hundert C G, Charles J L K, et al. Honest, open, proud – college: Effectiveness of a peer-led small-group intervention for reducing the stigma of mental illness [J]. *Stigma and Health*, 2020, 5 (2).

[12] Cornish P A, Berry G, Benton S, et al. Meeting the mental health needs of today's college student: Reinventing services through Stepped Care 2.0 [J]. *Psychological Services*, 2017, 14 (4).

[13] Davies E B, Morriss R, Glazebrook C. Computer-delivered and web-based interventions to improve depression, anxiety, and psychological well-being of university students: a systematic review and meta-analysis [J]. *Journal of medical In-*

ternet research, 2014, 16 (5).

[14] Dias P, Campos L, Almeida H, et al. Mental health literacy in young adults: Adaptation and psychometric properties of the mental health literacy questionnaire [J]. *International journal of environmental research and public health*, 2018, 15 (7).

[15] Downs N, Galles E, Skehan B, et al. Be true to our schools—models of care in college mental health [J]. *Current Psychiatry Reports*, 2018, 20 (9).

[16] Dunbar M S, Sontag-Padilla L, Kase C A, et al. Unmet mental health treatment need and attitudes toward online mental health services among community college students [J]. *Psychiatric Services*, 2018, 69 (5).

[17] Eisenberg D, Golberstein E, Gollust S E. Help-seeking and access to mental health care in a university student population [J]. *Medical care*, 2007, 45 (7).

[18] Eisenberg D, Golberstein E, Hunt J B. Mental health and academic success in college [J]. *The BE Journal of Economic Analysis & Policy*, 2009, 9 (1).

[19] Eisenberg D, Hunt J, Speer N, et al. Mental health service utilization among college students in the United States [J]. *The Journal of nervous and mental disease*, 2011, 199 (5).

[20] Elias M J, Gager P, Leon S. Spreading a warm blanket of prevention over all children: Guidelines for selecting substance abuse and related prevention curricula for use in the schools [J]. *Journal of Primary Prevention*, 1997, 18 (1).

[21] ENGEL GL. The need for a new medical model: a challenge for biomedicine [J]. *Science*, 1977, 196 (4286).

[22] Evans-Lacko S, Little K, Meltzer H, et al. Development and psychometric properties of the mental health knowledge schedule [J]. *The Canadian Journal of Psychiatry*, 2010, 55 (7).

[23] Evans S W. Mental health services in schools: Utilization, effectiveness, and consent [J]. *Clinical psychology review*, 1999, 19 (2).

[24] Fagan T K, Wells P D. History and status of school psychology accreditation in the United States [J]. *School Psychology Review*, 2000, 29 (1).

[25] Greenspoon P J, Saklofske D H. Toward an integration of subjective well-being and psychopathology [J]. *Social Indicators Research*, 2001, 54 (1).

[26] Han M, Pong H. Mental health help-seeking behaviors among Asian A-

merican community college students: The effect of stigma, cultural barriers, and acculturation [J]. *Journal of College Student Development*, 2015, 56 (1).

[27] Hoagwood K, Erwin H D. Effectiveness of school-based mental health services for children: A 10-year research review [J]. *Journal of Child and Family Studies*, 1997, 6 (4).

[28] Jorm A F, Korten A E, Jacomb P A, et al. "Mental health literacy": a survey of the public's ability to recognise mental disorders and their beliefs about the effectiveness of treatment [J]. *Medical journal of Australia*, 1997, 166 (4).

[29] Jorm A F. Mental health literacy: Public knowledge and beliefs about mental disorders [J]. *The British Journal of Psychiatry*, 2000, 177 (5).

[30] Judge T A, Bono J E. Relationship of core self-evaluations traits—self-esteem, generalized self-efficacy, locus of control, and emotional stability—with job satisfaction and job performance: A meta-analysis [J]. *Journal of applied Psychology*, 2001, 86 (1).

[31] Jung H, von Sternberg K, Davis K. Expanding a measure of mental health literacy: Development and validation of a multicomponent mental health literacy measure [J]. *Psychiatry research*, 2016, 243.

[32] Kirsch D J, Pinder-Amaker S L, Morse C, et al. Population-based initiatives in college mental health: Students helping students to overcome obstacles [J]. *Current Psychiatry Reports*, 2014, 16 (12).

[33] Kitzrow M A. The mental health needs of today's college students: Challenges and recommendations [J]. *NASPA Journal*, 2009, 46 (4).

[34] Kraft D P. One hundred years of college mental health [J]. *Journal of American College Health*, 2011, 59 (6).

[35] Kutcher S, Wei Y, Costa S, et al. Enhancing mental health literacy in young people [J]. *European child & adolescent psychiatry*, 2016, 25 (6).

[36] Kutcher S, Wei Y, Coniglio C. Mental health literacy: past, present, and future [J]. *The Canadian Journal of Psychiatry*, 2016, 61 (3).

[37] Lattie E G, Cohen K A, Hersch E, et al. Uptake and effectiveness of a self-guided mobile app platform for college student mental health [J]. *Internet interventions*, 2022, 27.

[38] Lipson S K, Speer N, Brunwasser S, et al. Gatekeeper training and access to mental health care at universities and colleges [J]. *Journal of adolescent health*, 2014, 55 (5).

[39] Lipson S K, Lattie E G, Eisenberg D. Increased rates of mental health service utilization by US college students: 10-year population-level trends (2007 - 2017) [J]. *Psychiatric services*, 2019, 70 (1).

[40] Liu W, Tian L, Zheng X. Applications of Positive Psychology to Schools in China [J]. *Communique*, 2013, 42 (1): 6-8

[41] Locke B, Wallace D, Brunner J. Emerging issues and models in college mental health services [J]. *New Directions for Student Services*, 2016, 2016 (156).

[42] Luthans F, Youssef C M. Human, social, and now positive psychological capital management: Investing in people for competitive advantage [J]. *Organizational Dynamics*, 2004, 33 (2).

[43] Mann M M, Hosman C M H, Schaalma H P, et al. Self-esteem in a broad-spectrum approach for mental health promotion [J]. *Health education research*, 2004, 19 (4).

[44] Morgan A J, Ross A, Reavley N J. Systematic review and meta-analysis of Mental Health First Aid training: Effects on knowledge, stigma, and helping behaviour [J]. *PloS one*, 2018, 13 (5).

[45] Nabors L A, Weist M D, Reynolds M W. Overcoming challenges in outcome evaluations of school mental health programs [J]. *Journal of School Health*, 2000, 70 (5).

[46] O' Connor M, Casey L. The Mental Health Literacy Scale (MHLS): A new scale-based measure of mental health literacy [J]. *Psychiatry research*, 2015, 229 (1-2).

[47] Pace D, Lee Stamler V, Yarris E, et al. Rounding out the cube: Evolution to a global model for counseling centers [J]. *Journal of Counseling & Development*, 1996, 74 (4).

[48] Parasuraman A, Zeithaml V A, Berry L. SERVQUAL: A multiple-item scale for measuring consumer perceptions of service quality [J]. *Journal of Retailing*, 1988, 64 (1).

[49] Peng B, Hu N, Yu H, et al. Parenting Style and Adolescent Mental Health: The Chain Mediating Effects of Self-Esteem and Psychological Inflexibility [J]. *Frontiers in Psychology*, 2021, 12.

[50] Prince J P. University student counseling and mental health in the United States: Trends and challenges [J]. *Mental Health & Prevention*, 2015, 3 (1-2).

[51] Rosenthal B S, Wilson W C. Psychosocial dynamics of college students' use of mental health services [J]. *Journal of College Counseling*, 2016, 19 (3).

[52] Rosenthal B, Wilson W C. Mental health services: Use and disparity among diverse college students [J]. *Journal of American College Health*, 2008, 57 (1).

[53] Salovey P, Mayer J D. Emotional intelligence [J]. *Imagination, cognition and personality*, 1990, 9 (3).

[54] Schwartz V, Kay J. The crisis in college and university mental health [J]. *Psychiatric Times*, 2009, 26 (10).

[55] Stallman H M, Ohan J L, Chiera B. Reducing distress in university students: A randomised control trial of two online interventions [J]. *Australian Psychologist*, 2019, 54 (2).

[56] Stephan S H, Weist M, Kataoka S, et al. Transformation of children's mental health services: The role of school mental health [J]. *Psychiatric Services*, 2007, 58 (10).

[57] Sternberg R J. Toward a triarchic theory of human intelligence [J]. *The essential Sternberg: Essays on intelligence, psychology, and education*, 2009.

[58] Swami V, Persaud R, Furnham A. The recognition of mental health disorders and its association with psychiatric scepticism, knowledge of psychiatry, and the Big Five personality factors: An investigation using the overclaiming technique [J]. *Social psychiatry and psychiatric epidemiology*, 2011, 46 (3).

八、英文论文集

[1] Brofenbrenner, U., & Morris, P. A. The Bioecological Model of Human Development [A]. R. M. Lerner & W. Damon. *Handbook of Child Psychology: Theoretical Models of Human Development* [C] Hoboken, New Jersey, US: John Wiley & Sons Inc., 2006.

九、英文学位论文类

[1] Alexander-Mann, Stacey P. *The provision of mental health services: A survey of Head Start programs* [D]. New York: State University of New York at Albany, 2001.

[2] Davis-Gage, Darcie A. *Mental health counseling site supervisors: An examination of supervisory style and emphasis* [D]. Iowa City: The University of Iowa, 2005.

附 录

附件一：大学生心理健康问题防治调查问卷

亲爱的同学们，这是一项旨在提高高校心理健康服务实际效果的调查，将为本校以及其他高校提高心理健康服务实际效果提供帮助，以便为大家提供更好的心理健康服务。本次调查以匿名的方式进行，将花费大家几分钟时间，请大家认真如实填写。谢谢大家的配合。

1. 性别：　男□　　女□
2. 年龄：_____
3. 学历层次：高职/大专□　　本科□
4. 所在院校层次：

   双一流本科□　　双非公办本科□　　民办本科□　　高职/大专□
5. 年级：大一□　　大二□　　大三□　　大四□　　大五□
6. 专业：_____
7. 我了解心理健康的标准。

   A. 非常不符合　　　　　　B. 不符合

   C. 不确定　　　　　　　　D. 符合

   E. 非常符合
8. 我了解影响心理健康的因素有哪些。

   A. 非常不符合　　　　　　B. 不符合

   C. 不确定　　　　　　　　D. 符合

   E. 非常符合
9. 我了解并能识别常见的心理问题或心理（精神）障碍（如精神分裂症、双相障碍、抑郁症、焦虑症、强迫症等）。

A. 非常不符合　　　　　　　　B. 不符合

C. 不确定　　　　　　　　　　D. 符合

E. 非常符合

10. 我掌握了获取心理健康知识及求助信息的渠道。

A. 非常不符合　　　　　　　　B. 不符合

C. 不确定　　　　　　　　　　D. 符合

E. 非常符合

11. 我掌握了应对自身心理健康问题的方法。

A. 非常不符合　　　　　　　　B. 不符合

C. 不确定　　　　　　　　　　D. 符合

E. 非常符合

12. 当亲友正遭受心理（精神）问题或危机时，我掌握了应对的方法。

A. 非常不符合　　　　　　　　B. 不符合

C. 不确定　　　　　　　　　　D. 符合

E. 非常符合

13. 如果我有心理（精神）问题或障碍，我会觉得很耻辱。

A. 非常不符合　　　　　　　　B. 不符合

C. 不确定　　　　　　　　　　D. 符合

E. 非常符合

14. 如果我的周围的人有心理（精神）问题或障碍，我会觉得很可怕。

A. 非常不符合　　　　　　　　B. 不符合

C. 不确定　　　　　　　　　　D. 符合

E. 非常符合

15. 如果我要通过心理咨询或治疗来解决问题，我会觉得很丢人。

A. 非常不符合　　　　　　　　B. 不符合

C. 不确定　　　　　　　　　　D. 符合

E. 非常符合

16. 你有没有接受过本校的心理咨询？

A. 有　　　　　　　　　　　　B. 没有（回答"没有"请跳题到17题）

16a. 本校心理咨询的效果怎样？

A. 非常好（解决了问题）　　　B. 好（部分解决问题）

C. 一般　　　　　　　　　　　D. 不好

E. 非常不好

17. 你有没有接受过你所在二级学院的心理辅导？

A. 有　　　　　　　　　　　　B. 没有（回答"没有"请跳题到18题）

17a. 你所在二级学院心理辅导的效果怎样？

A. 非常好（解决了问题）　　　B. 好（部分解决问题）

C. 一般　　　　　　　　　　　D. 不好

E. 非常不好

18. 你有没有参过本校的团体辅导？

A. 有　　　　　　　　　　　　B. 没有

18a. 本校团体辅导的效果怎样？

A. 非常好（解决了问题）　　　B. 好（部分解决问题）

C. 一般　　　　　　　　　　　D. 不好

E. 非常不好

附件二：大学生积极心理品质发展调查问卷（部分）

亲爱的同学们，这是一项旨在提高高校心理健康服务实际效果的调查，将为本校以及其他高校提高心理健康服务实际效果提供帮助，以便为大家提供更好的心理健康服务。本次调查以匿名的方式进行，将花费大家几分钟时间，请大家认真如实填写。谢谢大家的配合。

1. 性别：男□　　女□

2. 年龄：_____

3. 学历层次：高职/大专□　　本科□

4. 所在院校层次：

双一流本科□　　双非公办本科□　　民办本科□　　高职/大专□

5. 年级：大一□　　大二□　　大三□　　大四□　　大五□

6. 专业：_____

7. 我容易适应新学习环境。

A. 非常不符合　　　　　　　　B. 不符合

C. 不确定　　　　　　　　　　D. 符合

E. 非常符合

8. 我容易适应新的人际环境。

 A. 非常不符合   B. 不符合

 C. 不确定   D. 符合

 E. 非常符合

9. 我容易适应新的生活环境。

 A. 非常不符合   B. 不符合

 C. 不确定   D. 符合

 E. 非常符合

20. 我时常对自己的情绪状态非常了解。

 A. 非常不符合   B. 不符合

 C. 不确定   D. 符合

 E. 非常符合

21. 我善于管理好自己的情绪。

 A. 非常不符合   B. 不符合

 C. 不确定   D. 符合

 E. 非常符合

22. 我善于察觉别人情绪和想法。

 A. 非常不符合   B. 不符合

 C. 不确定   D. 符合

 E. 非常符合

23. 我善于自我激励。

 A. 非常不符合   B. 不符合

 C. 不确定   D. 符合

 E. 非常符合

61. 如果我能再活一次，我基本上不会做任何改变。

 A. 非常不符合   B. 不符合

 C. 不确定   D. 符合

 E. 非常符合

附件三：大学生心理健康教育过程要素调查问卷（部分）

亲爱的同学们，这是一项旨在提高高校心理健康服务实际效果的调查，将为本校以及其他高校提高心理健康服务实际效果提供帮助,以便为大家提供更好的心理健康服务。本次调查以匿名的方式进行,将花费大家几分钟时间,请大家认真如实填写。谢谢大家的配合。

1. 性别:男☐　女☐
2. 年龄:＿＿＿＿＿
3. 学历层次:高职/大专☐　　本科☐
4. 所在院校层次:
双一流本科☐　　双非公办本科☐　　民办本科☐　　高职/大专☐
5. 年级:大一☐　　大二☐　　大三☐　　大四☐　　大五☐
6. 专业:＿＿＿＿＿
7. 学校心理咨询中心硬件设施完善(如:有个体心理咨询室、宣泄室、沙盘室、放松室、团体活动室以及相关硬件等)。

A. 非常不符合　　　　　　　B. 不符合
C. 不确定　　　　　　　　　D. 符合
E. 非常符合

11. 我所在的二级学院了解学生的心理需求。

A. 非常不符合　　　　　　　B. 不符合
C. 不确定　　　　　　　　　D. 符合
E. 非常符合

14. 学校会根据学生的需要开展相关的心理健康活动。

A. 非常不符合　　　　　　　B. 不符合
C. 不确定　　　　　　　　　D. 符合
E. 非常符合

16. 学生能及时地预约到心理咨询。

A. 非常不符合　　　　　　　B. 不符合
C. 不确定　　　　　　　　　D. 符合
E. 非常符合

20. 大学生心理健康教育必修课课程设置合理。

A. 非常不符合　　　　　　　B. 不符合
C. 不确定　　　　　　　　　D. 符合
E. 非常符合

25. 学校心理咨询中心能提供很多心理健康服务（如心理测试、心理咨询、团体成长活动、户外拓展活动等）。

　　A. 非常不符合　　　　　　　　B. 不符合

　　C. 不确定　　　　　　　　　　D. 符合

　　E. 非常符合

30. 心理健康教育课教师授课水平很高。

　　A. 非常不符合　　　　　　　　B. 不符合

　　C. 不确定　　　　　　　　　　D. 符合

　　E. 非常符合

33. 学校心理咨询中心的心理老师（心理咨询师）非常有胜任力。

　　A. 非常不符合　　　　　　　　B. 不符合

　　C. 不确定　　　　　　　　　　D. 符合

　　E. 非常符合

34. 大学生心理健康教育课程所采用的教学方法情况。

　　A. 完全采用讲授法　　　　　　B. 讲授法为主，少量活动体验法

　　C. 讲授法、活动体验法各一半　D. 活动体验法为主，少量讲授法

　　E. 完全采用活动体验法

35. 基于你的记忆，过去一学年本校开展了多少次心理健康活动：_____次

36. 读大学期间你有没有参与过学校里的心理健康活动？

　　A. 有　　　　　　　　　　　　B. 没有（回答"没有"请跳题到37题）

36a. 参与过的话，是什么活动：_____

37. 请选择最喜欢的心理健康教育活动形式：

　　A. 讲座　　　　　　　　　　　B. 户外素质拓展活动

　　C. 心理情景剧　　　　　　　　D. 心理游戏

　　E. 心理知识竞赛　　　　　　　F. 社会实践活动

　　G. 团体成长小组　　　　　　　H. 心理类课程

　　I. 宣传活动　　　　　　　　　J. 其他活动

38. 你对于学校心理设施（如宣泄室、心理图书室、沙盘室、放松仪等）的使用程度。

　　A. 从未使用过　　　　　　　　B. 很少使用

　　C. 一般　　　　　　　　　　　D. 经常使用

　　E. 总在使用

39. 你认为本校心理健康教育的整体氛围怎样？
  A. 非常差 　　　　　　　　　　B. 差
  C. 一般 　　　　　　　　　　　D. 好
  E. 非常好

附件四：高校心理健康教育整体投入调查问卷（部分）

亲爱的老师，这是一项旨在提高高校心理健康服务实际效果的调查，将为本校以及其他高校提高心理健康服务实际效果提供帮助，以便为大家提供更好的心理健康服务。本次调查以匿名的方式进行，将花费大家几分钟时间，请大家认真如实填写。谢谢大家的配合。

1. 学校所在省份：_____
2. 学校类型：
双一流本科□　　双非公办本科□　　民办本科□　　高职/大专□
3. 学校是否成立心理健康工作领导小组？
  A. 是 　　　　　　　　　　　　B. 否
4. 心理健康教育与咨询中心所属部门：
  A. 独立部门 　　　　　　　　　B. 学生处下辖科级部门
  C. 学生处下辖副处级部门 　　　D. 学生处下辖无级别
  E. 二级院系教学部门 　　　　　F. 其他
5. 工作考核机制和咨询师工作条例是否完善？
  A. 是 　　　　　　　　　　　　B. 否
6. 学校在校生人数：_____
7. 学校专职心理健康教育教师人数：_____
8. 学校注册心理师人数：_____
9. 心理健康教育与咨询中心生均经费：
  A. 5 元以下 　　　　　　　　　B. 5~10 元
  C. 10~15 元 　　　　　　　　　D. 15~20 元
  E. 20 元以上
10. 每学年专职心理咨询师人均接受培训和督导的费用：
  A. 不能保证 　　　　　　　　　B. 5000 元以下
  C. 5000~10000 元

11. 专职心理健康教师督导经费状况。

A. 有一定专项费　　　　　　　　B. 和培训费一起

C. 无督导费

12. 高校心理健康教育专职教师岗位性质。

A. 教师岗　　　　　　　　　　　B. 其他专技岗

C. 行政管理岗　　　　　　　　　D. 辅导员岗

13. 高校心理健康教育专职教师职称晋升途径。

A. 教师系列　　　　　　　　　　B. 辅导员系列

C. 教师或辅导员系列　　　　　　D. 思想政治教育系列

E. 实验系列　　　　　　　　　　F. 单独系列

G. 不清楚不好说　　　　　　　　H. 不能评

14. 心理健康教育专职教师职称晋升难度。

A. 比普通教师容易，同时比辅导员容易

B. 比辅导员容易

C. 比普通教师容易

D. 比普通教师容易、比辅导员困难

E. 比辅导员容易、比普通教师困难

F. 比普通教师困难

G. 比辅导员困难

H. 比辅导员困难，同时比普通教师困难

I. 不好说

15. 心理健康教育专职教师个体心理咨询计入工作量或课时状况。

A. 每月固定津贴　　　　　　　　B. 算工作量

C. 非工作时间算工作量　　　　　D. 算加班

E. 算课时　　　　　　　　　　　F. 非工作时间算课时

G. 未定　　　　　　　　　　　　H. 属本职工作不计算，做多做少一样

22. 心理健康教育工作经验与好的做法：_____

23. 心理健康教育工作存在的问题：_____